读客文化

超级国宝

（下册）

刘钰婷等 / 著

江苏凤凰文艺出版社
JIANGSU PHOENIX LITERATURE AND ART PUBLISHING

CONTENTS

目 录

南朝（公元 420—589 年）

51 南朝神兽 …… 001
南朝地下王国的“守门人”

北齐（公元 550—577 年）

52 北齐娄睿墓壁画 …… 007
北齐时期的绘画真迹

唐（公元 618—907 年）

53 《虢国夫人游春图》（宋代摹本）…… 015
真实再现大唐盛世的艺术瑰宝

54 越窑荷叶盏托 …… 023
越窑青瓷中难得的精品之作

55 唐代胡旋舞石刻墓门 …… 029
再现大唐盛行的胡旋舞

56 《羯摩经》…… 035
现存最长的敦煌手写经卷

57 怀仁集王羲之圣教序碑 …… 041
李世民、玄奘、王羲之联袂打造的国宝级文物

58 昭陵六骏 …… 049
唐太宗李世民深爱的六匹骏马

59 三彩腾空马 …… 057
全国仅此一件四蹄腾空三彩马

60 小雁塔 …… 063
千年古刹所蕴含的中国智慧

61 唐菱花打马球铜镜 …… 069
唐代铜镜中难得的珍品

62 青釉寒食元无火瓷壶 …… 075
海上丝绸之路的明珠

63 越窑青瓷皮囊式壶 …… 081
越窑青瓷中皮囊式壶的孤品

五代（公元 907—960 年）

64 彩绘散乐浮雕 …… 087
穿越千年的盛唐之声

65 秘色瓷莲花碗 …… 093
秘色瓷标准器

辽（公元 907—1125 年）

66 契丹文八角铜镜 …………… 099
契丹文镜面最大、文字最多的一面铜镜

西夏（公元 1038—1227 年）

67 鎏金铜牛 ……………………… 105
西夏陵的神秘文物

宋（公元 960—1279 年）

68 吉州窑黑釉木叶纹盏 …… 111
一尘一佛刹，一叶一释迦

北宋（公元 960—1127 年）

69 真珠舍利宝幢 ……………… 117
佛教艺术珍品

70 苏轼《洞庭春色赋、中山松醪二赋》卷 ……… 123
传世东坡墨迹中稀有之品

71 《赵佶草书七言诗纨扇》 131
赵佶的草书真迹

72 范宽《雪景寒林图》 …… 137
北宋大家范宽笔下的稀世珍宝

南宋（公元 1127—1279 年）

73 朱漆戗金莲瓣式人物花卉纹奁 ……………… 145
古代女子精致的化妆盒

74 “玉壶冰”琴 ……………… 153
古琴中的上乘之品

大理国（公元 937—1253 年）

75 银背光金阿嵯耶观音立像 159
大理人心中的福星

金（公元 1115—1234 年）

76 铜坐龙 ………………………… 165
金源文化的代表

77 侯马金代董氏墓中的戏俑人物 ……………………… 171
金代戏曲发展的实物见证

元（公元 1271—1368 年）

78 元青花山形笔架 …………… 177
元代青花瓷器中唯一的文房用品

79 元青花四爱图梅瓶 ……… 183
见证美好爱情的元代青花瓷

80 元代青花釉里红楼阁式谷仓 …… 189
景德镇出土的超豪华陪葬品

81 “小宋自造”香炉 …… 197
传世钧窑瓷器中的佼佼者

82 元代霁蓝釉白龙纹梅瓶 …… 205
元代景德镇同类器物烧造的最高水准

明（公元 1368—1644 年）

83 张翀《饮中八仙图》屏 …… 211
杜甫诗中的八位酒仙

84 镶玉嵌宝王母驾鸾鬏髻头面 …… 217
明代首饰中的极品

85 金镶红蓝宝石冠 …… 225
明朝皇帝赐予沐氏家族的名贵之物

86 福船 …… 233
“集中国古代海船之大成”的福船

87 九旒冕 …… 241
唯一可见的古代冕冠实物

88 《秋兴八景图》册 …… 247
董其昌山水画之代表作

89 明永乐青花枇杷绶带鸟纹盘 …… 255
古代中外丝绸之路的重要物证

90 《道藏》 …… 261
现存最完整的明代正统版道藏

清（公元 1616—1911 年）

91 八旗礼仪甲胄 …… 267
八旗制度的物化表现

92 家诫碑 …… 275
状元家诫

93 《琼黎风俗图》 …… 283
一部重现黎族历史的画卷

94 东珠朝珠 …… 291
清朝皇家专属的朝珠

95 金漆三足凭几 …… 297
家具艺术中的精品

96 青花缠枝莲纹佑陶灵祠瓷匾 …… 305
清代稀有且珍贵的青花大瓷匾

97 清乾隆粉彩八蛮进宝图双耳瓶 …… 311
康乾盛世的重要历史见证

98 金瓯永固杯 …… 317
清代皇家的传家宝

99 京张铁路人字形沙盘 …… 323
中国铁路建筑史上的一座丰碑

近代（公元 1840—1949 年）

100 聂耳小提琴 …… 331
第一把演奏国歌的乐器

051

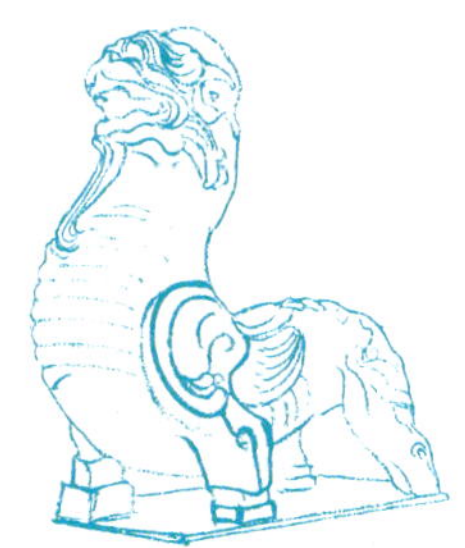

南朝神兽

南朝地下王国的“守门人”

国宝小档案

年代：南朝（公元 420—589 年）

尺寸：高约 120 厘米

出土地：丹阳地区

馆藏地：震旦博物馆

供图：震旦博物馆

主讲人：寻婧元

如果您来到震旦博物馆，不用走进大门就能远远地看见一位特殊的“门卫”，这是距今1500多年的南朝神兽，今天我就和您一起认识一下这位特殊的“守门人”。

这件南朝神兽以超现实的动物形象为基本主体，然后在身上附加了翅膀；昂首挺胸，颌下须髯垂胸，在它的前胸、下腹部又雕琢出横隔纹，用以凸显它强壮的肌体。**它姿态威武有力，特别是工匠对其颈部及臀部的弧线处理，使其身体线条形成富有张力的“S”形，给人以蓄势待发、气势磅礴之感，真可谓形神兼备，体现着古代工匠“识材成器”的设计巧思，是一件不可多得的艺术珍品。**

带翅的神兽是中国古代经常出现的一类形象，最早出现在春秋时期的青铜器上。1923年，河南新郑郑国大墓出土的莲鹤方壶上就已经出现了带翼螭龙形象。随后历经战国、秦汉，直到六朝，有翼神兽作为铜器、玉器、石雕中十分常见的装饰母题，一路演变发展，最终达到高峰。其中以东汉及南朝时期的石雕神兽最为典型。

南朝神兽的命名争议

在博物馆里，经常有来访的观众看到南朝神兽后提出疑问，比如：“欸？这个是不是貔貅啊？”“好像是应该叫辟邪吧？”“它到底是哪种传说中的上古神兽啊？”

其实有关南朝石雕神兽的命名，长久以来一直是学界争论的热点。根据这些神兽的造型特点，它们经常被命名为辟邪、天禄、麒麟、狮子等，其中神兽头部“角”的数量是命名的关键要素，这样命名的依据主要来自历史文献的记录。但是如果仔细梳理历代文献，则不难看出这其中并没有完全统一的命名方式。

《汉书·西域传》中记载："巫弋山离国有桃拔。"桃拔是什么动物呢？三国时期孟康对"桃拔"一词做出了进一步的解释，桃拔也被叫作"符拔"，一只角的叫作"天鹿"，两只角的叫作"辟邪"。但是《后汉书》中对这个动物的记载又是另外一种面貌，书中明确提到："符拔形似麟而无角。"之后在清人假托宋人所撰写的《古玉图谱》中也提到了天禄及辟邪，不过它们又是另一种形象："双角曰天禄，无角曰辟邪。"近来，又有学者从语言学角度考证得出"辟邪"同古印度梵文的发音近似，推测可能这一名词为音译，实际就是指大狮子。

由此看来，天禄、辟邪、狮子等名词似乎都不能作为准确的定名。因此，震旦博物馆收藏的这件石雕还是选取"南朝神兽"这一名称。

探究南朝神兽的身世

就现在了解到的情况而言，大型石雕"有翼神兽"可以上溯至东汉时期，在河南和四川地区均有发现。但是到了东汉末年及两晋时期则陷入了发展低潮，这和当时反对厚葬的政策相关。根据《宋书·礼志》的记载："建安十四年，魏武以天下凋敝，下令不得厚葬，又禁立碑。"又记载了咸宁四年（公元 278 年）晋武帝司马炎诏令："此石兽碑表，既私褒美，兴长虚伪，伤财害人，莫大于此。一禁断之。"

一直到了南朝时期，这类神兽又重新复兴，不过在地域分布上同东汉时期不同，集中在南京、丹阳、江宁等地。南朝历经宋、齐、梁、陈四个朝代，先后历时 169 年，而神兽的存在几乎贯穿南朝的始终，其艺术风格在不同时期也有区别。一般看来南朝早期的神兽在造型上有脖颈短肥、背脊平直，雕饰简朴的特点；而南朝中晚期的神兽颈部斜长，脊线曲转流动，雕饰繁密。所以从风格入手，震旦博物馆藏此件神兽应为南朝中晚期作品。

除了传统的风格分析，神兽的尺寸也是解读其年代的一个辅助线索。纵观南朝，独立完整的神兽基本在 2 ~ 3 米左右，少数能达到 4 米。而震旦博物馆藏神兽高度仅 120 厘米左右，实属特别。其实在南朝神兽中有三类小型神兽可以供我们进行比较：首先是“子兽”，这类神兽不单独出现，多依托于“母兽”腹部下方，雕琢相对粗糙。由于被“母兽”身体遮挡，“子兽”的背部刻画得相对简要；其次是“柱头兽”，这类神兽亦不单独出现，多站立于石柱上方，其刻画也相对简略，同震旦博物馆这件雕琢精美的神兽不甚雷同。第三类小型神兽是独立存在的，目前已知的数量不多，集中于丹阳地区，其中以烂石弄、巨竹村发现的最具代表性，观其风格、造型均与震旦博物馆馆藏神兽颇有相似之处，应是同一时期作品。而丹阳是齐、梁两国帝王的祖籍，古称“南兰陵”，因此齐梁的皇室去世之后陵墓也多修建于此。所以，震旦博物馆藏神兽的年代可以进一步定位至南朝齐梁年间。

南朝的大型石雕“有翼神兽”本来是放置于通往帝后、王侯等高等级墓葬前神道两侧的。后世唐人《封氏见闻录》中也有相关的记载：“秦汉以来，帝王陵前有石麒麟、石辟邪、石象、石马之属。”一般而言，伴随神兽组合出现的还有其他石质文物。就目前的发现情况而言，帝王级别以梁文帝的建陵保存得最为完整，其中包括神兽一对、石柱一对、石碑一对、石础一对；王侯级别则以萧秀墓为代表，包括神兽一对、石柱一对、石碑两对。

同样是墓葬前神道两侧的神兽，帝后同王侯级别有着明显的区别：王侯级别的神兽均无角，而帝后级别的神兽则有角。且在分布上，单角神兽位于神道右侧，双角位于左侧。震旦博物馆珍藏的神兽头上装饰两角，因此可以认为其原出于丹阳地区，位于某齐梁帝（后）陵墓神道的左侧。

漂洋过海，回到祖国

那么，这件原属于南朝帝王的神兽，是怎么漂泊到上海震旦博物馆的呢？这要从 10 多年前纽约的一场拍卖会说起。2007 年 3 月 20 日，纽约的苏富比拍卖行举办了一场以中国艺术为主题的专场拍卖，这其中来自水牛城一家美术馆的拍品引起了大家的高度关注，它将 20 世纪 40 年代著名收藏家阿瑟·迈克尔（Arthur Michael）的捐赠送上了拍卖场。

阿瑟·迈克尔是一位化学家，本人喜好收藏，尤其对亚洲艺术偏爱有加，其收藏涵盖中国、印度、东南亚多个地区的青铜、陶瓷、石雕等。阿瑟·迈克尔的收藏"顾问"是著名的艺术史家费洛诺莎（Fenollosa），两人曾于 1880 年游历亚洲，其间费洛诺莎带领迈克尔接触了诸多的亚洲艺术品，震旦博物馆馆藏神兽很有可能是在费洛诺莎先生的建议下购得的。

1942 年收藏家迈克尔离世，他将部分收藏捐赠给了家乡水牛城的奥尔布莱特-诺克斯美术馆（Albright-Knox Art Gallery），其中就包含了这件神兽，但是由于美术馆的展示和研究多以近现代欧美艺术品为核心，因此这件神兽基本上没有公开展出的机会。2007 年奥尔布莱特-诺克斯美术馆为了自身的发展筹措资金，决定将迈克尔先生捐赠的部分藏品委托苏富比进行公开拍卖。这在当时美国的博物馆界也引起了一番争议，当年的《华尔街日报》就此刊登了连续的文章进行讨论，最终此件神兽还是没能继续留守在水牛城，而是漂洋过海又回到了它的原生地中国，来到了位于上海的震旦博物馆。

052

北齐娄睿墓壁画

北齐时期的绘画真迹

国宝小档案

年代：北齐（公元 550—577 年）

尺寸：墓内壁画约 220 多平方米

出土地：山西省太原市西南晋源区王郭村附近

馆藏地：山西博物院

供图：山西博物院

主讲人：姚香

您好，今天我要与您分享的是山西博物院藏的国宝级文物、中国美术史上最重要的发现——北齐娄睿墓壁画。

这座古墓的具体位置在今天山西省太原市西南晋源区王郭村附近。墓坐北朝南，由封土、墓道、甬道、天井和墓室组成，占地400余平方米，底部东西长17.5米，南北深21.3米，规模宏伟。墓内壁画约220多平方米，主要分布于墓道两壁、天井、甬道、墓门、墓室。**这规模宏大的娄睿墓壁画被学者依据内容划分为71幅，大致可归纳为两大部分，五个组合。**第一部分，表现墓主人生前的戎马生涯和显赫的官宦生活。内容有《鞍马出行图》《牛车出行》《回归图》《门官仪卫》《四部鼓吹》等和贵族宴饮生活图，以绚烂多彩的大型长卷形式描绘了墓主人娄睿生前的威仪和豪华生活。第二部分，有天象图、祥瑞图、升仙图、十二生肖、畏兽神怪等，反映墓主人死后升天、回归极乐世界虚幻境界的情景。**其中以墓道东、西两壁壁画色彩鲜艳、线条清晰，保存最好。**著名画家吴作人先生赞叹道，这壁画填补了中国绘画史的空白，让人们看到了真正的北齐时期的绘画真迹，而不是光凭借着古人的评述，胡猜乱想！

前所未有的高超技艺

今天我们就以墓道东、西两壁为重点，来看看这个时期绘画的精彩。西壁“鞍马出行图”、东壁“出行图”都位于第二栏，壁画为长卷式构图，总长近70米，高1.7米左右。每组画面前面有两骑导引，随后是马队、驼队。西壁画面是主人出行，众骑相随；东壁画面是主从相随，牵马步行回归，雄健的骏马栩栩如

出行队列前，有导骑二人。年龄稍长者脸修长，戴黑色长裙帽，身穿月白色内衣，外罩月白色左衽窄袖长袍，细口裤，黑色长靴；腰间束蹀躞带，手扶殳，殳入囊；坐枣红色鞍马，安详凝视，纵马缓行。从者勒马回首，长圆脸，浓眉凤眼，小胡子，小嘴；戴黑色防风的长裙帽，穿枣红色窄衽长袖，灰白色细口裤，黑色靴踩在马蹬上；腰间也束蹀躞带，正勒住缰绳。马头高昂，前脚却步，后腿蹬，马尾昂扬，好像是受惊的状态，马尾下是一长串粪便。从者回头正关切地注意着后续队伍中马受惊的情况。

生，画面充满了饱满的形象，气势生动，场面巨大。从画面的构图，我们可以看出壁画的表现立意完整，人物的前后主次关系、结构的疏密穿插巧妙，变化丰富，紧扣主题。

出行队列前，有导骑二人。年龄稍长者脸修长，戴黑色长裙帽，身穿月白色内衣，外罩月白色左衽窄袖长袍，细口裤，黑色长靴；腰间束蹀躞带，手扶殳，殳入囊；坐枣红色鞍马，安详凝视，纵马缓行。从者勒马回首，长圆脸，浓眉凤眼，小胡子，小嘴；戴黑色防风的长裙帽，穿枣红色窄衽长袖，灰白色细口裤，黑色靴踩在马蹬上；腰间也束蹀躞带，正勒住缰绳。马头高昂，前脚却步，后腿蹬，马尾昂扬，好像是受惊的状态，马尾下是一长串粪便。从者回头正关切地注意着后续队伍中马受惊的情况。可见，画师非常熟悉草原牧场的生活，表现技巧也十分丰富，既生动地表现出了马匹惊骇状况，也增加了壁画的情趣。

整幅画面上的200余匹马，无一重复，动态多样，用线流畅，技艺已达到前所未有的高度！画家还以高超的线描技巧，勾勒出马儿奔跑、惊驰、嘶鸣之状。不仅线条千变万化、顿挫有力，如行云流水；同时，画面之间十分注重细微的动态变化，还有空间层次。骑者严肃谨慎，从骑却勒马回首，画面前后相互联系。人物形象具有明显的北方人特点，长面高鼻，浓眉细目。其表情和动作刻画得细致逼真，有人直视前方，有人回首后望，另有人窃窃私语。骑队中有身着圆领窄衬衫的女骑手，在古代绘画中也是第一次看到。

壁画的创作过程

如此恢宏大气的巨幅壁画是怎么创作的？

古代工匠们、画匠们先用草拌泥将墓道和墓室墙壁抹平，厚2厘米左右，这叫“地仗”，再在地仗上面刷一层白灰，像是一张竖直铺平的白纸。然后趁着地仗和白灰层湿软时，用竹扦一类的东西在上面勾勒出轮廓。墓室内则用淡墨勾出底稿，然后敷色晕染。壁画的设色均用土质颜料，有土红、朱砂、赭石、熟褐、石黄、石青、石绿、墨黑和蛤粉等。一般多在既定的范围内平涂或渲染，其色彩效果因多用土质颜料而显得纯净稳重，物象被渲染得鲜艳单纯，对比强烈却又统一调和在明朗的装饰美感中，与白灰壁面相间映衬从而形成明快、空灵的清新效果。

壁画的墓主人和创作者

那么，拥有这些壁画的墓主人到底是什么人呢？

这得从 1979 年的春天，山西考古工作者探寻“晋王陵”说起。在太原晋祠南 5 里左右的王郭村和牛家村之间有一土岭，俗称“晋王岭”。“岭”就是陵墓的封土堆，当地人把陵墓的“陵”念成“岭”，也许是“陵”不太好听。这两座大墓宛如两座小山，一南一北，巍然对峙。清代学者刘大鹏所著《晋祠志》记载：“晋祠南五里许，晋王岭有大墓二，南一北一，当地群众俗称‘王墓’。”古老相传中，有的说是唐叔虞墓，也有说是晋王墓，还有说是北齐丞相斛律金墓。

20 世纪 70 年代初，当地的老百姓受到错误思想“若要富，挖古墓，死宝变活宝”的影响，在经济利益的驱动下，曾由村干部带领，企图从墓门进入墓室盗窃古物，在墓门口挖了深 10 米的大坑，墓道两壁已经露出壁画。后来被太原市文物工作管理委员会的同志发现了，动员大家要认真保护古代文物，随意盗窃古代文物是犯罪行为，尽快填埋墓道，才避免了这座古墓遭受更大的破坏。1979 年 4 月—1981 年 1 月，考古工作者对墓葬进行了发掘。

您如果经常看《探索・发现》中的考古纪录片就会有经验，墓中出土的铭文、官印等文字性资料对确定墓主身份十分重要！幸运的是，这座古墓中就出土了墓志铭和墓志盖。墓志盖上写着“齐故假黄钺右丞相东安娄王之铭”，这就告诉我们，这座墓不是晋王的，也不是斛律金的，而是娄王的，娄王就是娄睿！据史籍和墓志记载，这位娄睿可是了不起的人物，可谓家世显赫，出生名门。他是北齐外戚大臣，曾跟随北齐神武帝高欢起兵，屡立战功，荣耀一时。

娄睿生于公元 531 年，卒于公元 570 年，本姓匹娄氏，字佛仁，太安郡狄那县（今山西寿阳县）人，出身于东魏、北齐两代地位显赫的鲜卑望族——娄氏家族，是北齐武明皇太后娄昭君宠爱的亲侄子。据《北齐书・娄睿传》记载，娄睿“在任贪纵”“纵情财色，为时论所鄙”。因为贪婪无度曾被削官免职，但很快凭借外戚身份，在“加官、免职、再加官”的反复中步步高升，始终是手握重兵、镇守陪都晋阳的高级贵族，以太傅、太师兼尚书事、尚书令而成为总领帝机的重臣。

死后葬在晋阳（今太原），谥号恭武。现在太原是个二线城市，但在北朝至隋唐时期，它可被称为东魏霸府、北齐别都、盛唐北都，绝对是最重要的政治中心、文化中心和军事重镇！

同时期，北朝墓葬中也出土了很多精彩的壁画。但众多学者专家都认为娄睿墓壁画的作者是北齐时期最负盛名的皇家画家——杨子华！他是北齐世祖高湛的爱臣，善画贵族人物、宫苑、车马，所画马匹尤其生动逼真，据传他在壁上所画马匹甚至引起观者夜间听到马索水草而嘶鸣的幻觉，时有“画圣”之称。当时，北齐皇族让他专门供职宫廷，非有诏不得与外人画，成为专门的御用画家。他所画人物形象丰满圆润，有别于顾恺之的“秀滑清丽”。他的画风影响到唐代，具有承前启后的历史地位。**唐代大画家阎立本曾赞誉杨子华说：“曲尽皆妙，简易标美，多不可减，少不可逾，其惟子华乎。”**

北齐在中国历史上如昙花一现，只存在了短短28年，而绘画作品留存至今的也是少之又少。娄睿墓壁画的出土填补了北齐绘画史上的空白，不仅在中国美术史上占有重要的地位，而且为研究当时的社会意识形态，以及贵族的生活面貌提供了重要的研究依据。娄睿墓壁画以其珍贵的历史及艺术价值被国家规定为“全国第一批禁止出国文物”之一。

清宮藏寶

053

唐
（公元 618—907 年）

《虢国夫人游春图》（宋代摹本）

真实再现大唐盛世的艺术瑰宝

国宝小档案

作者：张萱（生卒年不详）

年代：唐（公元 618—907 年）

材质：绢本设色

尺寸：高 51 厘米，长 148 厘米

馆藏地：辽宁省博物馆

供图：辽宁省博物馆

主讲人：王婉婷

今天要为您介绍的这件绘画作品，它以精妙绝伦的写实技巧，真实而生动地记录了1200多年前一个绮丽的瞬间，它就是《虢国夫人游春图》。

豪华气派的游春阵容

此画卷高51厘米，长148厘米。**在平滑如纸的宫绢上描绘了虢国夫人一行八骑九人游春踏青时的情景。画面中身着华服的一行人骑马执鞭，徐徐前行。整个游春阵容豪华气派，主仆骑的都是宫中的精良骏马，有前导，有殿后，次序严谨，等级分明。**

走在最前面的是一个着男装的中年人，乘浅黄色骏马，戴乌纱冠。这位前导官英俊而威严的神态和这样豪华的马鞍，醒目地昭示了主人的身份和地位，这匹三花马是唐代御厩中最为名贵的，代表了当时皇家出行的最高规格。第二人是位乘菊花青马的少女，乌黑的头发左右分开，梳成两个长长的发髻，这是当时仕女的一般发式。少女着胭脂红窄袖衫，下衬红花白锦裙。在少女左方略后有一个乘黑色骏马的中年人随行，粉白色的圆领窄袖衫，与黑马形成鲜明的对比。三人共同构成了华贵的前导行列。

疏朗的三骑成为前导，紧接着便是簇拥的五骑，前排右面一骑，也是全画的中心点，便是虢国夫人。虢国夫人何许人也，为何会成为画作的主角？这要从她的妹妹说起。在唐天宝年间，因为杨贵妃深得唐玄宗李隆基的宠爱，于是杨家成为显贵一时的豪门望族，哥哥杨国忠贵为宰相，大姐、三姐、八姐分别封为韩国夫人、虢国夫人和秦国夫人。其中，以虢国夫人的骄逸奢华最为闻名。她常常骑着

走在最前面的是一个着男装的中年人，乘浅黄色骏马，戴乌纱冠。这位前导官英俊而威严的神态和这样豪华的马鞍，醒目地昭示了主人的身份和地位，第二人是位乘菊花青马的少女，乌黑的头发左右分开，梳成两个长长的发髻，少女着胭脂红窄袖衫，下衬红花白锦裙。在少女左方略后有一个乘黑色骏马的中年人随行，粉白色的圆领窄袖衫，与黑马形成鲜明的对比。三人共同构成了华贵的前导行列。

宫中御马，带着英俊的年轻侍从进入宫苑，出行的威仪场面，声势宏大，喧嚣一时。以善作宫词而著名的唐代诗人张祜，曾经这样写道："虢国夫人承主恩，平明上马入宫门。却嫌脂粉污颜色，淡扫娥眉朝至尊。"虢国夫人唯恐粉妆玷污了她美艳的本色，从不施浓妆，即使去见皇上，也仅仅是"淡扫娥眉"。

画面中间的这位正在游春的虢国夫人，果然是淡扫娥眉不施粉黛的自然本色，这样端庄丰腴的面容和肤色，是盛唐时期崇尚的标准美貌。你看她那旁若无人的眼神，微闭的小口，显露出她身为主人的从容。看似简约的服装，配上这样的白色披巾更显得飘逸，鞍具上没有任何的华丽装饰，透出了虢国夫人喜欢自然的性格。

在虢国夫人左面与其并辔前行的便是她的妹妹秦国夫人。其装束一如虢国夫人，唯衣裙颜色与之不同。她侧向虢国夫人，似在交谈，态度显得恭敬有加。虢国夫人姐妹之后，横列为后卫三骑。居中的是老年侍姆，右手护着鞍前的幼女，神情显得矜持，眉眼间流露着小心谨慎的表情。幼女左手把住鞍桥，态度十分安详。侍姆右侧的中年人也是从监，装束与前一从监相同；左侧红衣少女装束与第

画面中间的这位正在游春的虢国夫人，你看她那旁若无人的眼神，微闭的小口，显露出她身为主人的从容。看似简约的服装，配上这样的白色披巾更显得飘逸，鞍具上没有任何的华丽装饰，透出了虢国夫人喜欢自然的性格。在虢国夫人左面与其并辔前行的便是她的妹妹秦国夫人。似在交谈，态度显得恭敬有加。虢国夫人姐妹之后，横列为后卫三骑。居中的是老年侍姆，右手护着鞍前的幼女，神情显得矜持，眉眼间流露着小心谨慎的表情。幼女左手把住鞍桥，态度十分安详。侍姆右侧的中年人也是从监，装束与前一从监相同；左侧红衣少女装束与第二骑少女相像。

二骑少女相像。居中的一匹三花马与前导的三花马相呼应，为这支不同寻常的踏青队伍，压住了阵脚。

《虢国夫人游春图》的艺术魅力

整幅画在构图上，从单行的三骑到两骑并行，最后三骑并行，既符合这一类贵族出游行列的规律，又像一首乐曲一样，充满韵律感，把人的视觉从序曲引导向主题。表现手法精练集中，且富有节奏感。

画面除了在人物关系上精心布局，还画出了春游人马并不十分严肃的状态，非常切合主题。尽管全画没有花草树木，然而通过人们穿着的明丽服装，悠闲自得的从容神态，我们仿佛看到了春水微波，桃李争艳，正是风和日丽、春光明媚的季节。

画面色彩结构中的粉白、浅红色也就是对春天色彩的把握，很好地传达了春天的信息。马的颜色灰暗沉着，以衬托出人物的形象。大量运用较多的青、绿、红等鲜艳颜色，以白色加以间隔，使画面整体和谐，从而达到艳而不俗的效果。画中从监所骑的黑马是大片的黑颜色，也突出了墨在中国画中的重要作用。背景中用湿笔画出斑斑草色，既突出了前面的人物，也使画中的意境显得更加清新。这些，正是画家的高明之处。

融合唐宋两代宫廷艺术的精华

这幅画的创作者，是唐代画家张萱。张萱，以擅长绘画贵族仕女、宫苑鞍马著称，在画史上通常与周昉相提并论。唐宋画史著录上记载张萱的作品有数十幅，不少还一再被许多画家摹写，但出于张萱本人手笔的原作，今已无一遗存。

据考证，张萱在唐开元年间可能任过宫廷画职。唐朝的统治阶层非常重视绘画的社会功能，他们招贤画家，收藏名画，对美术的发展起到了直接的推动力。到了开元、天宝年间，经过近百年发展的唐朝政权更加稳固，经济更加富足，整个封建社会迎来了它的巅峰时期。在贵族中间，享乐主义也存在不断滋长的现象，这时的盛唐艺术呈现出另一派气象，具有青春活力的热情和想象渗透在盛唐艺术之中。张萱正是将这些贵族妇女的享乐生活和许多家常事项描绘得淋漓尽致，让我们从这瑰宝中感受到了大唐盛世。

但是，您在辽宁省博物馆看到的这幅并不是唐代的原本，而是宋代的摹本。此图原作曾藏宣和内府，由画院高手摹装。在两宋时期为史弥远、贾似道收藏，后经台州榷场流入金内府，金章宗完颜璟在卷前隔水题签，指为宋徽宗赵佶所摹。

不过，据学者考据，此件技艺高超的作品可能是宋代画院名家所代笔，未必是赵佶亲手摹写。

在12世纪初，宋徽宗时期，北宋内府所编写的《宣和画谱》中，还著录有张萱绘制的《虢国夫人游春图》。历经沧桑的颠簸，原作已失传，值得庆幸的是，由于这一时期画院的兴盛，宫廷绘画再一次呈现了高峰。一位没有留下姓名的宋代宫廷画师对照原作精心绘制了眼前的这一卷，可以说这幅画作凝聚了唐宋两代宫廷艺术的精华。

珍宝入藏辽宁省博物馆

那么，这幅宋代摹本为何又会收藏在辽宁省博物馆？这就不得不说到清代宫廷的收藏。

清代的乾隆皇帝因爱好书画，在位期间不遗余力地将全国珍品收藏到清宫内府。清朝灭亡后，末代皇帝溥仪虽然退位，但仍按退位优待居住在故宫原住所。

整幅画在构图上，从单行的三骑到两骑并行，最后三骑并行，既符合这一类贵族出游行列的规律，又像一首乐曲一样，充满韵律感，把人的视觉从序曲引导向主题。表现手法精练集中，且富有节奏感。

溥仪担心北洋军阀终将无视先约将他赶出，为考虑生计，与弟弟溥杰将一批书画盗运出宫，后于 1925 年移居天津，1931 年又被挟持至长春。1945 年伪满洲国灭亡后，溥仪随身携带小部分书画，希望经沈阳前往日本，被逮捕入狱，随身书画被缴获，保存到银行。

1948 年，这批书画从银行拨交给当时的东北文物管理委员会，后来转交给东北博物馆（今辽宁省博物馆）。其中就有这幅《虢国夫人游春图》（宋代摹本）。**辽宁省博物馆是新中国成立后的第一座博物馆，同时还是一座综合性博物馆，馆藏文物丰富，收藏的清宫散佚书画除了《虢国夫人游春图》《簪花仕女图》，还有《瑞鹤图》《洛神赋图》等，以及明四家的书法作品，因此享誉海内外。**欢迎您有机会来辽宁省博物馆亲自看看这件融合着唐、宋两代宫廷绘画精华的艺术珍品。

054

唐

（公元 618—907 年）

越窑荷叶盏托

越窑青瓷中难得的精品之作

国宝小档案

年代：唐（公元 618—907 年）

尺寸：通高 6.6 厘米，口径 11.8 厘米，底径 6.6 厘米

出土地：宁波市和义路唐代海运码头遗址

馆藏地：宁波博物馆

图片：李安宁摄

主讲人：陈宁

您好，今天为您介绍的这件越窑荷叶盏托，在 1975 年出土于宁波市和义路唐代海运码头遗址，是越窑青瓷中难得的精品之作。

古代南方著名窑系——越窑

越窑是中国古代南方著名窑系，主要分布在现今浙江省上虞、余姚、慈溪、宁波等地。早在商周时期，这里就开始了原始瓷器的生产。东汉中晚期，随着烧制技术的进步，在曹娥江中游上虞地区和滨海宁波地区诞生了一种面貌一新的青瓷，胎质细腻，釉色均匀，叩击之声如金石，被称为“成熟瓷器”。它的烧制成功，是人类文明史上划时代的进步，使人类结束了由制陶到制瓷的漫长历程。

随后的三国两晋时期，越窑取得了令人注目的成就，其精湛的烧造工艺代表了当时全国制瓷业的最高水平，可以说当时越窑正处于南方青瓷一枝独秀的时代。随着越窑生产区域的不断扩大，中国第一个瓷窑体系——越窑系也开始形成。

之后随着社会经济的繁荣，以及青瓷制作工艺的不断改良，唐代晚期至五代，越窑青瓷的生产进入了第二个高峰期，今天要介绍的这件越窑荷叶盏托正出自这个时期。

越瓯荷叶空

盏托是一种古代盛放茶汤的器具，分为上下两个部分，位于上部的叫“盏”，位于下面的叫“托”。

🕊 盏的口沿作五片开口的荷花花瓣状，外部压出内凹的五条瓜棱，让素净的器面有了层次分明的节奏感，质朴大方。

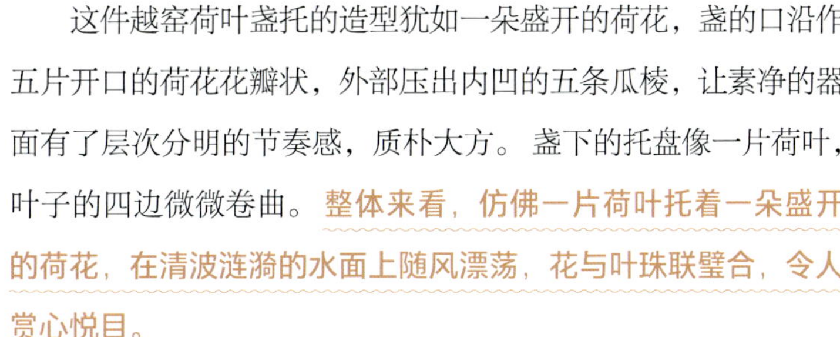

这件越窑荷叶盏托的造型犹如一朵盛开的荷花，盏的口沿作五片开口的荷花花瓣状，外部压出内凹的五条瓜棱，让素净的器面有了层次分明的节奏感，质朴大方。盏下的托盘像一片荷叶，叶子的四边微微卷曲。**整体来看，仿佛一片荷叶托着一朵盛开的荷花，在清波涟漪的水面上随风漂荡，花与叶珠联璧合，令人赏心悦目。**

唐代诗人孟郊作“越瓯荷叶空”，即是对其造型的生动写照。釉色之美是它的另外一大优点，通体饱满青翠，呈清水般的湖绿色，玲珑像冰，剔透似玉，看上去就像杯盏中倒了半碗清水，令人倾倒，给人一种神秘而又高贵的感觉。

唐代的饮茶风尚

🕊 盏下的托盘像一片荷叶，叶子的四边微卷曲。

越窑荷叶盏托的杯盏较浅，看起来更像是一只碗的造型，这与唐代的饮茶风尚有关。

唐代“风俗贵茶”，宫廷饮茶之风盛行。最高统治者唐太宗直接提倡饮茶，热衷茶事。为满足皇室自身的饮茶需求，朝廷大规模推行贡茶制度，设置皇家贡茶院。上行下效，崇茶风俗很快在官僚贵族、文人士大夫和僧侣阶层中推广开来，“茶道大行，王公朝士无不饮者”。当时，在皇室崇茶、士大夫扬茶、佛教重茶、商人卖茶、举国饮茶的背景下，与茶相关的行业也得到了空前的发展和繁荣。毗邻湖州，在历史上拥有制瓷渊源与技术基础的越州，于是率先成为这一时期制作瓷器茶具的中心。

唐代“茶圣”陆羽在《茶经》中就给予了越窑很高的评价，他将越窑列为唐代“六大名窑”之冠，认为：“碗，越州上，鼎州次，婺州次，岳州次，寿州、洪州次。或者以邢州处越州上，殊为不然。若邢瓷类银，越瓷类玉，邢不如越一也；若邢瓷类雪，则越瓷类冰，邢不如越二也；邢瓷白而茶色丹，越瓷青而茶色绿，邢不如越三也……越州瓷、岳瓷皆青，青则益茶，茶作白红之色。邢州瓷白，茶色红；寿州瓷黄，茶色紫；洪州瓷褐，茶色黑，悉不宜茶。”在这段文字中，陆羽这样描述茶碗，越州窑出产的是最佳的，鼎州的稍逊一些，婺州的又差一些，岳州的再差一些，寿州、洪州的更差。也有人将邢州出产的瓷器排在越州瓷器之前，实际情况根本不是这样。如果邢窑瓷像银，越窑瓷则像玉，这是邢窑瓷不如越窑瓷的第一点；如果邢窑瓷像雪，越窑瓷则像冰，这是邢窑瓷不如越窑瓷的第二点；还有，邢窑瓷色白而使茶汤泛红色，越窑瓷色青而使茶汤呈绿色，这是邢窑瓷不如越窑瓷的第三点……越州瓷和岳州瓷都呈青色，青色瓷能凸显茶汤的色泽，茶汤呈白红色。邢州瓷颜色白，茶汤呈红色；寿州瓷颜色黄，茶汤呈紫色；洪州瓷颜色褐，茶汤呈黑色，这些都不宜用来盛茶。在这些内容中，您一定能感受到陆羽对饮茶器具的挑剔和品位。

中国的茶文化，经历了唐代的煎茶，宋代的点茶以及明代的泡茶。唐代的饮茶习惯与今天有很大的不同，流行煎煮法饮茶，饮茶时要先有一整套细致的加工茶叶的程序。首先会在春天将茶树上的嫩叶采摘下来，蒸炙捣揉，和以香料，压成茶饼；喝的时候用一种特殊的工具茶碾（就像现在缩小版的药碾子）将茶叶碾成细末并进行过筛备用。我们现在所熟知的抹茶，跟唐代的碾茶极为相似。

按照唐代陆羽的煮茶三沸法所示：在水面开始有小热气泡冒出来时，加适量的盐调味；等锅具边沿开始有小水泡涌起时，加入适量的茶粉并搅拌均匀；然后趁着茶汤在没有完全沸腾前，将煮好的茶等份地盛到茶盏中供人饮用。由于饮用时要趁热连汤及茶末一起喝下，这就要求茶碗不宜太深。另外，为了防止茶盏烫手，还须用盏托在底下托着茶盏。现今，日本传统茶道就保留了较多唐代茶道的形态。

一件不可多得的秘色瓷器

唐代是各个艺术门类都得到高度发展的时期。越窑青瓷取得的突出成就是唐代窑业发达的生动体现，因其温润如玉的瓷质，美艳如翠的釉色，柔和优美的造型，舒展流畅的纹饰，而深受海内外偏爱。在越窑青瓷中最优秀的作品中，一直被猜测、被传说，却一直无法确认含义的就是秘色瓷。

“秘色”一词，最早出现于陆龟蒙的《秘色越器》这首诗，之后唐代诗人徐夤在他的《贡余秘色茶盏》一诗中也有提及，可见“秘色”一词最早来源于热衷茶事、喜爱越窑茶具的民间文人雅士，是他们在赴会雅集、茗茶吟诗之时，凝视手中精美的越窑茶具所抒发的优雅赞叹。陆龟蒙在诗中将这种青瓷的釉色比喻为“千峰翠色”，而徐夤更是以“捩翠融青”“明月染春水”“薄冰盛绿云”“古镜破苔”“嫩荷涵露”等华丽的辞藻对其极尽赞美。再结合《说文解字》对于“秘”“色”的解释：“秘，神也”“色，颜气也……凡色之属皆从色”，因此唐代人们口中的“秘色”应该是指神秘的颜色。

因唐代茶具以越窑青瓷为冠，所以“秘色”一词多被用来赞美越窑青瓷，以致唐五代以后的文人墨客多认为“秘色瓷”即是青瓷的专用词，其秘色的意义被不断衍化。尤其是五代吴越时期统治者钱氏以大量“秘色瓷”频繁上贡中原王朝，让后来的宋人更加关注秘色瓷的功用，认为“秘色瓷”就是“钱氏有国日供奉之物”“臣庶不得用”，“秘色”因此又被赋予了另一层更深的含义。总之，千百年来“秘色瓷”究竟作何解释，始终像一团迷云萦绕着世人。

直到 1987 年在陕西省扶风县法门寺，唐代地宫中 2199 件精美文物的惊人发现，尤为可贵的是在地宫中一并发现的物账碑上明确记载了 13 件秘色瓷，秘色之谜水落石出。在进行实物对比后，宁波博物馆的这件越窑荷叶盏托也被证实是一件不可多得的秘色瓷器。另外，目前越窑青瓷可以说拥有了史料记载的最早皇家用瓷的记录。

中国瓷器的发展源远流长，随着现代技术的不断进步，我们可以复制出与之相似的器形、接近的釉色，却复制不出它们的灵魂，以及其沉淀千年的古瓷韵味。在科技不发达的古代，先民用他们的双手和智慧制作出了这些精美的器物，千年之后，当我们回头再看，不得不惊叹中国古代劳动人民的智慧。

055

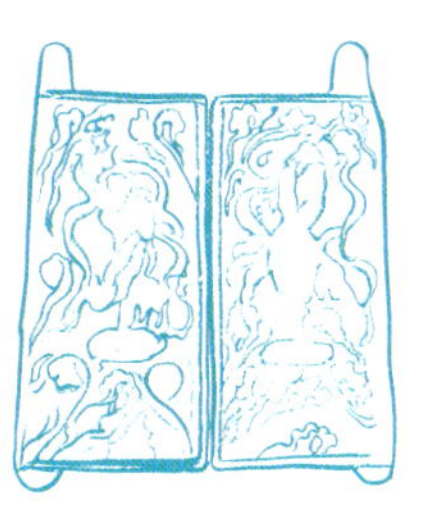

唐代胡旋舞石刻墓门

再现大唐盛行的胡旋舞

国宝小档案

年代：唐（公元 618—907 年）

尺寸：每扇门长 58.1 厘米，宽 46.5 厘米

出土地：宁夏回族自治区吴忠市盐池县苏步井乡窨子梁唐代墓群 M6 号墓室

馆藏地：宁夏回族自治区博物馆

供图：宁夏回族自治区博物馆

主讲人：周文詠

石刻墓门的出土

1984年，宁夏回族自治区吴忠市盐池县文物普查队开展第二次全国文物普查期间，在苏步井乡窨子梁发现了两座被流沙覆盖的古墓葬。之后宁夏回族自治区博物馆考古队派人复查，确定是一处唐代墓群。1985年6—7月，宁夏回族自治区博物馆文物考古工作队对这两座古墓展开发掘工作，在两座墓葬周围打了数十条探沟，又探出四座墓葬。按照从西向东的顺序，分别将它们编号为M1-M6。

在清理M6号墓室时，专家们发现了两扇石刻墓门。每扇门均呈长方形，长58.1厘米，宽46.5厘米。上下有圆柱状榫，两扇门板皆保持原状，出土时紧闭并用铁锁牢牢锁住。门扇正面凿磨光滑，上面清晰地刻画着人物的图案，当考古专家们仔细观察它所表现的内容时，感到非常惊讶。

两扇石门上用浅浮雕的雕刻手法刻画出两名男性舞者，粗眉卷发，深目高鼻，肩宽腰细，体魄健壮，舞姿健美，充满了浓郁的西域风情。他们上身穿圆领紧身窄袖衫，下身穿贴腿紧裙，脚蹬长筒皮靴，各自踩在一小圆毯上，两人对舞，舞姿不同：左边的舞者侧身回首，左脚站立在小圆毯上，右腿后屈，左手微微上举，右臂弯曲至头顶；而右边的舞者则是右脚站立在圆毯上，左腿前伸，双臂上举到头顶上方合拢。两人都手举长巾，仿佛在鲜明激昂、扣人心弦的鼓点中熟练挥旋，充满欢乐的生活气息。**四周浅浮雕有卷云纹，使舞者犹如腾跃于云气之中，造成流动如飞的艺术效果。**整个画面构思巧妙，主题突出，人物面部表情生动自然，舞姿热烈奔放，充满了浓郁的生活气息。

有专家认为，两扇石门上的画面所表现的正是1000多年前流行于大唐盛世

左边的舞者侧身回首，左脚站立在小圆毯上，右腿后屈，左手微微上举，右臂弯曲至头顶。

右边的舞者则是右脚站立在圆毯上，左腿前伸，双臂上举到头顶上方合拢。

的胡旋舞。胡旋舞是昭武九姓中的康国作为贡礼献给李唐王朝的，正式的称谓是“康国乐”，以其疾速的节奏、连续的旋转和艳丽的胡服征服了无数观众。一直以来，关于这种舞蹈都只有文字记载，并未发现实物资料。**这件石刻墓门的出土，不仅填补了这一空白，还让我们更直观地感受到了胡旋舞的魅力。**

根据出土墓志记载，墓主人卒于唐武周久视元年，也就是公元700年，墓志中使用了许多武周时所造的字。从志文“大周……都尉何府君墓志之铭并序”“君……大夏月氏人也”等清楚得知，墓主人为月氏人，姓何，正是昭武九姓中的一支。志文还记载墓主人“终于鲁州”，也就是今天宁夏灵武、盐池两县界内。

隋唐时期的昭武九姓

昭武九姓是隋唐时期活动于中亚的阿姆河与锡尔河之间的粟特人，其祖先最早居住在祁连山北的昭武城，也就是今天的甘肃临泽。汉初，为匈奴所破，向西逃亡逾葱岭至河中之地后，建立康国、米国、何国、史国、曹国、石国、安国、火寻、戊地九国，中国史籍称之为“昭武九姓”，唐代又称“九姓胡”。

粟特人擅长经商，和中国通商很早，北朝以来，通过丝绸之路，来往于中亚与中国之间，掌控着国际贸易活动，对中西文化的沟通交流起到了至关重要的作用。唐代中叶平定西突厥后，这九个国家臣服于大唐王朝，随后开始了与中原汉人的融合，其中的几个国家成为一些中国姓氏的起源。

1982—1987 年间，考古工作者先后在固原市原州区南郊乡相继发掘隋唐时期的墓葬九座，其中六座为中亚史姓家族墓，他们是徙居固原的“昭武九姓”中的史国人，这是丝绸之路文化在宁夏的见证。

胡旋舞的艺术魅力

据《旧唐书》记载，胡旋舞主要来自中亚“昭武九姓”中的康国、史国和米国等，唐代传入中原，非常流行，因舞者旋转如风而得名。据统计，《全唐诗》里有描写胡旋舞女的诗共 21 首，从王维到白居易，几乎贯穿整个唐代。

白居易曾在《胡旋舞》一诗中写道：“胡旋女，胡旋女，心应弦，手应鼓。弦鼓一声双袖举，回雪飘飘转蓬舞。左旋右转不知疲，千匝万周无已时。人间物类无可比，奔车轮缓旋风迟。”诗中描写的胡旋舞者在鼓乐声中急速起舞，像雪花在空中飘摇，像蓬草迎风飞舞，连飞奔的车轮都比她缓慢，连急速的旋风也显得逊色。整首诗将胡旋女左旋右转不知疲倦，千圈万周转个不停的扣人心弦的舞姿描述得入木三分，让她们的姿态、神情跃然纸上。

岑参是历史上著名的边塞诗人，他的《田使君美人如莲花舞北旋歌》也是一首出色的胡旋舞诗，诗中描写了舞女的曼妙，其舞姿的矫健刚劲，以及音乐舞蹈所产生的边塞意境。元稹在《胡旋女》一诗中也形容舞者在起舞时转速非常快，快到观众几乎看不出她的脸和背，形象、生动地突出了胡旋舞流动如飞的艺术效果。

胡旋舞从西域传入中原后，风靡一时，学跳胡旋舞在京城长安成了一时的风尚。进入宫廷后，这种舞蹈更是深得唐玄宗李隆基的偏爱，他的宠妃杨玉环和宠臣安禄山为了取悦他，也常常在宫廷上眉飞色舞地跳胡旋舞。有一次，杨贵妃领着一群胡旋女在玄宗面前翩翩起舞，玄宗看到高兴之处，接过鼓槌，忘乎所以地为贵妃击鼓，竟把羯鼓都击破了。安禄山晚年十分壮硕，“腹垂过膝，重三百三十斤”，需要两名随从自左右两边架着他的胳膊才能正常行走，但鼓乐声一响起，他又旋转如风、身轻如燕。由于胡旋舞赢得了皇家的青睐与推崇，从而成为大唐最为流行的舞蹈之一，大约 50 年长盛不衰。

从白居易、岑参和元稹的诗中可以看出，胡旋舞的舞者多为女子，有独舞，也有三四人共舞。敦煌莫高窟第 220 窟的彩塑舞女造型与这件胡旋舞石刻墓门上舞者的造型也基本一致。**关于男性胡旋舞者的实物资料却不多见，因此这件唐代胡旋舞石刻墓门就显得弥足珍贵。**

这件唐代胡旋舞石刻墓门反映了唐代工匠高超的石刻造型艺术手法，是研究唐代乐舞艺术极其珍贵的原始资料，是大唐文化极度繁荣时的一朵艺术奇葩，折射出中、西亚乐舞对宁夏地区文化艺术的深刻影响，是中西文化交流十分珍贵的遗物，也是宁夏曾经作为丝路要塞和北方民族大融合历史背景的实物见证，揭示出宁夏在北方国际商贸中的突出地位。

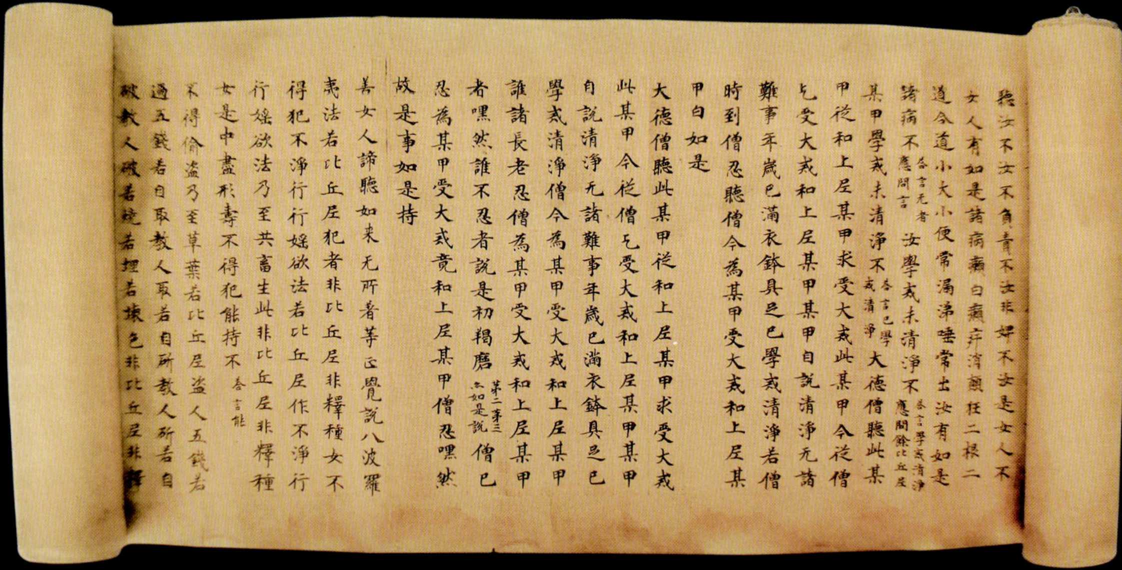

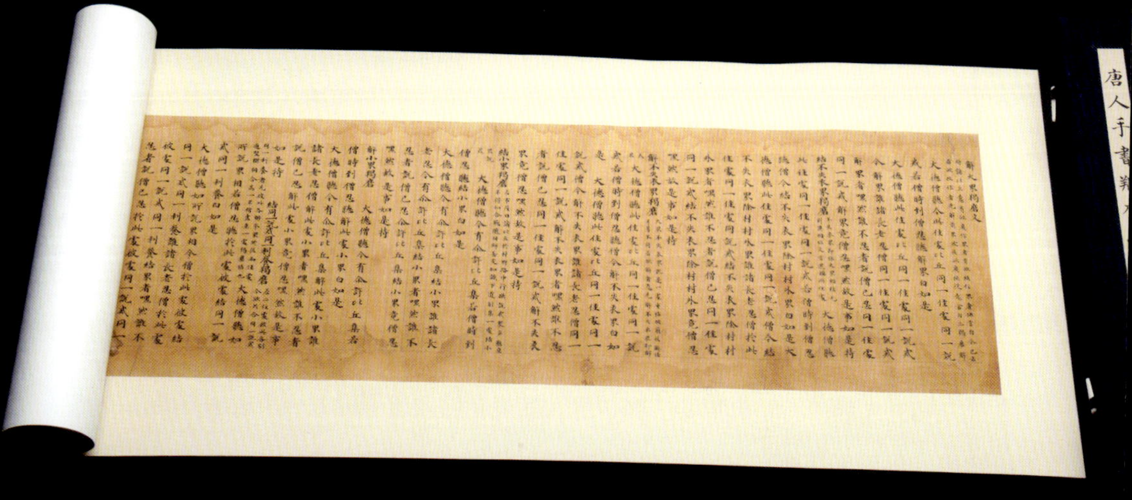

《羯摩经》原件

《羯摩经》复制件

056

唐
（公元 618—907 年）

《羯摩经》

现存最长的敦煌手写经卷

国宝小档案

年代：唐（公元 618—907 年）

尺寸：长 17 米

出土地：甘肃省敦煌莫高窟藏经洞

馆藏地：青海省博物馆

供图：青海省博物馆

主讲人：孙丽宁

大家好，今天我要介绍一件收藏在青海省博物馆的国宝级文物——唐手书《羯摩经》。

《羯摩经》长 17 米，整部经卷由 34 张长约 49 厘米，宽约 25 厘米的纸张连接而成，全卷共有 933 行 16,790 多字。它是唐代人手写的经卷，距今已有 1300 多年的历史，是我国现存最早的纸质古籍之一，也是现存最长的唐代写经。

经卷从右向左，竖行写成，每个字的大小有 1 厘米左右，有些字旁边有注释性的文字。整幅经卷通篇用楷书抄写而成，字体工整，字字珠玑，精心构思，是一笔一画用毛笔书写的小楷字，可见当时书写之人何等用功。

“羯摩”一词来自梵语，就是作业的意思。经卷书写了僧徒们戒律和忏悔的内容，是规范佛教教规的重要典籍之一。它规定僧人们有重大的决策，必须在全体僧众都参加的大会上讨论表决，必须取得全体一致的意见才能付诸实施，在佛教中具有非常高的权威性。

佛教从汉代传入中国，到唐代已是鼎盛时期。唐代抄写佛经是一件国之大事，由国家专门机构和寺院僧人协同进行。当时国家设立专门机构并派专人管理、监督此事，抄经有严格的程序和工作的规范，通常一卷佛经要历经五六年时间才能完成，像《羯摩经》这样一部长达 17 米的经卷，所耗人力和物力可想而知。《羯摩经》应该属于朝廷下令向全国各大寺院发放的官方的经卷。

经卷的特别之处在于每行都设有乌丝栏。所谓乌丝栏，是指自上而下，以乌丝织成或画成的栏，以此为界，中间用朱墨书写文字，起到分割每行文字，使通篇经卷规整的作用。由于年代久远，经卷上有些地方已经出现了磨损。整部《羯摩经》均用染黄纸制成，主要以黄檗这种植物作为染料染制而成。黄檗中有一种生物碱，具有驱虫、防腐的功效，因此，它在作为染料的同时，也起了防腐作用，从而延长了纸张寿命，这也是《羯摩经》保存完好的原因。最重要的是染黄纸在中国隋唐时期是皇家专用纸，所以《羯摩经》应该是专为皇家抄写的经卷。另外，经专家鉴定，这部《羯摩经》是敦煌藏经洞当年流失到海外的珍贵文物。

敦煌与《羯摩经》

敦煌位于古丝绸之路上，曾是东西方文化交流的交会点。敦煌是佛教传入中国的第一站。在印刷术尚未发明的年代，佛教的日益盛行使佛经的手写本供不应求。到寺院捐献抄经的善男信女并不是人人都会书写，他们即使会书写，也未必有那么多时间和精力亲自抄写，所以很多人就去买抄好的佛经，由此催生了中国书法史上最大的书法群体“经生”，也形成了一个专门的书法流派——“写经体”，也称“敦煌体”。

敦煌写经始于西晋，扩于北朝，盛于隋唐，终于五代、宋初。这是中国书法发展最关键的时期，数万件写经中，篆书、隶书、楷书、行书、草书五体俱全。敦煌“写经体”书法，在书法风格上大致分为三个演变阶段，即“魏晋写经体由隶向楷的初级演变”“北魏到隋初写经体从隶书形态中蜕变出来”“敦煌写经体向唐楷的成熟演变”，不仅让我们看到了千年前佛教经书的内容，更重要的是翔实地记录了中国书体演变的历史样本，是中国书法史上最珍贵的历史资料之一。

这部《羯摩经》是敦煌藏书之一。敦煌藏书是20世纪初全世界最重大的考古发现之一，由此在世界文献研究领域形成了一个新的学科——“敦煌学”。而敦煌藏书的发现十分偶然，清光绪二十六年（1900），莫高窟道士王圆箓率人“以流水疏通三层洞沙”，密室始现于世，并谓之“藏经洞”。该洞发现数以万计的古代佛经、道经及世俗文书等，是研究我国近2000年学术文化发展的宝贵文献。然而由于当时清政府的腐败，未能对藏经洞文献及时归档保存，只是草率地任由王圆箓原地保管，不再过问。藏经洞的文物，绝大部分经由道士王圆箓之手流失而出。由于他不能确切知晓这些陈旧的经卷究竟蕴含多少文化价值和精神能量，也就直接导致了难以弥补的文化损失。据不完全统计，约三分之二的佛经经卷已流散国外，而中国仅存三分之一。唐手书《羯摩经》就是流散国外的经卷之一，是全世界仅存的几卷《羯摩经》写本之一，也是目前发现最长的一部敦煌手写经卷，在如今发现的敦煌经卷中首屈一指。

历经沧桑的国宝级文物

这些古老的文字穿越1000多年的时光依然清晰如新，是全世界古籍宝库中不可多得的精神财富，不仅见证了佛教在中国的悠久历史，更诠释了捐赠者侯国柱老人满腔的爱国热情。

1942年，侯国柱先生在好友的引荐下，认识了久闻大名的国画大师张大千先生。张大千先生向他介绍了巧夺天工、美不胜收的敦煌壁画，谈起了那神秘莫测的敦煌文献，称敦煌壁画与敦煌经卷是中国艺术宝库的两颗明珠，并感叹说，“今生若能一睹隋唐经卷写本的真迹，则死而无憾矣。洞内经卷大多被英、法、美、俄、日等国人窃去，我国现在留存不多，是国宝啊！”虽然侯国柱先生对敦煌经卷知道得不多，但敦煌经卷是国宝的说法，已在他的脑海里留下了很深的印象。

机缘巧合，侯国柱先生在印度加尔各答时，偶然得到一个让他难以置信的消息：有个从香港来的中国人，身带敦煌经卷，准备将它卖给英国人。他听到这个消息后，急匆匆去找当地华侨王春生，让他赶快找到那个带敦煌经卷的中国人。没过多久，王春生就找到了那个名叫王仁的香港人，并向他说明了来意。但是，王仁却不肯与侯国柱先生见面，也不让王春生说出他的住处。于是，侯国柱先生恳请王春生从中斡旋，讲明敦煌经卷在国内已留存不多，千万不能再卖给外国人。在王春生的努力下，王仁终于答应以5000美元出售。

事情谈妥后，侯国柱先生因为从来没见过敦煌经卷，不知其真伪。为了甄别经卷的真伪，通过担保人担保，侯国柱先生带着经卷到噶伦堡去找著名华侨马寿山先生（原籍云南）。马寿山先生留居英法多年，阅历丰富，知识渊博，在华侨当中很有威望，他看后肯定地说：“这是真的敦煌经卷。”侯国柱先生立马把钱付给王仁。为了酬谢王春生先生的尽力相助，侯国柱先生还把两条西藏江孜的藏毯和一架美式收音机送给了他，并嘱咐他保守秘密，以免惹是生非。就这样，一部可能会流失海外的珍贵的唐代敦煌经卷《羯摩经》被侯国柱先生意外收藏。

1980年，侯国柱先生在《兰州报》中看到一篇题为“吃先人的饭，砸后人的锅”的文章，反映的是甘肃省某村的群众集体盗墓、倒卖历史文物十分猖獗。文章中说：“如果长此以往，具有五千年历史的文明古国文明在哪里？古老，拿什么证明？这不是端起先人的饭碗砸了后人的饭碗吗？”并呼吁有关方面对此予以重视。侯国柱先生看到后，心里甚感惬意畅快，认为把敦煌经卷捐献给国家的机会到了。

1983年2月的一天，侯国柱先生来到老友谢尔节家里，倾吐了压在心头30多年的心事：“我有一部敦煌经卷，保存了多年，十分宝贵，准备拿出来献给国家。你替我出个主意，怎样才能万无一失地、稳妥地交给国家？”经过反复考虑，他决定先让敦煌学专家鉴定一下经卷的真伪和价值。谢佐教授写了两封举荐敦煌经卷的信，一封作为《光明日报》的内参稿，并联系记者陈宗立以两人的名义发表，反映给中央；一封托前来青海参加全国史诗研讨会的黄铁同志转给国家文物局。时任国家文物局局长的金紫光看到信后，很快将信转给中宣部，1984年9月15日，中宣部又将此信批转到敦煌文物研究所，由他们派了两名专家前去鉴定。

在做了一段时间的准备工作后，恰逢中华人民共和国成立35周年之际，侯国柱先生如愿以偿，终于把伴随自己多年，经历近半个世纪风风雨雨的敦煌经卷，作为献给祖国的最好礼物。如今，这部凝聚了侯国柱先生一生心血的敦煌经卷收藏在青海省博物馆，得以展现在人们面前。欢迎您有机会来青海省博物馆看看这件历经沧桑的国宝级文物。

057

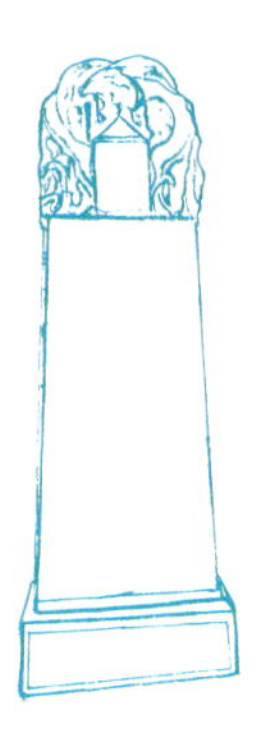

怀仁集王羲之圣教序碑

李世民、玄奘、王羲之联袂打造的国宝级文物

国宝小档案

年代：唐（公元 618—907 年）

尺寸：高 315 厘米，宽 141 厘米

出土地：唐长安城修德坊弘福寺内

馆藏地：西安碑林博物馆

供图：西安碑林博物馆

主讲人：白雪松

您好，今天我要为您介绍一件由李世民、玄奘、王羲之三位“大咖”联袂打造的国宝级文物——《怀仁集王羲之圣教序碑》。

这方碑石高 315 厘米，宽 141 厘米，共 1904 个字。那么，古人为什么要刻碑呢？最根本的理由还是因为纸和绢比较脆弱，难以保存长久，有一句话说得好，“竹帛难存，金石永固”。碑石就像古代的硬盘，能够跨越千年，为我们保存先贤留下的信息。

在西安碑林博物馆中，这方《怀仁集王羲之圣教序碑》的身前摆放着颜真卿的《多宝塔感应碑》，在它的身侧摆放着柳公权的《玄秘塔碑》，夹在“颜筋柳骨”之间的它，被称作西安碑林博物馆最“贵”的石碑！它到底有什么特殊之处呢？概括来说就是，**玄奘（也就是《西游记》中唐僧的历史原型）从西天取经回来，唐太宗李世民给玄奘写了一封表扬信，这方碑石就是花了 20 多年的时间，用王羲之的字刻成的表扬信。**

那么，李世民为什么要给唐僧写表扬信？书圣王羲之是东晋人，已经逝世几百年的他怎能在唐代死而复生亲自写字刻碑呢？一方石碑，又为什么会花 20 多年去镌刻它呢？让我来为你一一揭秘。

李世民为唐僧写表扬信

首先，先为您介绍唐朝当时的背景。佛教在汉朝时期由印度传入中国，并在隋唐时期达到了巅峰。一时之间，名寺古刹林立，高僧辈出，玄奘法师就是其中的佼佼者。玄奘本名陈祎，洛州缑氏，也就是今天的河南洛阳偃师人。他是唐代著名高僧，法相宗创始人，被尊称为“三藏法师”，后世俗称“唐僧”。但是，“三藏法师”并不是唐僧一个人独有的尊称。《三藏》是佛教经典的总称，指的是《经藏》《律藏》和《论藏》。《经藏》记载了释迦牟尼及其最早门徒的教义，《律藏》规定了佛教僧侣的戒律和佛寺的一般清规，《论藏》为佛教各派学者对佛教教义的论述解说。通常，人们把一些通晓《三藏》的得道高僧尊称为“三藏法师”。

我们再回来说唐僧，他 13 岁时到洛阳净土寺剃度为僧；17 岁起，开始遍游四川、荆州、河北、长安等地，访求国内名师，遍读佛教经典，被称为“佛门千里驹”。他在游历的过程中，深感佛学界对佛经教义的解释众说纷纭，莫衷一是，便下决心赴佛教的发源地印度去求取真经。

跟 1986 年版电视剧中的情节不同，唐僧并不是以“御弟哥哥”的身份，并在孙悟空等人的护送下去西天取经的。事实上，唐僧是在贞观元年（公元 627 年）偷渡到印度的，没有得到李世民的允许，也没有拿着所谓的通关文牒。唯一跟电视剧的情节相同的是，他确实经历了数不清的磨难，才抵达印度。到了印度之后，他遍访印度高僧，学习最高深的佛法，精通了梵文，并与印度戒日王会晤，得到了优渥的礼遇。在戒日王的支持下，他多次参与佛教的辩论大会，战无不胜，并被尊为“大乘天”。

终于，在贞观十九年（公元 645 年），唐僧携带佛舍利 150 粒、佛像 7 尊、佛经 657 部回到了长安，引起了极大的轰动。唐太宗李世民似乎忘了当年阻止唐僧去西天取经的事情，对唐僧礼遇有加，不仅赐给他法号“玄奘”，还让他在国都长安的大慈恩寺翻译佛经。唐僧上表请求皇帝为全部经文作序，唐太宗李世民欣然应诺，亲自为唐僧的谢表和所译的《般若波罗蜜多心经》作序，还让太子（也就是后来的唐高宗李治）作记。

因此，《怀仁集王羲之圣教序碑》上一共刻了五部分文字：分别是唐太宗李世民写的序，唐高宗李治写的记，两人给唐僧的回信，以及《般若波罗蜜多心经》。尤其是《般若波罗蜜多心经》，据说是观音菩萨和舍利佛的一段对话，可以说是大乘佛教第一经典，也是唐僧翻译的 1335 卷佛经中最为老百姓所熟知的。即使你不是佛教信徒，也一定知道其中的那句“色即是空，空即是色”吧？其实，这句话说

因此，《怀仁集王羲之圣教序碑》上一共刻了五部分文字：分别是唐太宗李世民写的序，唐高宗李治写的记，两人给唐僧的回信，以及《般若波罗蜜多心经》。

的不是让你不要贪恋美色，它阐述的是万物本空的理念，原本是要使我们了解一切事物都不会永恒存在，让我们不要对万物起执念，而使身心不得自在。

书圣真迹中的精华

当时主持刻碑的怀仁和尚面临一个很大的问题：既然碑上的内容是由皇帝、太子和唐僧三位身份尊贵的人亲自撰写的，那书写文字的人该找谁呢？选择已经名动天下的褚遂良，还是初出茅庐的颜真卿呢？其实都不是，怀仁和尚选择了书圣王羲之！

王羲之是东晋人，出身于门阀贵族，大诗人刘禹锡写的那首脍炙人口的《乌衣巷》中有一句“旧时王谢堂前燕，飞入寻常百姓家”。其中“王”字指的就是王导、王羲之领衔的山东琅琊王氏。出生顶级门阀的王羲之有一颗艺术家的心，他拜卫夫人为师，博采众长，摆脱了汉魏笔风，自成一家；在楷书、行书、草书三种书体上都有极高的造诣，被称为“书圣”。梁武帝、唐太宗都是他的超级大粉丝，尤其是唐太宗李世民喜爱他的书法到了痴迷的地步，还让人收集全天下的书圣真迹，将近 3000 页。唐太宗为了得到天下第一行书《兰亭序》，甚至用了见不得人的手段！

这还要从隋朝一位高僧智永说起。智永是王羲之的第七世孙，《兰亭序》由先祖传给了他。智永圆寂之前，又把这幅字传给了弟子辩才。按理说，唐太宗如果直接开口讨要的话，辩才怎么都要给。可是，唐太宗琢磨着，如果直接夺人所爱的话有点影响他的好名声。幸好有个叫萧翼的大臣，帮他解决了问题。原来，萧翼装扮成一个落魄书生，到了辩才所在的浙江绍兴永欣寺，并靠才华吸引了辩才的注意，两人越聊越投机。有一天夜里，萧翼用计让辩才和尚喝得烂醉如泥，还从他的口中套话得知《兰亭序》藏在房梁，于是成功骗得真迹后离去。唐太宗得到《兰亭序》之后视作珍宝，日日临摹，并把临摹的《兰亭序》赏赐给有功的大臣们。传说《兰亭序》在唐太宗死后随葬在唐太宗昭陵，自此不见天日。

因为唐太宗特别喜欢王羲之的书法，所以用书圣的字来刻这方碑是能说得通的。但是王羲之为东晋人，人死而不能复生来写字，这可怎么办呢？

怀仁和尚最终解决了这个问题。他的思路是：书圣王羲之虽然已经不在了，可是他的书法作品还有呀，如果能从他纸上的真迹中挑选合适的字，集在一起，不就可以拼出整篇文章，并刻成碑石了吗？不过这件事情可不容易，**怀仁首先向内府借来王羲之的书迹，从中精挑细选了合适的字。有些字找不到就在民间贴榜征集，花重金去求购这个字，一字换一金，据说总共花了千两黄金，所以此碑又被称为“千金碑”。如果有些字实在找不到，最后只能选择拆偏旁部首后再重新组合，比如一些左右结构的字就是重新结合到一起的。**

正因为有如此多的限制，所以刻这方区区 1904 字的碑石竟花了怀仁 20 多年的时间。事实上，在咸亨三年，也就是公元 672 年此碑正式刻成，立于长安大慈恩寺的时候，唐僧已经圆寂八年，李世民更是逝世 23 年之久了。怀仁，一个长安弘福寺的僧人，不以书法著称，却凭借自己对佛教的虔诚之心完成了这桩伟大的书法事业。

由于怀仁对于书学的深厚造诣和严谨态度，使得他刻的此碑上的字迹错落有致、气韵生动、风神潇洒，充分体现了王羲之书法的特点和韵味。**《兰亭序》中有 21 个“之”字各不相同，因而被书法爱好者津津乐道，而在这方碑中竟有 36 个“之”字，而且大多不同。**

时至今日，全世界范围内王羲之的墨宝真迹都找不到了，各大博物馆收藏的都是其他书法家的临摹版本，而这方《怀仁集王羲之圣教序碑》竟是从已经失传的数千张书圣真迹中所挑出的精华摹刻而成，可以称作“国宝中的国宝”了。

书法碑石和其他文物不一样，因为语言在书法大美面前总是显得苍白无力，欢迎您来西安碑林博物馆看看这方旷世名碑。

《怀仁集王羲之圣教序碑》细节图（一）

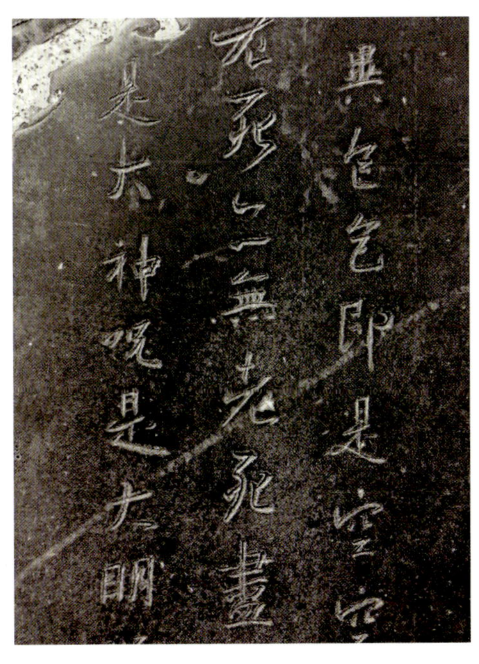

《怀仁集王羲之圣教序碑》细节图（二）

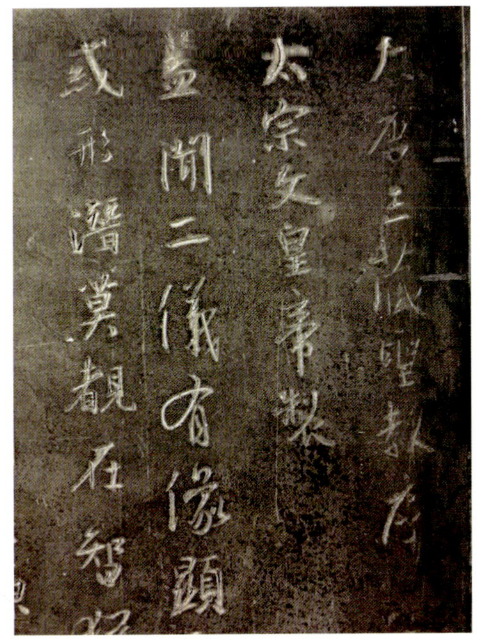

《怀仁集王羲之圣教序碑》细节图（三）

《怀仁集王羲之圣教序碑》细节图（四）

058

唐
（公元 618—907 年）

昭陵六骏

唐太宗李世民深爱的六匹骏马

国宝小档案

年代：唐（公元 618—907 年）

尺寸：每块宽约 2 米，高约 1.7 米

出土地：咸阳九嵕山营建昭陵北面祭坛东西两侧

馆藏地：西安碑林博物馆

供图：西安碑林博物馆

主讲人：白雪松

鲁迅先生在讲学时曾经说过：“在长安的昭陵，刻着带箭的骏马，简直是前无古人。”挑剔的鲁迅先生情有独钟的文物就是“昭陵六骏”——六块青石浮雕石刻，上面雕刻着六匹形态各异的骏马。

它们的雕刻手法既写实又夸张。**说其写实，是因为这六匹骏马的奔跑、行走、站立姿势都被雕刻得栩栩如生，甚至连三花鬃、挽绳、鞍鞯、束尾、中箭位置都被刻画得非常准确，一定是艺术家来源于生活的杰作；说其夸张，是因为在现实生活中，马的奔跑总有一条腿着地，除非跳跃，否则绝无可能四条腿腾空。**而这六匹骏马，三匹做奔驰状，三匹为站立状。这种“以跃代跑”的夸张手法，与唐墓壁画中的奔马是一脉相承的，意在表现骏马的矫健迅捷，疾走如飞，因而具有很强的艺术感染力。

昭陵六骏能成为西安碑林博物馆乃至整个中国知名度最高的文物之一，还跟它的主人有关。他就是盛世唐朝伟大的君王——唐太宗李世民。他 19 岁随父亲李渊在太原起兵征战天下，28 岁悍然发动“玄武门之变”，登基称帝，在位 23 年，文治武功，四海升平，国泰民安，史称“贞观之治”。公元 636 年，38 岁的李世民选址咸阳九嵕山营建昭陵，下令把自己六匹爱马的形象雕刻在昭陵北面祭坛东西两侧。这就是昭陵六骏的来历。

唐太宗李世民修建昭陵

李世民是于公元 649 年驾崩的，他为什么火急火燎地提前 13 年就开始修建自己的陵墓呢？原来，这是中国皇帝的传统。作为中国权力最大的人，皇帝们活着的时候一言九鼎，为了死后也能享受同样的尊荣，经常是刚登基就修建自己的陵墓，比如秦始皇就是在他 13 岁时开始修建秦始皇陵的。

不过，有专家分析，有一个人的死直接促成了李世民开始修建昭陵，这个人就是他一生的挚爱——长孙皇后。长孙皇后小字观音婢，她是唐初名相长孙无忌的妹妹。13 岁嫁给李世民，陪着秦王征战四方。都说一个成功男人背后肯定有一个伟大的女人，长孙皇后不仅把后宫打理得井井有条，甚至还救过名臣魏徵的性命呢！您应该在历史课本上读到过李世民和魏徵间深厚的君臣之情，魏徵死后，李世民痛哭哀叹自己少了一面镜子。不过，您知道吗？李世民曾经差一点儿就杀了魏徵！

有一天，李世民下朝后，气势汹汹地往宫中走。长孙皇后看到后询问："陛下这是怎么了？"李世民说道："这次我一定要杀了那个乡巴佬。"长孙皇后听后皱眉追问："究竟是谁把陛下气成这样？"李世民道："魏徵，他总是在朝中当着大家的面数落我的不是，让我在众人面前出丑。"此时皇后感到颇为不妙，以往李世民已经被魏徵谏言多次，一般都是一笑了之，这次怕是动了真怒。皇后思索片刻后，便走进里屋换上了庄重的朝服，然后毕恭毕敬地走到李世民面前表示祝贺。李世民看到皇后的行为感到很纳闷儿，问道："皇后这是在干吗？"长孙皇后笑道："我听说君主开明则臣下正直，而当朝大臣魏徵正直敢言，不正是由于陛下的开明吗，这我当然得祝贺了！"李世民立马笑了起来，之后反而对魏徵更加重视！

长孙皇后既是为唐太宗生下三子四女的枕边人，又是贤内助和心灵伴侣。可惜天妒红颜，公元 636 年，长孙皇后因病去世，同年，李世民开始修建昭陵。我相信，这不是一个巧合，李世民不是作为一个皇帝，而是以一个丈夫的身份，希望自己的妻子在另一个世界也能住得体面。

"马上皇帝"与他的六匹爱马

很多人说李世民绝情，"玄武门之变"，他杀兄弑弟，逼迫父亲退位。天家从

什伐赤

青骓

特勤骠

飒露紫

拳毛騧

白蹄乌

来就无情，但从李世民对身边人的态度来看，他绝对是史上少见的有情帝王。他与皇后始终相濡以沫，感情至深；他的开国功臣们不管多么跋扈，大多也得以善终，甚至连他的战马，李世民都牢记在心。我们经常会在电视上看到，退伍战士和警犬依依惜别、难舍难分的镜头，也不难想象在战场上战士和战马的感情肯定更为深厚！尤其是李世民这样的“马上皇帝”。据说李世民打天下时，经常亲率精骑冲击敌方战阵，每每穿阵而过，谓之“贯阵”。所以李世民的战马死亡率特别高！甚至一场战役会换几匹宝马，继续冲杀，所向披靡！

而在几大关键战役中，有六匹骏马战功卓著，深为李世民所喜爱。公元 636 年，李世民选址咸阳九嵕山营建昭陵，下令把自己六匹爱马的形象也刻在昭陵北面祭坛东西两侧。**共选用六块巨大青石，每块宽约 2 米，高约 1.7 米；整体造型优美，线条流畅，刀功精细、圆润，是珍贵的古代石刻艺术珍品。六匹战马的名字分别是“拳毛騧”“什伐赤”“白蹄乌”“特勤骠”“青骓”“飒露紫”。**乍一听这六匹马的名字有点拗口，那是因为它们都是从国外进口的马。

比如“特勤骠”，李世民在公元 619 年乘此马与宋金刚作战。“特勤”是突厥汗国的高级官号之一，只有可汗的子孙才能担任，地位非常高。**这种马是典型的锡尔河流域的大宛马，即汉代著名的“汗血马”，也是隋唐时期中原人寻觅的神奇骏马之一。**唐太宗以突厥“特勤”官号来命名自己的坐骑，不仅是为赞扬特勤骠的优良血统，更重要的是以突厥赞美英雄、勇士的风俗来纪念和炫耀自己的辉煌战绩。

再如“拳毛騧”。它是李世民与刘黑闼作战时所乘的一匹战马，嘴黑毛黄，身中九箭。葛承雍先生研究认为，“拳毛”音源于突厥文，可能也是从突厥来的宝马。拳毛騧名气很大，“诗圣”杜甫在他的诗中也曾提到过拳毛騧“昔日太宗拳毛騧，近时郭家狮子花”。狮子花是唐代宗时范阳节度使李德山进献给唐代宗李豫的一匹骏马，这匹马体毛卷曲似鱼鳞，通体有九道花纹，所以又叫“九花虬”。所谓宝马配英雄，后来唐代宗把这匹马赐给了战神郭子仪。由此可见，拳毛騧和狮子花都是名噪一时的宝马！

昭陵六骏的前世今生

那么，唐太宗会把如此重任交给谁呢？谁又能雕出如此妙至毫巅的艺术精品？原来这是由阎立本作画，他的哥哥工部尚书阎立德主持雕刻的。他们也是整个唐太宗昭陵的主持设计者；同时，极负盛名的大明宫也是他们主持修建的。可以说，在艺术极为昌盛的大唐王朝，这两个人是达到了艺术巅峰的人物。尤其是阎立本，中国十大传世名画之一《步辇图》就出自他之手。当然，昭陵六骏之所以能够被雕刻得如此栩栩如生，还有一个非常重要的原因，那就是阎立本真正见识过李世民骑马时的飒爽英姿。对于画家来说，不能只凭借想象作画，要胸中有竹，才能画得胸有成竹，让别人无法复制。

说到复制，其实西安碑林博物馆所展出的昭陵六骏中的“两骏”也是复制品，分别是“飒露紫”和“拳毛騧”。这两匹骏马的石刻原作，流失海外，目前安置在美国费城的宾夕法尼亚大学博物馆。

让我们把视线移回到百年之前。1914 年，是一个中国刚刚结束帝制，军阀割据的混乱年代。掌权者袁世凯想修一个符合自己身份的园林，需要镇园之宝。“昭陵六骏”名震海内外 1300 年，又是赫赫有名的唐太宗的座驾，在他的暗示之下，文物商人与军阀勾结，从李世民的昭陵前盗走“飒露紫”和“拳毛騧”，又经过了数不清的明争暗斗，最终两件国宝被法籍华人古董商卢芹斋运至美国展览。当时“拳毛騧”和“飒露紫”在美国引发了轰动，报纸纷纷报道这两件来自东方的艺术瑰宝，很多顶级博物馆向卢芹斋求购。经过一番竞争后，卢芹斋以 12.5 万美元的价格卖给了宾夕法尼亚大学博物馆。

而在 1918 年，另外“四骏”也遭盗窃。不过幸运的是，当石雕运至西安北郊草滩时，被爱国人士截获，并于 1950 年移交给现在的西安碑林博物馆。

如今，“拳毛騧”“飒露紫”已经远离家乡一个世纪之久，但它们的命运一直牵动着全球华人的心。2010 年，我国专家受邀至美国参与修复“拳毛騧”“飒露紫”，由中美双方的文物修复专家共同修复中国唐代的传世文物，此举的象征意义较之实际意义更深远。我们期待着有一天“昭陵六骏”能一起面世，共同向世人展示大唐的风采。

059

唐
（公元 618—907 年）

三彩腾空马

全国仅此一件四蹄腾空三彩马

国宝小档案

年代：唐（公元 618—907 年）

尺寸：高 38 厘米，长 52 厘米

出土地：西安市西郊

馆藏地：西安博物院

供图：西安博物院

主讲人：王筱玥

当您走进西安博物院的正门，会看到一个醒目的铜雕。一位胡人少年正在骑马驰骋，这个铜雕的造型来源于西安博物院的代表文物——三彩腾空马。

这件唐三彩1966年出土于西安市西郊，高38厘米，长52厘米，由骑手和飞奔的骏马两部分组成，造型刻画得非常细致。骑手是一名胡人少年，端坐在马背上；头发中分，两耳旁各梳有一个发髻，脸上带着自信的笑容，双拳紧握，好像在牢牢控制着马的“缰绳”；身穿蓝色长袍，腰间系有革带，革带上还有一个袋囊，脚上穿着尖头靴子。飞奔中的三彩马体形彪悍、骨肉匀称，腾空跃起、神气十足。**为了减少高速奔跑时的阻力，马被剪鬃束尾，双耳竖起，正如杜甫笔下所描绘的“竹批双耳峻，风入四蹄轻”。**

接着，我们再来看颜色。马的全身呈赭黄色，中间有白色斑驳，而马辔、马鞍、马鞯则为亮丽的蓝色。马鞍后还搭着一件黄、绿、白三色相间的行囊。其中，马的脖子连接身体的部分颜色对比非常明显，表现出了马在急速奔跑时这部分毛发受到风吹拂动或者阳光照射所展现出的层次感。另外，胡人少年小臂十分壮硕，肌肉都是耸立的状态。您不妨也伸出胳膊，握紧拳头试试看，小臂肌肉是不是看起来结实了许多？观者看到的虽然是一个静止的姿态，但整体造型和这两个细节都表现出骏马疾驰、骑马者成竹在胸之感，足以展示制作者的高超技艺。

唐三彩的烧制

唐三彩是唐代陶瓷业最杰出的一项成就，主要是殉葬的明器，这也是古代丧葬风俗中很重要的门类。唐三彩的制作采用的工艺是二次烧制方法：成形加工后，

马的脖子连接身体的部分颜色对比非常明显，表现出了马在急速奔跑时这部分毛发受到风吹拂动或者阳光照射所展现出的层次感。

第一次在1150℃下烧制，第二次加入一些着色剂涂在表面后低温烧制，温度在900℃左右。由于釉料中含铅，铅的熔点比较低，所以在这个温度以内釉色会下滑，互相融合、互相渗化，又产生许多新的颜色，从而呈现出斑驳淋漓、千变万化的装饰效果。人们把这种二次烧制后附着在陶瓷表面形成颜色的玻璃质薄层称之为“釉”。因此，唐三彩是一种低温铅釉彩陶。由于器物表面多以黄、绿、赭三种颜色为基色，加之在唐墓出土[1]，后人便称之为“唐三彩”。其中“三”不是指只有三种颜色，而是表示多的意思。

学者们通过研究发现“唐三彩从产生到衰落仅有百年（650—755），可谓盛唐之时昙花一现。[2]”唐三彩烧制的成功，意义是非同寻常的，就像一本唐代社会的“百科全书”，“唐三彩的兴起、发展和衰退，与唐朝的政治经济相伴随：初唐的创

[1] 20世纪60年代，我国修筑陇海线的时候，工程推进到洛阳附近，由于工程需要不得不对几座唐墓进行发掘，就在这次发掘中，唐三彩第一次出现在世人面前。

[2] 陈进海：《世界陶瓷》第2卷，沈阳：万卷出版公司，2006年版，第232页。

始，盛唐的发展，安史之乱后的衰退，似乎是合着一个节拍进行的。特别是盛唐时期的三彩作品，是那么生动直观地反映了当时的富裕生活，给人以雍容堂皇的印象。”❶

在已出土的众多和马相关的唐三彩中，立马和卧马很多，唯独这件三彩马是四蹄腾空的造型，到目前为止全国仅此一件。不得不叹服当时的工匠勇于创新的精神。尤其是胡人身上大面积的蓝色钴料更是难得，因为钴料在唐朝不是原产釉料，是从遥远的波斯进口，故而民间有一句话叫“三彩挂蓝，价值连连”。

唐人爱马

唐代墓葬中出土最多的动物造像就是三彩马，充分体现出唐人对马的喜爱。马在中国古代社会中有着很高的地位，古人无论是在边塞沙场，还是从事生产劳动，或者游乐出行时都离不开它。

在传统文化中，马一直都是速度、富强、忠诚的象征。前有穆天子的坐骑“八骏”，后有张骞受汉武帝派遣苦苦寻找的“汗血宝马”，再到唐太宗的“昭陵六骏”，无不体现着人们对马的推崇和喜爱。在唐代社会的政治、经济、军事和日常生活中，马具有极其重要的战略意义。《新唐书》中记载：“马者，国之武备，天去齐备，国将危亡。”意思是说，马是国家的武备力量，如果上天要去掉这个武备，那国家就危亡了。这就不难想象，唐时的人们对优良马匹的渴求会达到多么疯狂的地步。

在军政上，我国封建社会政权中心大多建在北方，最大的外部隐患就是西北草原的游牧民族，想和他们抗衡，没有良马万万不行。所以早在汉武帝时，张骞通西域，路过大宛国（今中亚费尔干纳盆地一带），发现了汗血宝马。由于汉使看到马前膊流出的汗水中有血，便以“汗血马”命名。这种马与中原常见的蒙古马

❶ 杨永善：《中国陶瓷》，台北：淑馨出版社，1992 年版，第 107 页。

差异明显，身长体高，速度耐力兼备，是极为优良的战马。唐太宗在位时，不仅积极发展国家和民间养马业，还委派专人进行马匹管理，数量从唐朝建立初期的26万匹扩展了近一倍。由于国家疆域广阔，为了便于国内外的交通，唐朝更是建立了完备的馆驿制度。国内主交通线上，每隔30里设一馆驿，数量超千所，依照馆驿的重要程度，分别供给一定数量的驿马。馆驿制度进一步刺激了对外贸易的发展。唐朝也会从境外引进大量品质优良的马匹。另外，唐朝周边国家和地区经常给唐朝进贡，贡献的礼品中往往有大批的骏马。这可是让唐人非常高兴的事儿，他们对外来马非常喜爱，外来马有作为宫廷御用的，但更多的用来改良马种。

唐代贵族的娱乐生活也少不了马，打马球可是唐代深受欢迎的体育运动，军队里还会用马球来练兵。马球古称“击鞠”“打球”或者“击球”，玩者骑在马背上，用球杖击球入门。马球运动源自波斯，后来由西域的吐蕃人传入中国。在1971年发掘的陕西乾陵陪葬的章怀太子墓中出土过一幅《马球竞技图》，描绘的就是一场激烈的比赛：场上有五人骑马，手持球杆，一个人坐在马上灵活反身击球，身后四人骑马追赶……据记载，唐玄宗就是一位马球高手，他曾奉唐中宗之命，与几位王公组队，迎战吐蕃马球队，最终帮助唐朝代表队赢下了比赛。唐中宗和唐玄宗还都曾养过舞马，唐中宗的舞马能够随着音乐的节拍起舞；唐玄宗的舞马更能在寿宴上衔酒杯为帝王祝寿。今天，我们可以在国宝级文物“鎏金舞马衔杯纹仿皮囊银壶”上，看到这样的衔杯舞马纹饰。

如果您身为唐代的贵族，一天的生活都离不开马。早晨起来，给心爱的马喂点营养餐，之后骑着马去上朝；下午打马球，舒活筋骨；晚上参加宴会，还能看一番舞马表演，多惬意的生活！

唐代是一个大气磅礴的时代，也只有在这样开放自由、安定祥和的国度，工匠的天才构思才得以淋漓尽致地展示，从而为我们留下这独一无二的三彩腾空马！

060

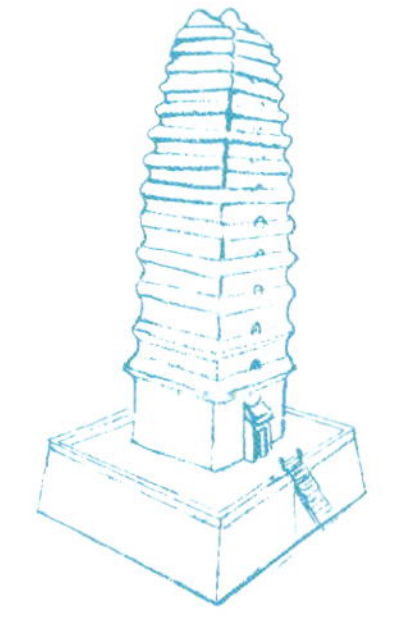

唐
（公元 618—907 年）

小雁塔

千年古刹所蕴含的中国智慧

国宝小档案

年代：唐（公元 618—907 年）

尺寸：高 43.38 米

所在地：陕西省西安市南郊

馆藏地：西安博物院

供图：西安博物院

主讲人：王筱玥

您好，今天我为您介绍的是西安博物院中的一件不可移动文物——小雁塔。它不仅有挺拔秀丽的身躯，还有1300多年的沧桑历史，更有着“千年不倒”“三开三合”的神奇传说。

小雁塔位于西安城南，在唐代长安城的中轴线朱雀大街东侧。它始建于唐中宗景龙年间（707—710），原有15层，现存13层，高43.38米，历经唐、宋、元、明、清、民国等历史时期的1300多年，其间因风雨侵蚀、地震毁坏和战事与社会动荡等各种因素，虽多次受损，却巍然屹立，基本完好。历史上小雁塔虽然有过不同程度的修缮，但都是局部小范围的，对塔的整体影响不大，到今天它仍然保持着唐代初建时的风貌。

小雁塔的缘起、建造及命名

唐代以来的文献与碑石记载中，小雁塔的名称是“荐福寺塔”“荐福寺浮屠”，因此，对小雁塔的了解应从荐福寺开始。

荐福寺是唐代著名的皇家佛寺。在隋代，它是隋炀帝杨广在藩旧宅；公元618年，唐朝建立后，将这里收为皇产，也曾作为英王（即后来即位的唐中宗）李显的王府；公元683年，唐高宗李治在东都洛阳逝世。次年，即位仅55天的唐中宗李显被武则天废为庐陵王，幽禁于别所。唐中宗原来的旧宅就被用来立为“献福寺”，武则天登基后又将其更名为“荐福寺”，并亲自题写寺额。

荐福寺的缘起也与当时佛教的昌盛有关。佛教自两汉之际随丝绸之路传入中国，魏晋南北朝初兴。到了隋唐，佛教则进入了黄金时期，教义精神也逐渐汉化，日益为皇室所重视；由于历代帝王的扶持，寺院经济也迅速发展，仅唐长安城内的佛寺就多达百余所。**佛教的传入，也带来了佛塔。早期佛经上说，塔是保存佛教创始人释迦牟尼的“舍利”的建筑，也被音译为“窣堵波”“浮屠”。**我们经常说“救人一命胜造七级浮屠”，意思就是救人一条性命，功德胜过造一座七层佛塔。

佛塔后来也用于供奉佛像，收藏佛经、圣物或保存高僧的骨灰舍利。舍利是印度梵文的音译，指佛的尸身或尸骨。据佛经说，释迦牟尼死后，弟子们火化其遗体时，其尸骨竟变成了许多晶莹明亮、五光十色、击之不碎的珠子，被称为“舍利子”。另外，还将他的牙齿、毛发等也称为“舍利”。在佛教中，舍利是至高无上的神圣物。为了表达对佛祖的虔诚和信仰，信徒们都争相供奉舍利，顶礼膜拜。**为了保存舍利，就要有保存膜拜的场所，于是“塔”便应运而生了。大、小雁塔以及全国各地的塔无一例外都是由此而产生的。**

那么，小雁塔又是何时建造的呢？为何在“雁塔”前加个“小”字？这就要从《西游记》中唐僧的历史原型——玄奘说起。

公元 645 年，玄奘经由西域丝绸之路，从印度取经回到长安，住在慈恩寺，译讲佛经。公元 652 年，玄奘亲自设计营造了慈恩寺塔（即大雁塔）。与此同时，一位年轻的僧侣义净备受其震动和激励，暗暗发誓，一定要继玄奘之宏志，赴西天印度求法学习。公元 671 年，义净如愿从广州起航，由海路到达印度，潜心学习二十余载，于公元 700 年回到洛阳，并带回了 400 部佛教经典，以及 300 粒舍利。

唐中宗神龙元年（公元 705 年），81 岁的武则天崩于洛阳仙居殿，庐陵郡王李显继位。在唐中宗李显大倡佛法的推动下，荐福寺空前发展。为了进一步完备寺院体系，广度僧众，唐中宗下御旨，专请江南的佛门律宗著名的大师道岸主持营扩荐福寺禅院。

道岸不仅是律宗佛门一代传戒大师，也是一位技艺精湛的古建筑师。**唐中宗景龙元年（公元 707 年），由道岸、义净倡议和设计，并奏请朝廷在荐福寺翻经院建一座浮屠宝塔，以珍藏义净从印度带回的舍利及佛典经卷。**唐中宗下诏准允，特令工部尚书张锡共同监造，并在此年秋末开工营造。因“造浮屠（塔）建功德，必受报”的说法为国人所崇信，加之荐福寺本来就是皇家庙产，因此宫内上下争相出资。道安和张锡“博施慈悲”，使参加造塔的工匠们备受激励，最终历时二年多，小雁塔以高质量告竣，从此巍巍宝塔屹立古城……因此，大雁塔是玄奘设计营造的，而小雁塔则是由道岸、义净倡议和设计的。

另外，“雁塔”一词究竟从何而来，说法不一。根据玄奘《大唐西域记》记载，佛教在印度早期分大乘佛教、小乘佛教两个宗派。大乘佛教完全戒食荤腥，而小乘佛教没有特别严格的限定。小乘佛教的信徒可以吃“不是我杀”“不是为我杀”“不是我看见杀”的三种肉食。某天，一群信奉小乘佛教的僧人已多日没有吃肉，这时有一队大雁飞过，一位僧人仰天叹气说：“我等多日没有肉吃，菩萨知道吗？”话音未落，只见领头的大雁自折翅膀坠落在众僧面前。众僧见状，大为震惊，以为这是菩萨显灵教育他们。于是众僧跪拜，并把大雁埋葬在院中，建窣堵波取名“雁塔”以表恕罪。玄奘回国将此名带回，建成大慈恩寺浮屠，取名“雁塔”。第二种说法是：根据《天竺记》记载，达亲国有个供奉伽叶佛的寺院，穿凿山石建成一座五层高的塔，最下面一层很像“雁”的形状，被称为“雁塔”。还有第三种说法：自唐中期以来，考中的科举进士有去慈恩寺塔下会集题名的风习，并刻在碑石上。他们的名字排列有序“婉若雁阵”，因而“雁塔”一词出现，并逐渐被人们接受和认可。于是就出现了“雁塔”这个名字。

屹立千年而不倒的奥秘

今天，当您驻足小雁塔下，会发现在小雁塔北门楣上有记载：“明成化末，长安地震，塔自顶至足，中裂尺许……正德末，地再震，塔一夕如故，若有神比合之者……”这段话记载了1487—1556年间，小雁塔遭受地震破坏的情况。其中以明宪宗成化二十三年（1487年）陕西临潼和明世宗嘉靖三十五年（1556年）陕西华县的大地震对小雁塔的影响最大。这两次地震导致小雁塔顶部的两层倒塌，塔身开裂，但小雁塔危而不圮，一直岿然屹立，表现了其优良的抗震性能，因此被称为“神塔”。甚至老百姓在每年的年初都要来看小雁塔，通过观察塔的裂缝大小变化来预测丰年。

那么，小雁塔历经千年的500多次大小地震而不倒的原因又是什么呢？经专家们的研究证实，传说只反映了人们对小雁塔的敬仰与崇拜，而它真正屹立千年而不倒是由多种因素造成的，主要表现在建筑材料与古塔的结构上。

我们先来看古塔的建筑材料。小雁塔通体上下完全用青砖和黄泥垒砌而成，建筑外壁采取严丝合缝的“磨砖对缝”工艺，为的是抵抗外部风雨的侵蚀与冲刷，使得雨水少从砖的缝隙中漫入塔体，从而减少对塔的伤害。唐代没有水泥黏砖，黏合剂是经过多遍淘洗、沉淀黏性较大的黄土后，取其中沉淀出来的最细的粉土，再按比例加上石灰、糯米汁混合而成的。这种黏合剂与砖紧密结合后，便会形成牢不可破的共同体。由此可见，唐人在造塔时的严谨与用心，也体现着我们今天所说的“工匠精神”。

更令人惊叹的是古塔的结构，古塔下面有一个阶梯状的半球体，从边缘向中间逐层加深，里面还有木质地梁和青石基础，这些都对于分散塔底压力，缓冲地震波的强度，起到了很好的支撑作用。同时，小雁塔的塔身也深藏奥秘。**古塔由下向上越来越窄，形成自然缓和的锥形体，这样有利于重心的稳固。当地震来临时，塔的垂直压力和水平震动产生的“应力分散”效应，使塔的重力均匀分散，又得以化解和转移地震产生的能量。**

而老百姓通过观察小雁塔裂缝的大小来预测丰年的说法也确有其事，原因很简单：小雁塔在清代已荒芜不堪，尘土会落在塔的缝隙中，风和鸟儿也会将草籽带到缝隙中，在雨水、阳光和时间的共同作用下，塔缝中杂草丛生。丰年时，雨水多，庄稼长得好，塔缝中的杂草也很茂盛，塔缝就小；歉收年，天必干旱，庄稼不长，杂草也枯萎，塔缝就宽大了许多。**因此，小雁塔确实可以“预测”当年庄稼人的收成。**

时光荏苒，我们今天看到的小雁塔是1965年国家按“修旧如旧”的原则拨专款整体维修的。2014年，小雁塔成为世界文化遗产。欢迎您走进西安博物院，来感受这座千年古刹所蕴含的唐人精神、中国智慧！

061

唐
（公元 618—907 年）

唐菱花打马球铜镜

唐代铜镜中难得的珍品

国宝小档案

年代：唐（公元 618—907 年）

尺寸：直径 18.5 厘米

出土地：1956 年 10 月扬州市邗江区金湾坝出土

馆藏地：扬州博物馆

供图：扬州博物馆

主讲人：王靖雯

今天为您介绍的是一件唐菱花打马球铜镜。这件铜镜直径 18.5 厘米，呈八角菱花形，镜背纹饰是四名骑士，手执鞠杖，跃马奔驰做击球状；人与球之间衬以高山、花卉纹，显现出在郊外运动场比赛的情景。

中国是世界上最早使用铜镜的地区之一。据传，最早的铜镜为轩辕黄帝所制，事实上中国最古老的铜镜也确实出自新石器时代，4000 多年前的齐家文化就已经有了，只是形体较小，纹饰简单。最早关于铜镜的文字记载出现于战国末期，汉代为鼎盛时期，隋唐时期为繁荣时期。隋唐铜镜质地细腻，铸作精致，镜形繁多，纹饰繁复。在铜镜的造型上，除了继续沿用前代的圆形、方形，又创造了葵花形、菱花形、亚字形等。

铜镜背面的形状、纹饰

这件唐代的菱花打马球纹铜镜，于 1956 年 10 月出土于扬州市邗江区金湾坝，虽然已在地下埋藏千年，然而出土时正反两面的水银包浆光亮如新，没有一点锈蚀的痕迹。**尤其是它的包浆色泽独特，呈茶叶黄色，这在唐镜中并不多见。**

菱花打马球纹铜镜的外缘是八角菱花形。菱花形和葵花形是唐代出现的新品种，突破了以往的圆形和方形的铜镜模式，使铜镜的风格更为活泼美观。菱花形主要流行于武则天至唐玄宗开元年末的盛唐期，也说明这面打马球铜镜是盛唐时期的产物。

八角菱花形镜的镜缘装饰有黄蜂花枝纹，镜背纹饰是四人骑在马上的图案，骑士手上各执有一根细长的弯头球杖，图案可分为甲、乙两组。甲组图案中一人屈

甲组图案中一人屈身挥杖做击球状，马呈狂奔之势，马头前恰有一球；另一人回身挥杖亦击打此球，马四蹄交错呈蹬踏之势，场面激烈，动感极强。

乙组图案中一人弯身持杖伺机而动，马的一双前蹄抬起做腾跃状；另一人回身挥臂以杖钩球，球已落入其球杖的曲颈之内，马则做奔驰中回头状，顾盼有致，极其生动。

身挥杖做击球状，马呈狂奔之势，马头前恰有一球；另一人回身挥杖亦击打此球，马四蹄交错呈蹬踏之势，场面激烈，动感极强。乙组图案中一人弯身持杖伺机而动，马的一双前蹄抬起做腾跃状；另一人回身挥臂以杖钩球，球已落入其球杖的曲颈之内，马则做奔驰中回头状，顾盼有致，极其生动。人、马、球之间衬以高山、花卉纹，展现了一幅在郊外运动场地进行比赛的场景。虽然镜背图案并不复杂，只有四人、四马、两球、四曲棍，但表现了人各有姿、马各有态，将马球运动的形象刻画得淋漓尽致。

铜镜所描绘的打马球运动，最早起源于波斯，早在汉代就已传入我国，到了唐代更为盛行。马球是当时军中打球的游戏，以杖拂球，使之疾走，再以快马逐之，所以对马的要求也很高。唐代举办的打马球比赛要求马要剽悍，能经得起冲撞，还要求马奔驰迅疾而灵活。马尾一般要扎起来绑成结，这是因为扎起马尾可

以让马跑得快，也便于骑手侧身往马后击球，还可以防止在较小范围内多骑奔突厮缠时，马尾扬起后会扫到其他马的眼睛以致惊马。

当时打马球在我国的盛行，以及打马球的纹饰出现在唐代的铜镜上，这些都从侧面反映出我国唐代开放的氛围和海纳百川的气度。以唐代的扬州为例，它在当时依靠其便利的交通条件成为两京之外最为繁华富庶的地方，史称“扬一益二”，是国际著名的港口城市，也是当时海上丝绸之路和陆上丝绸之路的交会之地。中国的丝绸、金银器、瓷器也是由扬州出口海外，而西方的香料珠宝也经扬州传播到中原内地。不仅如此，当时扬州也吸引了很多外国人来此经商居住，扬州在盛唐时期的人口达到了 50 万左右，是当时的世界十大城市之一，其中有一万多都是西亚人。他们在文化领域中互相影响。除了这面菱花打马球铜镜，扬州还出土了瑞兽葡萄纹铜镜、阿拉伯文的背水扁壶，等等。另外，当时扬州的铜器制作技术天下第一，也是铜镜的加工中心。因扬州铜镜制造精美，名气又大，很快就在市场上打开了销路，成为贵族小姐闺中的必备物品。当时，一面上好的铜镜可以卖到五两银子左右，折合现在的人民币约有七八千块，也真的算是当时的奢侈品了。

博物馆展示铜镜背面的缘由

接着，我们再来看镜子的正面。我们在博物馆看到的几乎都是铜镜的背面，而我在讲解这件铜镜时，也听到有不少游客有这样的疑问：“为什么展出的都是铜镜的背面呢？铜镜的正面真的可以照见人吗？”

首先，铜镜是有区别的，不是所有的铜镜都用于照面。早期铜镜其实是宗教仪器，并不具有“鉴”的作用。中国的第一批铜镜出现在距今 4000 年左右的齐家文化中，之后，又在墓葬中发现了许多殷商铜镜。在中原汉地的古代文化中，铜镜在被用于宗教仪式时赋予了鲜明的巫术色彩。当时人们把圆形的铜镜与太阳联系起来，认为镜子的反光作用会加强其巫术的力量。

铜镜的纹饰和铭文都有深层的含义，从西汉开始，铜镜上常刻有不同的铭文，其中就有“祛魅消灾”的铭文，认为铜镜可以照出鬼魅的原型，起到保护生灵的作用。铜镜祛魅的作用同样被用于死者，将铜镜的镜面朝上放置在死者胸部，这样的风俗就是一个证明。人们认为这样可以利用镜子的反光原理照亮墓室，同时可以使死者免受恶鬼的侵袭。

其次，铜镜正面不怎么“上得了台面”。若想将铜镜的正面磨得足以映出人脸，需要经过大批的流程。当然，那时的铜镜跟现在的镜子没法比，反射率也比较差，不过肯定要比“以水映面”的效果要强很多。《淮南子·修务训》记载：“明镜之始下型，朦然未见形容，及其粉以玄锡，摩以白旃，鬓眉微毫可得而察。”也就是说，铜镜在刚刚铸造好的时候，朦朦胧胧，看不清人的样子。等到涂抹完玄锡（经过近人研究，玄锡就是水银，可见用水银作为反光材料在我国已有悠久的历史），再用白旃（白旃是一种白色粗毛织物）打磨之后，就可以看得见头发眉毛的细微处，而这道工序就是“开镜”。不过，由于铜镜是用锡铜铸造、打磨而成的，久经历史的埋藏后，大部分会腐蚀，所以正面不会再平整光滑，反射率也会很差。

最后，不得不提，铜镜的背面更有价值。古铜镜是历史的写照，反映着当时的政治和文化，艺术性极高。**历代的铜镜各有特色，从铸造工艺、铜质、纹饰、铭文等方面，反映了一个朝代特定的时代背景，也折射了当时的政治、经济、宗教、文学、艺术及风俗习惯等。**

古铜镜都极少有重复，就算是同一时代都没有两个完全相同的古铜镜，目前国内出土并有记载的唐代打马球铜镜仅有三面，一面珍藏于扬州博物馆，另外两面分别珍藏于故宫博物院和安徽省的怀宁县博物馆，其中以扬州这一面菱花打马球铜镜保存最为完好，在全国所出土的所有唐代铜镜中，都可称得上是一件难得的珍品！它们共同见证了万朝来贺的大唐盛世和互相交融的文化碰撞。

“当窗理云鬓，对镜贴花黄”，这是普通人的生活；“以铜为镜，可以正衣冠；以古为镜，可以知兴替；以人为镜，可以明得失”，这是帝王的感悟。可见，铜镜在古代生活中扮演了重要的角色。

寒食元无火
青松自有烟
鸟啼新上柳
人拜古坟

062

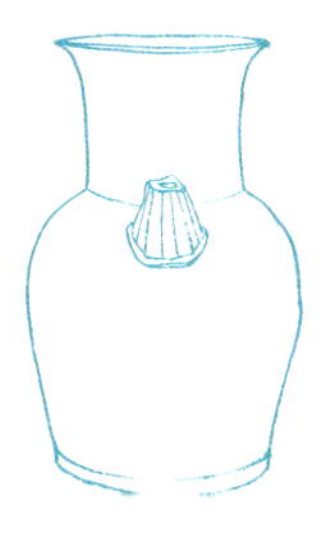

唐
（公元 618—907 年）

青釉寒食元无火瓷壶

海上丝绸之路的明珠

国宝小档案

年代：唐（公元 618—907 年）

尺寸：高 23.6 厘米，腹径 16.2 厘米，底径 12.5 厘米

出土地：湖南省长沙市望城区石渚湖彩陶源村一带

馆藏地：长沙市博物馆

供图：长沙市博物馆

主讲人：吴婉

您好，今天我为大家介绍一件青釉寒食元无火瓷壶。为什么这件瓷壶要用“寒食元无火”来命名呢？这正是长沙窑的一大特点，我先留个悬念，后文细说。

这件瓷壶高 23.6 厘米，腹径 16.2 厘米，底径 12.5 厘米，敞口，颈部长且粗；圆肩，瓜棱形腹部，颈肩处有一半环形系，系的正对面有一多棱柱短流，流下方则以褐彩书写有诗歌一首；胎质为灰色，通体施青釉不及底，有流釉现象。

千年前的世界工厂

这件瓷壶是长沙窑的一件代表性器物。长沙窑曾惊艳地出现在世人眼前，那是在 1998 年。当时一家德国公司在印度尼西亚勿里洞岛海域一块黑色大礁岩附近打捞出水一艘唐代沉船，名为“黑石号”。这艘阿拉伯式的沉船上装载了约 6 万多件中国瓷器，其中 56,000 多件陶瓷都来自湖南长沙窑。其数量之巨、品相之精、艺术之美，举世震惊！

长沙窑是兴起于中晚唐时期的商业性瓷窑，窑址位于长沙市所辖的望城区石渚湖的彩陶源村一带，今人名为“长沙窑”，唐时称为“石渚窑”。晚唐诗人李群玉写过一首名为《石渚》的诗：“古岸陶为器，高林尽一焚。焰红湘浦口，烟浊洞庭云。回野煤飞乱，遥空爆响闻。地形穿凿势，恐到祝融坟。”这也是迄今为止唯一明确记载长沙窑的诗词。

自1956年被发现以来，长沙窑出土的文物数量已过万，从而被考古学家称为千年前的世界工厂。同时，其窑址所在地长沙更是出土了大量的长沙窑遗物，这其中以长沙市博物馆收藏得最多，共计7000余件。可以毫不夸张地说，长沙市博物馆是国内收藏长沙窑器物最多的博物馆之一。

寒食元无火

这件瓷壶的腹部用褐彩书写着一首诗歌：“寒食元无火，轻松自有烟。鸟啼新上柳，人拜古坟前。”故得名“寒食元无火瓷壶”。壶上的诗文字迹清楚，内容语出自然，立意精简；通篇对仗，虽为“宽对”形式，但亦可称之为工整。第三、四句本应为“新柳”对“古坟”，“上”对“前”，最终将“柳”与“上”的次序调换，“上”之词性亦随之改变，使“鸟啼新上柳”成为写时间之早，而非原来的季令之早。尽管打破了对仗，但通观全篇，不得不承认这一变动确有别出心裁之妙。

瓷壶上提到的寒食节，亦称“禁烟节”“冷节”“百五节”，在夏历冬至后一百零五日，清明节前一二日。关于它的起源，据研究，应为远古时期人类的火崇拜。古人的生活离不开火，但是，火又往往给人类造成极大的灾害，于是古人便认为火有神灵，要祀火。各家所祀之火，每年又要止熄一次。然后再重新燃起新火，称为“改火”。改火时，要举行隆重的祭祖活动，将谷神稷的象征物焚烧，称为“人牺”。相沿成俗，便形成了后来的禁火节。

禁火节，后来又转化为“寒食节”，用以纪念春秋时期晋国的名臣义士介子推。传说晋文公流亡期间，介子推曾经割股为他充饥。晋文公归国为君后，分封群臣时却忘了介子推。介子推不愿夸功争宠，便携老母隐居于绵山。后来晋文公亲自到绵山恭请介子推，介子推却不愿为官，躲在山里。于是，晋文公手下放火焚山，原意是想逼介子推露面，结果介子推抱着母亲被烧死在一棵大树下。为了纪念这位忠臣义士，古人在介子推死难之日不生火做饭，吃冷食，称为“寒食节”。

寒食节风俗有上坟、郊游、斗鸡子、荡秋千、打毬、牵钩（拔河）等。其中上坟之俗，是很古老的。中国过往的春祭都在寒食节，直到后来改为清明节，不过韩国仍然保留在寒食节进行春祭的传统。这件瓷壶的诗文重点放在了寒食节之上，可以说既出于缅怀先贤的传统，又表现了民间的情兴所在，同时将目光盯住民间节假日，用以扩大瓷铭诗的民间影响，并将寒食节的传统文化和风俗传播到各地。

中国瓷器上最早出现的诗文

长沙窑是第一个将诗歌用书法的形式装饰在瓷器上的瓷窑。据统计，长沙窑留下的诗歌近百首，其中许多未见于《全唐诗》，此外还有一些教人如何处事做人的警句。诗的内容非常丰富，涵盖面极其广泛，有酒诗、离别诗等。

长沙窑瓷铭诗，是中国瓷器上最早出现的诗文，也是唐代“诗到元和变新体”的见证，还是唐代文学史家公认的唐德宗贞元至穆宗长庆（785—824）期间“唐文学的第二个繁荣阶段”所发展的产物。“寒食元无火”这首诗及其他瓷铭诗在长沙窑的大量涌现，是这一特定文学环境与土壤造就的。长沙窑瓷器上的题铭诗是根植于民间沃土，并以民间喜好与愉悦为基点，形成了一种连接民间情感的链条，满足了民众的精神需求，从而在瓷器装饰上开辟了一条人文关怀的渠道。

长沙窑彩瓷艺术的特征

长沙窑之所以能够在唐代晚期扬名世界，成为与越窑青瓷、邢窑白瓷并驾齐驱的窑口，还有一个重要原因在于其釉下多彩的创烧和广泛使用。我国瓷器发展到唐代，有人概括为“南青北白”，即南方以制造青瓷著称，北方以生产白瓷盛名。长沙窑在秉“青”承“白”的基础上，创造性地发明了褐、绿、蓝、红、黑等多种釉色的艺术表现手段，从而形成了长沙窑彩瓷艺术的一个鲜明特征。

以釉彩绘画则是长沙窑彩瓷艺术的另一个主要特征。长沙窑是第一个以生产彩瓷为主的瓷窑，彩瓷所占比例几乎达到一半。更重要的是长沙窑不仅是一窑多彩，甚至有一器多彩现象，彩有褐彩、绿彩、蓝彩、红彩、黄彩等，这些色彩往往两种相间使用，既有北方的釉上彩，也有南方传统的釉下彩。

除了这些多姿多彩的釉彩，长沙窑还将绘画题材和釉彩创造性地融合在一起，进而运用到瓷器的装饰上，这可以从国内外不断出土的长沙窑瓷上得到验证。据统计，长沙窑瓷上的绘画题材包括人物、花鸟、山川、动物、建筑塔庐以及随意画等。长沙窑瓷上的绘画是在文人或准文人的参与下完成的，或者得到了他们的指点，这些绘画既吸取了宗教画、文人画的一些表现手法，同时又更多地表现出了民间绘画的特色，突出了自己的个性。

海上丝绸之路的明珠

长沙窑是在安史之乱后特殊的历史环境下，南北制瓷工艺融合的产物，其焙烧技术多继承岳州窑的工艺，而产品的种类及其釉彩、装饰工艺则与中原特别是河南瓷业有着较深的渊源。长沙窑的烧造年代主要是唐代，因此，其产品也有着明显的大唐风范，造型多圆润饱满，体态丰盈，圆形是主要的造型元素，并运用大量大角度的弧线，而且陶瓷产品非常富于变化，常以细节取胜。同样是壶，长沙窑瓷壶的口、腹、流、系就有不同的变化，同一造型元素也能以不同的方式应用。

唐代中期以后，随着造船业的兴盛及新的海上航线的开辟，中国瓷器大量销往海外。长沙窑抓准这一机遇，大胆创新，充分利用湘江通江达海的水路优势，将产品远销东亚、东南亚、南亚、西亚，最远抵达非洲东北部，被誉为第一个外销型瓷窑，还将异域文化元素融入产品设计，当时只有长沙铜官窑根据国外市场需求而设计、制作、包装产品。

由此可见，正是工艺的不断创新，成熟的市场意识，外域文化的融合，让长沙窑成为海上丝绸之路真正的明珠。

063

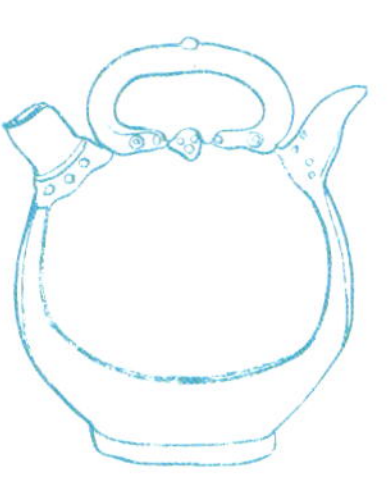

唐
（公元 618—907 年）

越窑青瓷皮囊式壶

越窑青瓷中皮囊式壶的孤品

国宝小档案

年代：晚唐时期

尺寸：通高 20.4 厘米，最大腹围 50 厘米，底径 9 厘米

出土地：江苏省南通市南通电影院前

馆藏地：南通博物苑

供图：南通博物苑

主讲人：陆苒苒

在南通博物苑内，国家一级文物、镇苑之宝——“越窑青瓷皮囊式壶”正显示着它温润如玉的光泽。它烧造于晚唐时期，是北方游牧民族使用的皮制水囊壶的器形，同时又是数量稀少的秘色瓷。

这件瓷壶通高20.4厘米，最大腹围50厘米，底径9厘米，其造型、纹饰都颇具创意。瓷壶的横梁与下端壶体的连接处做成了相对的龙首形，在二龙首相对的中间部分堆塑了一个近似菱形的小平台，平台上方和横梁上端都有一个小巧的珠状凸起物。在提梁和壶身的多处都适当地压印了圆珠纹。与壶口相对的一侧是羽状尾饰，尾饰下面有一个小孔，为了方便灌注液体时排气，使出水更为流畅。

器表的装饰恰到好处地运用了塑、堆贴、压印等手法，特别是工匠们在提梁与壶体的连接处别出心裁地做出了两个相对的龙头形，与中间的珠状凸起形成传统的“二龙抢珠”式，让这件貌似平常的皮囊式壶的艺术形象得到了升华。另外，器身通体所施的柔和滋润的淡青绿色釉，向人们展示着其“如玉”的光泽，正如唐代诗人陆龟蒙在《秘色越器》诗中所赞誉的：“九秋风露越窑开，夺得千峰翠色来。”

总体来看，这件越窑青瓷皮囊式壶简洁而不失精巧，雍容大度却干净利落，结构上也十分科学合理，堪称越窑青瓷中的精品。到目前为止，这种以陶瓷工艺仿制的唐代的皮囊式壶仍是凤毛麟角。

皮囊式壶的用途和特点

皮囊式壶是我国北方游牧民族的日常用器，主要为适应在马上的生活而制作的。由于皮囊式壶造型别致，在唐代已有金属、陶的仿制品出现。当时的工匠以

与壶口相对的一侧是羽状尾饰，尾饰下面有一个小孔，为了方便灌注液体时排气，使出水更为流畅。

其他料模仿皮革缝制而成的囊壶，在造型上做到了酷似皮囊，而且连皮革的缝合线、条、皮扣等都能模仿得惟妙惟肖，不仅保持了实用性能，还成为独具特色的工艺制品。这种用陶瓷仿制的皮囊式壶，到辽代发展成为系列的壶，亦被称为“马镜壶”。在电视剧《长安十二时辰》中，出现了一件鎏金舞马衔杯纹银壶，它出土于西安市南郊何家村唐代窖藏中，现收藏在陕西历史博物馆，其造型也是仿皮囊式壶样式的。

纵观整个瓷器皮囊式壶的演变，经历了一个漫长的发展过程。起先是由中原及南方陶瓷工艺发达的地区吸收和引进北方游牧民族皮囊的形式，作为瓷器中的一个新的品种而出现。

《中国陶瓷史》对此类壶式做了较为详尽的叙述，大体可分为五种类型：扁身单孔式、扁身双孔式、扁身环梁式、圆身环梁式、矮身横梁式。其中矮身横梁式壶是圆体、矮身、平底，上有管和横曲提梁，南通博物苑所珍藏的越窑青瓷皮囊式壶基本属于这种类型。另外，越窑青瓷皮囊式壶与陕西西安唐墓出土的白釉皮囊式壶的样式比较近似，可知与这种器形渊源。

泱泱华夏是一个多民族的国家，每个

民族都有自己独特的民族风格。而处于我国封建社会鼎盛时期的唐王朝，则以其博大的胸襟融合了中外多民族的灿烂文化。越窑位于江南地区钱塘江流域，作为唐代瓷器“南青北白”格局中青瓷的代表，却烧制出了完全是北方风格的青瓷皮囊式壶，这充分反映了当时各民族间在经济和文化方面的交流。这浑圆饱满、雍容大度的越窑青瓷皮囊式壶，正是大唐王朝的时代特征与浓郁的民族风格的完美融合。

备受珍视的越窑青瓷皮囊式壶

越窑是中国古代南方著名的青瓷窑，汉族传统制瓷工艺中的珍品之一。越窑之名最早见于唐代，陆羽在《茶经》中提到：“越瓷类玉，邢瓷类冰。”越窑主要出现在今天的浙江省上虞、余姚、慈溪、宁波等地，生产年代自东汉至宋。隋、初唐时期，越窑继承了南朝风格，生产了碗、盘、盘口四系壶、四耳罐、鸡首壶等产品。盛唐以后，越窑的产品因精美而赢得声誉。

晚唐五代时期，越窑青瓷被称为“秘色瓷”。在唐代诗人的诗作中可以看出史籍中也有“秘色瓷器”的记载。但是在漫长的历史阶段中，“秘色”一说缺乏实物的支撑。1987 年，在陕西扶风法门寺塔的唐代地宫中，出土了唐懿宗用来供奉释迦真身舍利的一批精美供器，同时还出土了记录这些器物名称的石刻“物账”，从而揭开了“秘色”瓷的谜底。

这件越窑青瓷皮囊式壶作为目前越窑青瓷中皮囊式壶的孤品，同时又是罕见的秘色瓷，它从出土时就受到人们的珍视，历经国内古陶瓷专家的鉴赏，都获得了极高的评价。在 1994年国家文物局组织对馆藏一级品的鉴定中，它被正式定为一级品中的“国宝”，列为江苏省24件国宝之一。

越窑青瓷皮囊式壶的出土

1973 年，在南通电影院前人防工地的施工现场，这件越窑青瓷皮囊式壶被施工的民兵挖了出来，其出土点距离地表 2 ~ 3 米深，除零星的瓷片，再没有其他相伴的出土物，所幸的是壶体丝毫无损。文物的生命力就是如此神奇，如果这位民兵挖得轻一些，那么这件文物将尘封更久；反之，如果他用力太重，这件文物就会被毁坏。

越窑青瓷皮囊式壶的出土地点，据地方志记载，在元代曾为万户府，明、清两代为守御千户所、参将府、总镇府等。在这里，还有必要详细介绍一下南通。南通，古称“静海”“通州”，一度又名“崇川”“崇州”。远在五六千年以前，南通西北部地区就有人类氏族部落生息和繁衍，他们制造石器、骨器、玉器、陶器，驯养动物，过着渔猎和农耕的生活。1973 年在江苏省南通市海安市南莫镇青墩村发现的新石器时代遗址，是江淮东部最重要的遗址之一，具有重要的历史文化价值。南北朝时期，今南通市区一带逐渐在长江口涨沙成洲，世称“壶豆洲”，又称“胡逗洲”，洲上多“流人”，以煮盐为业。

到了唐代末年，胡逗洲与江北陆地涨接，唐政权在这里设盐亭场、狼山镇。后周显德五年（公元 958 年）周世宗攻克南唐静海，改静海都镇置制院为静海军。同年改为“通州”。建城于五代的南通当时尚不繁华，亦非重镇，由于战乱较少，社会相对安定，民风淳厚朴实，所以有“崇川福地”之称。这件珍贵的瓷器是在何时通过什么渠道流落到南通的，已难以考证。由于出土时并没有更多信息，所以这件器物的主人还不得而知。不过可以断定的是，这件器物不会是普通人家的日常用器。

在南通博物苑还有很多珍贵的文物，欢迎您走进这座国人自办的中国第一家公共博物馆，来听听文物背后更多耐人寻味的故事。

064

五代
（公元 907—960 年）

彩绘散乐浮雕

穿越千年的盛唐之声

国宝小档案

年代：五代（公元 907—960 年）

尺寸：长 136 厘米，高 82 厘米，厚 17 ~ 23 厘米

出土地：河北省曲阳县西燕川村王处直墓

馆藏地：河北博物院

供图：河北博物院

主讲人：吴丹丹

在河北博物院有一件文物，其上面的纹饰被观众亲切地称为“古代女子十二乐坊”，吸引了众多目光。今天，我就为大家介绍这件动人心弦的彩绘散乐浮雕。

彩绘散乐浮雕与墓主人

1994 年 6 月，河北省曲阳县灵山镇西燕川村村西的坟山上的一座古墓被盗掘，后来相关文物管理部门对其进行了抢救性发掘整理。考古工作者根据墓内遗存文物及墓志认定这是一座唐末、五代时期的墓葬，墓主人为王处直。

王处直的祖辈世代都是长安城里的富豪。公元 879 年，王处直的堂兄王处存因为在平定黄巢起义中立下了功勋，被任命为义武军节度使。从此，王氏一族开始世袭统治定州。公元 907 年，中国历史走到了一个重要的拐点上，朱温结束了唐王朝的统治建立起后梁政权，拉开了五代十国的大幕，王处直更是成为五代十国战乱时代中北方地区十分重要的藩镇领主。公元 924 年，王处直去世之后，被葬在了曲阳县敦信乡的仰盘山（今灵山镇西燕川村村西的坟山）。

王处直的墓葬位于一个三面环山的风水宝地之中，从构造上来说属于前后两室的双室墓。他的墓葬保留了大唐王朝的遗风，以青石砌筑，整个墓室绘满了奉侍、山水、花鸟、云鹤、星象等壁画。在后室的西壁上就是这件“明星文物”彩绘散乐浮雕。

您可能会问，何谓散乐？“散乐”就是散于四方之乐的意思，它是民间歌舞技艺的总称。散乐的起源可以追溯到秦朝，到了魏晋时期得到了进一步的发展和丰富，并产生了带有喜剧表演的多种形式。**隋唐五代时期，散乐又在融合了其他少**

数民族乐舞的基础上，出现了故事戏和俳优戏，成为歌舞表演中最具特色的压轴节目，深受观众喜爱。散于四方之乐，它的内容来自民间，以现实生活为主题，所以这件彩绘散乐浮雕表现的正是墓主人王处直生前歌舞升平的生活场景。

彩绘浮雕上的大唐盛世

这件浮雕长 136 厘米，高 82 厘米，厚 17 ~ 23 厘米。画面中出现了 15 个人物，表现了乐队吹奏的热闹场景。浮雕右面第一人实际上是一名女性，但她却身着男装，头戴黑色朝天幞头，身穿褐色圆领长袍。这位女子双手交叉于胸前，手中横握一棒，棒上缠有双环丝带，专家推测认为这名女子应当是乐队里面的指挥，也叫“致辞人”。在进行乐舞表演时，致辞人会首先致辞，“先导乐意”以便使人们能够看懂乐舞表演的内容。致辞人在乐队中的作用不尽相同，有的仅在开始时进行致辞，而有的则会贯穿表演始终，指挥乐队上下场。有学者认为，只有五代时期的致辞人手中才会横握一棒。

浮雕上的主要内容是 12 位女性演奏者的形象，体态丰腴，腰肢倾斜，尽显妩媚专注之姿。她们都是站立着演奏乐器，应该属于散乐表演中的立部伎。“立部伎”指的是那些在堂下站立着演奏乐曲的乐伎，参加表演的立部伎人数不等，最多可达到 64 ~ 180 人。由立部伎来担任伴奏的散乐表演，通常具有节奏鲜明激扬、舞姿欢快优美、气势雄浑豪迈的特点。

这12位女性演奏者分为前后两排来排列，每人手中都持有一件乐器。前排右起第一人至第五人手中乐器分别是：箜篌、筝、琵琶、拍板、座鼓。后排右起第一人至第七人，手中乐器分别是：笙、方响、答腊鼓、两件筚篥、两件横笛。失而复生的箜篌、几近失传的筚篥、“民乐之王”琵琶……一件件乐器为世人展现了一幅乐舞繁盛的大唐盛世图画。处在封建社会鼎盛期的唐王朝，乐舞艺术极为繁盛。而唐代乐舞艺术在发展过程中也深受异域文化的影响，不仅是筚篥、答腊鼓等异域乐器融入唐代乐舞演奏中并且得到了广泛使用，在音律编写甚至是舞蹈表现技法上也都有着异域文化的影子，像大家比较熟悉的胡旋舞就是当时非常典型的异域舞种之一。

除此之外，浮雕的右下角两人为男性，身材矮小，头戴高冠，身穿褐色圆领缺胯袍，双手执物，躬身屈膝，似在进行表演，或是做队前导引。

人物、乐器如此众多的一件彩绘浮雕作品，布局满而不乱，人物刻画生动传神，工匠们是如何做到的呢？**画面中的乐者虽然分前后两排站立，但是人物通过穿插缝隙的方式来呈现，彼此之间没有丝毫遮掩，可见工匠构思和布局的合理与严谨性。**在演奏队伍中，不乏雕刻得十分传神的人物形象。比方说敲座鼓的这位乐伎，她的身体前倾，双手持槌，左手捶击鼓面，右手持槌扬起，手臂的力量感十足，正欲将鼓槌击下，表情十分专注，我们仿佛可以听到那穿越千年而来的铿锵有力的鼓声。其实，大鼓在乐队中的地位十分重要，《旧唐书·音乐志》曾有记载："自《破阵乐》一下皆雷大鼓……声震百里，动荡山谷。"

这件彩绘散乐浮雕可以说是一件继承大唐余韵的作品。首先，盛唐时期整个社会的文化开放、兼容程度非常高，女扮男装的乐队致辞人形象正是反映了当时兼

敲座鼓的这位乐伎，她的身体前倾，双手持槌，左手捶击鼓面，右手持槌扬起，手臂的力量感十足，正欲将鼓槌击下，表情十分专注，我们仿佛可以听到那穿越千年而来的铿锵有力的鼓声。

容并包的社会风气。另外，画面上的女性乐者们樱桃小口，长眉细目，身着宽大飘逸的衣裙，体态丰腴，这些特点也表现出盛唐时期流行的“绮罗人物”的审美风格。所以说，看到这件彩绘浮雕，盛唐风流也就可见一斑了。

五代曲阳石雕的代表作

这件彩绘浮雕由汉白玉石雕刻而成，雕刻技法圆润细腻，纹饰流畅洒脱，是在中国艺术史上占有重要地位的曲阳石雕技艺在五代时期的一件代表性作品。

曲阳，位于河北省保定市西南，太行山东麓，有“中国石雕艺术之乡”的美称。曲阳城南有座黄山，盛产白石，石质洁白，纯净细腻，既易受刀，又耐风化，是绝佳的雕刻用材。早在汉代，曲阳工匠就开始使用当地优质的石材进行雕刻。魏晋南北朝时期，随着佛教发展，曲阳也迅速成为北方佛造像的中心。隋唐五代时期是曲阳石雕的鼎盛时期。宋元以后曲阳石雕的发展趋缓，并逐渐呈现出世俗化的特点。新中国成立后，人民英雄纪念碑的基座浮雕也由曲阳工匠雕刻完成。此外，大家熟知的北京金水桥，清东陵、清西陵的丹陛石也多是出自曲阳工匠之手。曲阳石雕以其特有的魅力和活力，延续了2000余年而长盛不衰。

“商女不知亡国恨，隔江犹唱后庭花。”浮雕中的这些乐伎是谁，又有着哪些催人泪下的际遇，今天的我们不得而知。但是当我们驻足欣赏这件浮雕时，这穿越千年的盛唐之声，这追求完美的工匠精神，足以惊艳每一个遇见它的世人。“此时无声胜有声”，一世浮华，永久定格，曲阳的能工巧匠将这些湮灭在历史长河中的记忆鲜活地记录下来。

065

五代
（公元 907—960 年）

秘色瓷莲花碗

秘色瓷标准器

国宝小档案

年代：五代（公元 907—960 年）

尺寸：通高 13.5 厘米

出土地：虎丘塔第三、四层塔心的天宫窖穴

馆藏地：苏州博物馆

主讲人：范怡韵

说到瓷器，人们较为熟知的便是周杰伦的歌曲《青花瓷》，方文山在歌词里这样写道：“天青色等烟雨，而我在等你……”除了我们耳熟能详的青花瓷，其实还有一种更为神秘的瓷器，它被称为“秘色瓷”。

五代秘色瓷的标准器

今天就为您介绍一件秘色瓷莲花碗。它长相清秀，品性雅正。“五代出生，千岁挂零；老家浙江，定居苏州。穿着虽朴素，身份却神秘。”现在它静静地立在苏州博物馆展厅中央的玻璃展柜中，看似是一件普通的瓷碗，但并不是日用器具，而是一件供奉佛祖的珍宝。它被专家一致认为是秘色瓷中的稀有珍品。

秘色瓷莲花碗的个头不高，只有 13.5 厘米。整体由碗和束腰盏托两部分组成，碗和盏托可以分开。在盏托中心有一小孔，孔边还有“项记”二字。“项记”二字便是它的胎记，应为制作者的名字。

整体来看，它虽体形娇小，但容貌绝佳。从露胎处可见，瓷胎呈灰白色，细腻致密，颗粒均匀纯净。外底留有排列密集，呈斜卧状的垫烧支痕。碗身外壁，盏托的盘面和圈足均饰以仰覆莲瓣花纹，线条柔和流畅。**它构思巧妙，恰如一朵盛开的莲花，高雅出尘。**尤其是它的釉色捩翠融青，莹润内敛，呈现出潺潺溪水般的韵动感和美玉般的温润感，因而被认定为五代秘色瓷的标准器和代表作。

虎丘塔与秘色瓷莲花碗

那么，这件神秘的莲花碗是如何出现在大众视野的呢？1957 年，苏州虎丘塔第二次修缮，秘色瓷莲花碗以其精湛的工艺，而被专家一眼相中，至此珍藏于苏州博物馆。

虎丘塔堪称“东方的比萨斜塔”，由于长期受到人力和自然因素的影响，塔身渐渐向西北方向倾斜，因其5.19度的倾斜程度而被吉尼斯认证为“世界最斜塔”，并且比意大利比萨斜塔的建立还早了100多年。历史上，虎丘塔曾七次被焚，木构塔檐尽毁，但塔砌塔身却依然挺立。

现在人们见到的虎丘山云岩寺塔已是第四座塔。据曾参与虎丘塔维修的苏州著名修塔专家介绍，在这座塔出现之前，至少还曾存在过三座“虎丘塔”。最早在南朝就已经有一座塔屹立在此，南朝梁陈时期的诗人张正见、江总有“洞塔耀山庄”和“宝塔据高峑”的诗句。第二座“虎丘塔”建于隋朝。笃信佛教的隋文帝杨坚为母亲做寿，下诏在全国 30 个州郡建造舍利塔，其中就包含虎丘。根据记载推测，这座塔只造了几个月，不过二层 10 多米高，很有可能是赶着给太后讨生日的缘故才如此迅速、简洁。到了唐代又建了第三座“虎丘塔”，在 20 世纪 80 年代钱玉成参与虎丘塔维修时，曾在塔基五六十米深处发现了一块唐代残碑，依稀可见三个唐朝时间，即“大历四年”“长庆”“宝历”。后来，上海博物馆研究人员对虎丘塔底层塔砖进行年代鉴定，发现年代最早的砖是唐高宗时期的。大约在公元 845 年，推崇道教的唐武宗李炎在全国发起一场“灭佛运动”，第三座虎丘塔便在此时被毁。现在这座塔是何时修的呢？根据专家研究，它始建于五代周显德六年（公元 959 年），竣工于北宋建隆二年（公元 961 年），是苏州现存最早的古塔。

屹立 1000 多年的虎丘塔，经历过大火、地震、雷电，残存到现在，并不完整。历史上也有不少匠人对虎丘塔进行过修复。据记载，虎丘塔在明崇祯十一年（1638 年）改建第七层时，发现明显倾斜。当时的工匠们费尽心思，努力将第 7 层塔往相反方向校正，以纠正倾斜，也曾起过一定的作用。可惜地基等原因，百年来虎丘塔还是越来越倾斜。

直到 1956 年古建筑专家对塔进行了加固修整，才算保住了这座千年古塔。并在修复的过程中，挖掘出一批珍贵的文物。当年维修的工人在往砖隙中浇灌泥浆时，发生了奇怪的现象，浇灌泥浆却一直灌不满。于是工人揭开部分的砖块，发现水泥灌浆顺着缝隙流到了一个秘密的夹层之中，在第三四层塔心的天宫窖穴中又发现了一批珍贵的文物，而其中最为珍贵的便是这件秘色瓷莲花碗。

揭开秘色瓷神秘面纱

在秘色瓷莲花碗刚被发现的时候，专家认为它是一件青瓷中的精品，但并没有确定是秘色瓷。直到后来，它的神秘面纱才渐渐揭开。而这与距离苏州 1000 多公里外的另一座宝塔有密切关联。

1981 年，陕西扶风法门寺宝塔因年久失修而坍塌。1987 年考古工作者发现了塔基下的地宫，出土的一批稀世之宝轰动了世界。尤其重要的是，法门寺地宫中发现了《物账碑》，这是一个记载供品的物品清单，出土文物的名称都被记载得非常清楚。据《物账碑》上的记载，“瓷秘色”映入大家的眼帘，有 14 件瓷器是唯一与碑文记载相对应的实物，它们共同的特点是湖水般淡黄绿色的瓷釉，玲珑剔透，如玉般精巧端庄。瓷器的出土，从而揭开了只见其文不见其物的秘色瓷之谜，为秘色瓷的鉴定提供了实物对照。我们也因此确定了这件莲花碗不是一般的青瓷，而是大名鼎鼎的秘色瓷。

而它为何取名为“秘色瓷”呢？“秘色”一词最早见于唐代诗人陆龟蒙的《秘色越器》一诗：“九秋风露越窑开，夺得千峰翠色来。好向中宵盛沆瀣，共嵇中散斗遗杯。”诗中生动描绘了秘色瓷釉色的青莹滋润之美，从中也可知秘色瓷烧造之不易，但是究竟什么样的瓷器是秘色瓷，却无人知晓。**根据宋人记载，五代吴越国君钱镠规定了越窑专烧供奉用的瓷器，庶民不得使用，这一时期的青瓷被称之为秘色瓷，且它的烧造工艺、釉药配方也都是由宫廷控制，密不外传。**至于它的名称，偏偏不明说是青瓷，也不像宋代那样，取些豆青、梅子青一类形象的叫法，却用了一个“秘”字，着实逗弄得后人伤了1000多年的脑筋。由于只有文字记载，缺乏传世的器物，人们很难再了解更多信息，秘色瓷因此也越传越神秘。烧制秘色瓷的越窑在现今浙江余姚上林湖一带，始烧于晚唐，盛于五代，宋代逐渐没落。秘色瓷代表了越窑青瓷的最高工艺水准，有着如冰似玉、无水似水的特点，即秘色瓷的胎质细腻釉面晶莹，这件秘色瓷莲花碗是专家公认的越窑秘色瓷中的珍品。

虎丘塔内的佛教七宝

那么，又是什么人将珍贵的秘色瓷莲花碗供奉进了虎丘塔，它又有何作用呢？根据经箱上留下的文字信息，以及这批文物的属性均与佛事有关，苏州博物馆专家推测这批供奉物并非来源于同一个人，而是众多的善男信女。五代时期，苏州曾是吴越国的领地，国君信奉造寺保民，修建了大量寺院和佛塔。古代早先修建佛塔都是皇家的事，虎丘塔则是早期民间修塔的一个典型例子。**当时，百姓生活安定，纷纷用积累的财富供养寺院，祈求幸福安宁，这便成就了虎丘塔及其内藏的文物。**佛教将埋葬在佛塔内的佛舍利和奇珍异宝称之为“瘗藏圣物”，又叫“佛教七宝”或“七珍”，后来不再局限于七件珍宝，而是泛指一切珍贵稀罕之物。

秘色瓷莲花碗就是作为七宝之一被供奉在塔内的。法门寺地宫的秘色瓷证明了这一点。地宫碑文上记载，秘色瓷是唐懿宗供奉给佛指舍利的法器，比金银器更珍贵。由此可见，这件秘色瓷莲花碗有着非同一般的烧造工艺与珍贵程度。

066

契丹文八角铜镜

辽
（公元 907—1125 年）

契丹文镜面最大、文字最多的一面铜镜

国宝小档案

年代：辽（公元 907—1125 年）

尺寸：直径 26 厘米，厚 0.9 厘米，高 1.4 厘米

出土地：吉林省博物院

馆藏地：吉林省博物院

供图：吉林省博物院

主讲人：牛月

说起镜子，您可能并不陌生，毕竟它是我们生活中的必需品。那么，古代的镜子又是什么样呢？今天我就为您介绍一件独特的国宝“契丹文八角铜镜”。

这面镜子是青铜制品，呈八角形，直径26厘米，厚0.9厘米。镜面光亮可鉴，镜背中央为一半球形纽，高1.4厘米。铜镜的铭文为契丹文共五行20个字，从右到左竖读。目前普遍认同的契丹文八角铜镜译文是历史学家陈述先生释读的，大意为：“时不再来，命数由天；逝矣年华，红颜白发；脱超网尘，天相吉人。”我们不清楚当时镜子的主人是怎样的处境，也不知道其身份，但我们能认识到镜子的主人在感叹人生的短暂，还表达了对过去美好事物的眷恋。

铜镜刻有边款，是“济州录事完颜通”七个汉字。边款为金人所刻，表明此镜为金人沿用。“录事”是掌管文书的官职，“完颜通”是金人的名字。从铜镜所刻文字可以推断出，它属于“完颜通”这个人或者在他这里备过案，他当时的职务是“济州录事”。

失传数百年的契丹文

这面铜镜可不一般，堪称吉林省博物院收藏中的十大国宝之一。那么，它到底有何特别之处呢？玄机便在于镜背铸造的契丹字铭文。**契丹字包括契丹大字和契丹小字两种，这件铜镜上的字为契丹小字。**

契丹大字源于辽神册五年（公元920年），辽太祖耶律阿保机令人参照汉字“以隶书之半增损之，始制契丹大字”，后又在契丹大字基础上创制契丹小字，前后通行近300年。其后的岁月里，契丹文消失不见，逐渐被后世遗忘，及至近代

铜镜的铭文共五行 20 个字，从右到左竖读。目前普遍认同的契丹文八角铜镜译文是历史学家陈述先生释读的，大意为：“时不再来，命数由天；逝矣年华，红颜白发；脱超网尘，天相吉人。”

已经失传数百年。

1922 年，在今内蒙古巴林右旗发现的辽陵《帝后哀册》，开启了近现代契丹语言文字研究的先河。1985 年 8 月，由中国社会科学出版社出版的《契丹小字研究》一书，整理的契丹文墓志大字总数约 1700 字，小字约 400 字，其中拟读 132 字，译解 338 词，但契丹文字仍未能整句解读，许多字词的拟音释义常常众说纷纭，不能统一。而这面契丹文八角铜镜是有契丹文镜面最大、文字最多的一面铜镜，对研究辽代历史有着非常重要的价值。

辽代铜镜的形制

铜镜，一般是含锡量较高的青铜铸造，光亮的一面为镜面，反面中央设纽以穿缘带便于手执使用。镜背素面外，大多数铸有图案和铭文，有着强烈的时代特征。铜镜最早出现在商代，多为祭祀的礼器；在春秋战国至秦时期，一般都是王和贵族才能享用；到西汉末期，铜镜就慢慢地走向民间，是人们不可缺少的生活用具。古代女子出嫁时，铜镜是必不可少的嫁妆，在成婚之日，新娘要向铜镜和玉行跪拜大礼，拜镜表示求平安，拜玉表示求子（因“玉”与“育”谐音）。天圆在中国古代是丰满、完整、吉祥、美好、富足的象征，在汉语中团圆、圆满是祥和的词语。因此，圆形镜一直是铜镜的重要形式。为方便古人的使用，大多数古镜都是小而薄，除特殊情况，厚度为 100 ~ 150 毫米，大的在 150 ~ 230 毫米之间，小的在 100 毫米以下，小于 50 毫米、大于 300 毫米为罕见镜种。重量一般在几十克至三四百克之间，极少数达 700 ~ 800 克。

辽代铜镜形制基本为圆形，偶见八角形；纹饰以花草、禽兽、盘龙等为多见，主要包括花枝镜、花鸟镜、文字镜、盘龙镜等几种类型：花枝镜多以折枝花、牡丹花或四花果纹等作为主题纹饰；花鸟镜主要有仿唐代的牡丹鸾鸟镜、飞鸟葡萄镜等；文字镜以八角形为常见，镜中字体包括契丹文和汉文两种。这种契丹文与汉文并存的现象，足见汉族文化影响之大，或者说它正是汉辽文化交融的产物和见证；盘龙镜就目前出土情况看，辽代铜镜中也有，且均为单龙镜。除以上铜镜的类型，辽代还有纪年铭文镜，此外还出土有辽代仙人鹤镜等，但均不多见。总的来说，辽代不是铜镜的繁荣期。

辽代铜镜的不大发达，与辽地铜矿资源贫乏有很大关系。正因为铜资源的匮乏，所以为了让铜资源得到更好的利用，统治者便禁止人民买卖铜，并且不许将铜钱毁坏做成其他器物。如《辽史》中所说，“辛未，禁民鬻铜”“六月壬辰，禁毁铜钱为器”。为了严格限制铜资源的使用，辽代统治者甚至还制定出残酷的刑罚，《辽史·刑法志下》中记载：“至是，铜逾三斤，持钱及所盗物二十贯以上处死。”足见禁铜之严。再加上契丹族铜镜铸造业本来就不算发达，所以铜镜发展便受到了很大的限制，辽代铜镜也就很难创新。

契丹女子的面妆

说到铜镜，我还想为您介绍一下当时契丹人用它化的面妆。人类的爱美之心，与生俱来。契丹人的面妆很有民族和地方特色，常见的如“佛妆”、面花等。

“佛妆”是一种奇异的面妆，在许多出使过辽国的宋人诗文中都有记述。张舜民《使辽录》说：契丹妇女“以黄物涂面如金”，称作“佛妆”。朱彧《萍洲可谈》卷二说，他的父亲出使辽国时，辽使出车马迎接，只见毡车中有妇人“面涂深黄”，红眉毛、黑嘴唇，即所谓“佛妆”。彭汝砺有一首咏佛妆诗说：“有女夭夭称细娘（女子有颜色者称细娘），真珠络髻面涂黄。华人怪见疑为瘴，墨吏矜夸是佛妆。”大意说，漂亮的女子头上戴着珍珠做的发饰（即璎珞），脸上涂着黄色。中原人以为她得了病，原来这就是所谓的佛妆。庄绰《鸡肋编》卷上说：契丹女子在冬天“以括蒌涂面”，称作“佛妆”。并说，把括蒌敷在脸上，便不再洗脸，直到春天时才将它洗去。据《本草纲目》的记载，括蒌有滋润皮肤、使之增白的作用。由于脸面经过一个冬天都不为风霜所侵，所以“洁白如玉”。

有这么多的诗文记述“佛妆”，看来“佛妆”确是契丹女子的时尚。不过，一些具体记载也未可尽信。比如，庄绰说把括蒌敷在脸上以后，便不再洗脸，直到春天时才把它洗去，说得十分夸张。脸上所敷括蒌，是不能一个冬天都不掉下来的。这不禁使我们联想到当今颇为时尚的面膜。其实，契丹佛妆，就是古代美容化妆术中较早出现的一种面膜。那么，契丹女子为何喜好这种奇异的佛妆？当时人的理解各不相同，但大体认为还是出于爱美之心，当时的契丹女子又以脸黄为美，所以“佛妆”成为当时这个地区的时尚。

而面花，又称“花子”，是古时妇女贴、画在面颊上的装饰，大约起源于秦，也有人认为花子起源于唐代。花子的缘起，是为了掩饰面部的“点迹”。“点迹”，也作“黥迹”，是指文面毁容后造成的黑斑、黑记。面花在唐代已广泛流行，契丹女子直接沿袭了唐人风俗，也以贴面花为时尚。

关于契丹文八角纹铜镜就介绍到这里，欢迎您有机会来吉林省博物院亲自看看这件刻有契丹文的铜镜，感受失传数百年的古文字魅力。

067

鎏金铜牛

西夏陵的神秘文物

西夏
（公元 1038—1227 年）

国宝小档案

年代：西夏（公元 1038—1227 年）

尺寸：全长 1.2 米，重 188 公斤

出土地：宁夏回族自治区银川西郊贺兰山东麓西夏陵第 177 号陪葬墓

馆藏地：宁夏回族自治区博物馆

供图：宁夏回族自治区博物馆

主讲人：周文詠

您好，今天为您介绍一件出自神秘的西夏陵的文物，它身形巨大、工艺精湛、身世传奇，它就是“鎏金铜牛”。

这件铜牛全长1.2米，重188公斤，铜铸空心，外表鎏金，全身散发着柔和的金光，造型非常生动、逼真。铜牛四肢有力，呈内屈跪卧姿；牛首高昂，双角弯曲，双耳呈椭圆状直立；牛的眼睛圆睁且外凸，鼻子微微上翘，目光炯炯有神；牛颈部的肌肉线条非常清晰，皮肤下面有一根脊椎骨，从颈部延伸到尾部。

这件大型金属铸造品集鎏金、抛光等工艺于一身，真正达到了以形传神、神形兼备的境界。它也因高超的金属铸造水平和冶炼技术，而被定为国宝级文物。那么，它是在哪里发现的？又有什么用途呢？这就要提到我们宁夏回族自治区的一张著名的旅游名片——西夏陵。

鎏金铜牛的出土

位于我国西北部的宁夏回族自治区历史悠久，自古就是多民族生息繁衍之地。1038年，以党项族为主体的西夏建立，定都“兴庆府”（今宁夏回族自治区的首府银川市），1227年，西夏被成吉思汗率领的蒙古大军所灭，历时189年，传主10位。**在近200年的历史长河中，西夏曾创造了属于自己的辉煌以及别具一格的文化体系，而西夏陵正是这段历史的见证。**

西夏陵是西夏历代统治者的陵寝，位于银川西郊贺兰山东麓的洪积扇地带，东距银川约25公里，东西宽4～5公里，南北长11公里，总面积约50平方公里。现有陵寝9座，统治者及其亲族重臣的陪葬墓200多座，其规模与北京明十三陵

当时跟铜牛一起出土的还有一件大石马，是西夏文物中分量最重、体形最大的一件。

和河南巩县宋陵大体相当。明代安塞王朱秩炅的《古冢谣》形象地描绘了当时西夏陵的情景："贺兰山下古冢稠，高下犹如浮水沤。道逢古老向我告，云是昔年王与侯。"

西夏陵的考古调查、发掘与研究自 20 世纪 70 年代初开始，从未停止过。宁夏博物馆的这件"鎏金铜牛"就在西夏陵的 177 号陪葬墓中被发现。当时跟铜牛一起出土的还有一件大石马，长 130 厘米、宽 38 厘米、高 70 厘米、重 355 公斤，是西夏文物中分量最重、体形最大的一件。石马是用一整块白砂石采用通体圆雕的手法雕成的，马头稍垂，颈部弯曲，比例匀称；马鬃整齐流畅地披散在脖子上，层次丰富，线条舒展，充分显示出真实、生动、质朴的西夏马形象。它是西夏石刻艺术中的精品，被定为国家一级文物。

铜牛、石马在同一陪葬墓的甬道内被发现，但马头冲外、牛头冲内，呈完全相反的两个方向，这种葬式充分体现了西夏人"马出则征战，牛入则耕作"的社会风尚，也是他们游牧和农耕密切结合的见证。

说起这两件文物还有一段有趣的故事。1977 年，宁夏考古工作者对西夏陵第 177 号陪葬墓进行了正式发掘。伴随着寒冬的到来，考古工作也接近尾声，但是在这座已经被盗掘过的墓室内还没发现像样的文物。正在大家略显失望时，有人被墓室里一个凸出来的物件绊了一跤，回头一看，露出来的是个金灿灿的东西，大家以为是暗器，也就是墓道机关，于是非常惊恐地纷纷往墓室外跑。考古队员们定神之后，打开手电筒一看，才发现是两只牛犄角从墓室坍塌的甬道中暴露出来了。原来这座陪葬墓被盗墓者破坏后，甬道塌倒并压在了两件文物上，于是大家又精神振奋地重新投入工作。经过一番手刨、细刷，考古队员们终于从距地面 21 米深的墓道中发掘出了精美的“鎏金铜牛”和石马，这让他们兴奋不已。177 号陪葬墓是西夏陵陪葬墓中的大墓之一，在 5 号陵寝附近，墓主人的身份虽已无法考证，但专家们认为墓葬的位置或许与墓主人的地位有关，可能是西夏贵族或重臣。

牛和马是西夏人在生活中不可缺少的牲畜，也是家庭重要财富的象征。**以铜牛、石马随葬，不仅反映了党项族对牛、马等家畜的崇尚，也反映了西夏畜牧业经济的兴盛和发展，是西夏由游牧文化走向农耕文化的历史见证。**

揭开西夏的神秘面纱

西夏能够铸造出如此精美、炉火纯青的“鎏金铜牛”，表明当时的金属冶炼工艺相当先进。这也可以在安西榆林窟第三窟西夏壁画中的一幅《锻铁图》中得到印证，画面上绘制的便是一名工匠双手推拉双扇木风箱，另外两名工匠抡锤锻铁的图案，再现了西夏工匠锻铁劳动的场面。值得注意的是，他们所使用的鼓风设备“双扇木风箱”，在当时最先进，鼓风量大，可大大提高炉火的温度；双扇互相更替不断推拉，将风持续地鼓入炼炉，易于保持炉内的高温，为金属铸造的高精度提供了有利条件。

我国有易代修史的传统，《二十四史》中却唯独没有西夏，因此这段历史也显得颇为神秘。专家们认为大量的西夏档案文献可能在蒙古灭夏的战争中被付之一炬。庆幸的是，伴随着西夏遗迹的考古挖掘和西夏文物的相继出土，西夏和党项人的神秘面纱也逐渐被揭开。

西夏的主体民族党项族是古羌族的一支，自称“弥”或“弥药”，又称“党项羌”，他们最早的居住地大致在青藏高原一带。隋朝，党项羌开始内迁，并接受中原王朝的官职。唐代，其势力范围东到今天的甘肃临潭县，西与新疆相连：唐代初年，党项羌的势力已经发展到东边与今四川省的松潘县相连，西边与今天青海省南部相连，北边与青海湖一带相连；公元 638 年，党项羌首领拓跋赤辞归附唐王朝，被封为西戎州都尉，赐皇室“李”姓；唐高宗即位后，党项羌控制的地区一度遭受吐蕃侵扰，公元 663 年，党项人被安置在今甘肃庆阳一带的庆州；唐朝末年，党项羌平夏部首领拓跋思恭率部镇压“黄巢起义”有功，被唐僖宗任命为定难军节度使，封为夏国公，再次赐皇室“李”姓，统辖银、夏、绥、宥、静五州，党项羌的势力范围逐渐向北扩张，夏州政权形成。

宋朝时，为解决夏州的割据问题，宋太宗封夏州首领李继捧为彰德军节度使，内迁到河南安阳一带，其族弟李继迁起兵抗宋，占领灵州，拓展了生存空间。1032 年，李继迁之子李德明分别被宋辽两国册封为夏国王，同年李德明病逝，其子李元昊继承王位。1038 年，元昊称帝建国，国号“大夏”，史称“西夏”，其疆域以宁夏平原为中心，“东尽黄河，西界玉门，南抵萧关，北控大漠，延袤万里”。西夏疆域最大时达到 83 万平米公里，与宋、辽、金成鼎立之势。1227 年，末帝李晛投降蒙古大军，不久被杀，西夏灭亡。党项族经历元、明两代，逐渐融合于华夏民族的大家庭之中，西夏文化也被带进了博物馆。

种种原因，大部分西夏珍宝都已流失海外。如今我们在博物馆里看到的西夏文物，基本上都是新中国成立后的考古成果。**因此这件幸存下来的“鎏金铜牛”便显得弥足珍贵，它经历了近千年的岁月洗礼，承载着历史的沧桑与巨变，在西夏被灭 800 多年后，让西夏文明再次进入人们的视野，是当之无愧的国宝级文物。**

068

吉州窑黑釉木叶纹盏

一尘一佛刹，一叶一释迦

宋
（公元 960—1279 年）

国宝小档案

年代：宋（公元 960—1279 年）

尺寸：高 5.5 厘米，口径 14.8 厘米，底径 3.8 厘米

征集地：1962 年江西省南昌市

馆藏地：江西省博物馆

供图：江西省博物馆

主讲人：祝艺华

今天为您介绍一件宋人饮茶用的茶盏——吉州窑黑釉木叶纹盏，是江西宋代吉州窑的独创产品。其造型为一片叶子，蕴含着禅宗意韵。

闻名于世的吉州窑

宋代是陶瓷文化发展的鼎盛时期。在众多名窑百花齐放的时代，吉州窑以其浓厚的地方特色和独特的艺术个性闻名于世。这里产的瓷器种类繁多，釉色齐全，造型丰富，装饰手法独特，充满了强烈的生活气息和浓郁的民间风情，被誉为“馨香艳丽的山花”。

吉州窑位于今天的江西省吉安市（古时又称“庐陵”）的永和镇，所以又称“永和窑”。永和镇是一座因瓷而兴的街镇，它和广东佛山、湖北汉口并称为宋代的三大名镇，交通便利，商业兴旺。古代瓷器的运输主要依靠水路，能减轻震动、减少损失，而且成本低，这是古代陶瓷业发展的重要条件，加之当地丰富的瓷土、充足的燃料和深厚的人文底蕴，以及庐陵人的聪明才智，共同让吉州窑燃起了熊熊的窑火。

吉州窑始于唐朝晚期，经过五代、北宋，到南宋时达到鼎盛，直至元代衰没，烧造的时间长达600多年。吉州窑烧造的产品有盏、碗、罐、杯、碟、盘、钵、盆、瓶、壶以及玩具，等等。其中最具代表性的产品是色彩斑斓、富于变化的黑釉瓷，还有自然新颖、图案丰富的釉下褐色彩绘瓷，尤其是吉州窑以独创的木叶纹和剪纸贴花装饰工艺制作的产品，堪称中国陶瓷史上独一无二的瓷器绝品。

神奇的窑火使两种不同的釉在高温中发生变化，进而形成一丝丝叶脉清晰的图像，它的丝丝茎脉是那样清晰生动，如果用手轻轻触摸，便会发现木叶纹米黄色的釉和盏壁的黑釉熔于一个平面，没有丝毫痕迹。当人们向盏内略注清水后观察发现，仿佛有一片天然的树叶漂荡在黑色的茶汤中，意境深远。

木叶纹盏的烧造工艺

今天为您介绍的是吉州窑独创的“木叶纹茶盏”，得名于它的盏壁上印有一片树叶。这片叶子不是画上去的，而是真的树叶。那么，这片真的叶子是怎么贴在盏壁上的呢？在历史长河中，木叶纹盏的烧造工艺曾经消失过，现在经过当代陶瓷艺术家的不懈努力，此种工艺又恢复重现。

关于木叶纹的烧制工艺，有很多种说法。有一种说法认为可能是古人先在器物上施黑釉，然后把叶子浸在黄釉料浆中，待叶子腐败后只剩叶脉，再将叶脉放至施过黑釉的碗盏内烧制而成。之后出土的吉州窑中，有人将叶子置于盏壁或者盏心，俯视茶盏，叶子如一叶小舟漂荡在清澈的水面之中；也有人将叶子的一半置于盏口，叶尖朝向盏心，可以看到在盏壁漆黑的釉色中，叶子犹如一棵大树独耸于浩大深邃的天穹；也有人将二片或者三片叶子重叠的。由于在干燥或者烧制的过程中，叶片容易发生扭曲、破损、变形，所以吉州窑出土的树叶纹形状往往不完整。那么，这些都是什么树叶呢？有人认为是菩提叶，也有人认为是桑叶或者枫叶。在日本的一件宋代吉州窑木叶纹盏的木叶旁，清晰可见一条栩栩如生的蚕，那这片叶子肯定是桑叶。

神奇的窑火使两种不同的釉在高温中发生变化，进而形成一丝丝叶脉清晰的图像，它的丝丝茎脉是那样清晰生动，如果用手轻轻触摸，便会发现木叶纹米黄色的釉和盏壁的黑釉熔于一个平面，没有丝毫痕迹。当人们向盏内略注清水后观察发现，仿佛有一片天然的树叶漂荡在黑色的茶汤中，意境深远。**在虚实相应的水面上，暗香轻拂，叶影飘摇，如梦似幻，给人以古朴而超俗的感受，也让饮茶人在涤凡尘的境界中，感悟生命与自然的美好。**这一奇特的工艺让平凡的树叶在黑釉茶盏中得以永生，也让黑釉茶盏誉满天下。它源于自然，又高于自然，源于生活，又高于生活，给世人留下了无可替代的美好享受。

茶盏蕴含的禅理

那么，为什么说这件木叶纹盏蕴含禅理呢？宋代吉州的寺院不仅多，而且规模大。在青原山和永和镇有数十所僧院，而永和镇的本觉寺是当时重要的禅寺之一。本觉寺塔至今仍耸立于永和窑遗址上，所以吉州窑产品受禅宗的影响也在情理之中。另外，两宋禅师常以“一尘一佛刹，一叶一释迦”来谈禅，禅宗僧人也善于从自然中体悟万法皆空、自然清净的禅理，而桑叶装饰也是“万物观心”的绝佳表达。青原山净居寺出土的桑叶盏残片，是禅院使用桑叶盏的重要实物依据，这些给人带来联想的桑叶盏是禅僧借以悟道的重要器具，因此，僧侣、信众很可能也是这类茶盏的重要消费群体之一。

茶盏的颜色和造型

此时，您或许会有疑问，这个茶盏为什么要做成黑色呢？而且还是斗笠的形状？宋代是一个经济文化非常发达的时期，上至天子大臣，下至劳苦百姓，都喜欢茶文化，并通过平心静气的斗茶来感悟人生哲理。当年社会上非常盛行斗茶，也就是把半发酵的膏饼茶碾成细末放入茶盏内，再沏入初沸的开水后，水面会沸起一层白沫，输赢主要看茶沫的白色程度和白沫维持的时间，这时用黑盏盛茶就便于观察茶沫的白色了。在如此风雅的斗茶活动中，茶具的好坏是至关重要的。**而斗笠状的茶具刚好利于斗茶时茶水的搅动和茶色的观察，因为口大、足小、敞口浅腹；黑釉茶盏便于衬托茶沫、观察茶色而备受斗茶者的喜爱。**它不仅符合斗茶的要求，同时也体现了宋人对单色釉器物的厚爱，表现出宋文化中对朴素简约的美德的追求。

黑釉的发展颇有渊源，且对日本产生过重要影响。瓷之黑釉始于东汉，在宋代达到高峰，宋代的福建建窑和吉州窑都盛产黑釉瓷。宋代，浙江杭州天目山佛教寺庙林立，曾有日本僧人到天目山的寺庙留学，他们在回国的时候，常常把天目山寺庙里所使用的黑釉茶盏带回去做纪念，所以日本的研究者把这种黑釉盏称为“天目瓷”。

吉州窑由黑釉器衍生的品种多样，有剪纸贴花、木叶纹、虎皮斑、兔毫斑、油滴纹、鹧鸪斑，等等。其中兔毫斑釉的特点是利用釉料内比较高的铁含量，让它在高温中形成各种形态的结晶，从而产生人工无法描绘的奇特效果。民间匠师利用这种装饰工艺，让结晶釉成为吉州窑釉彩的一个特点；还有充满强烈生活气息的剪纸贴花，将真的剪纸纹样贴于盏壁中，在雅俗之间尽情展现它独特的美。吉州窑也堪称中国陶瓷艺术中的一朵奇葩。

一件小小的瓷器，足以带给我们无尽的遐想。有人认为它的产生是秋叶飘落中的偶然一得。米黄色的叶子仿佛舞动着生命的姿态，闪耀着物的灵性，也化作丝丝陶釉与器物紧紧相贴。这是一片飘落于先民饮食器具上的叶子，更是一种先民智慧的遗存！

069

真珠舍利宝幢

佛教艺术珍品

北宋
（公元 960—1127 年）

国宝小档案

年代：北宋（公元 960—1127 年）

尺寸：通高 122.6 厘米

发现地：江苏省苏州瑞光塔第三层天宫中

馆藏地：苏州博物馆

主讲人：蒋乐漪

您好！今天我将为您介绍一件珍贵的佛教艺术品，它距今已有千年历史，它就是“真珠舍利宝幢”。“宝幢”是指由珍珠等佛家七宝连缀起来的佛教艺术品，主要用于供奉舍利子。

真珠舍利宝幢的发现

苏州博物馆珍藏的这件宝幢，原藏于瑞光塔（又称“瑞光寺塔”）。瑞光塔是一座七级八面砖木结构的楼阁式宝塔，屹立在苏州城西南隅，1956 年被列为江苏省文物保护单位，1961 年被列为全国重点文物保护单位，后由苏州市文物保护管理所保护管理。

1978 年 4 月 12 日，三个少年登上垂危的古塔掏鸟蛋时，无意中在第三层塔心的一堆干草中，发现了一个很深的窨穴，穴内还藏有宝物。三个少年将精美的宝物随意装入麻袋，欲带回家，结果被发现后，将文物交到了苏州博物馆。苏州博物馆当即派考古部的工作人员到现场再次搜寻，并测量、绘图、研究、修复。在宗教界、工艺界人士的帮助下，最终才基本恢复了它们的本来面目。在这里发现的文物主要有楠木黑漆嵌螺钿经箱、碧纸金书《妙法莲华经》、刻本《妙法莲华经》、雕版经咒、墨书经卷、铜佛像、铜质金涂塔、彩绘泥质观音像、龟纽琥珀“与贞私印”，以及这件真珠舍利宝幢与它的内外木函。

璀璨夺目的真珠舍利宝幢

这件宝幢的主体部分由楠木制成，通高 122.6 厘米，自下而上共分为三个部分——须弥座、佛宫和塔刹。

宝幢底部的须弥座呈八方形，象征着佛教中的八方天；分为三层，包括底座、须弥海及须弥山。底座上每个棱角的底部装饰有燕尾形牙脚，牙脚正面贴有形态各异的堆漆纹饰。八棱台座之上饰有双层平行方涩，方涩大意为不光滑的平面。台座整体中间束腰，高 2.5 厘米，束腰部位每面设壶门三个，一周 24 个壶门孔上，装饰着金银丝如意花饰；涩面缀以海棠形宝饰，每层转角处均以堆漆条花图案包角。在座阶上，站立着八只跳跃飞舞的银狮子，姿态有腾跃、后顾、搔耳等，造型生动；银狮子的内侧又起一层方涩，方涩上收分渐敛呈八棱斜弧面，其上折收为平阶。在八棱斜弧面一周，贴饰着形象各异、两人一组，共 16 个堆漆装金供养人像。八棱斜弧面上的平阶八角处，各置立体雕刻的小木狮；木狮表面施青石，局部略敷朱彩。在平阶内侧收腰处，镂如意壶门，上承八角带环绕勾栏的平阶。勾栏的八根栏柱顶端，缀银丝串珠莲花，莲花上各置一颗水晶球。

在木质描金勾栏内是须弥海和须弥山。须弥海和须弥山通体描金，海面四周升起八朵描金木雕祥云，“四天王”站立云端，手持各种武器，气势非凡，而站在他们边上的“四天女”则是温柔美丽，婀娜多姿。波涛汹涌的海浪托起了一根海涌柱，一条银丝鎏金串珠九头盘龙盘绕于海涌柱，传说是龙王的象征，掌管着人间的旱和涝。龙脊和龙皮大框用鎏金粗丝构成，龙齿、发、耳、角及龙的鳞、爪，由极细的三股合一的辫丝制成，龙爪甲则以银子凿出；圆柱上端托起的则是由 16 座叠嶂山峦组成的须弥宝山。该宝幢的须弥座造型极为精美繁复，通体描绘宝相、缠枝和几何图案，细如纤毫。

在真珠舍利宝幢的中间部分是幢殿，居于须弥宝山之上。幢殿由殿基、殿柱、殿外护法八天、八棱经幢、幢顶鎏金银龛、殿顶、漆木龛、华盖等部分组成。须弥山上，分别站立着佛教传说中的“八大护法天神”，天神由檀香木雕刻而成，形象夸张，神态逼真，大有呼之欲出的感觉。护法天神中间所护卫的，即为宝幢的

须弥山上，分别站立着佛教传说中的“八大护法天神”，天神由檀香木雕刻而成，形象夸张，神态逼真，大有呼之欲出的感觉。

主体部分——佛宫。

佛宫外围由八根套金银丝编织的菱形网长柱支撑，中心为碧地金书八棱柱状经幢。经幢正面刻有“南无摩诃般若波罗密”，意为“大智大慧可到达彼岸乐土”。其他七个面则分别以真、草、隶、篆等字体阴刻填金“过去七佛”之尊号。幢体中空，内置一个乳青色葫芦形小瓶，藏有九粒舍利子，还有折叠的雕版印刷的梵文和汉文《大隋求陀罗尼》经咒各一张。幢顶置有挑花工艺制成的缠枝纹鎏金银皮小龛，一尊高约 6 厘米，通体描金，双手作禅定印、头裹风兜的木雕高僧大德祖师像趺坐其间。

真珠舍利宝幢中的九粒舍利子具体出于何时，属于哪位高僧大德，还没有找到相关资料，所以它的归属仍是千年未解之谜。

佛宫顶部是金银丝串珠嵌宝的华盖，华盖上方即为塔刹，主体呈柱状，由银棒和包金箔木柱相接而成，刹轮以白玉、水晶、五色珠料等制成，间以金银绞花、叶片及银丝串珠装饰；刹轮上部的银丝串珠小幡盖，以银丝编织而成的八条串珠天龙为脊，它们个个昂首俯冲，代表着八大龙王。塔刹顶部有一颗直径为 3.4 厘米的硕大水晶球，外罩银丝火焰光环，寓意为瑞光普照。

至此，整座宝幢被装扮得璀璨夺目，令人叹为观止。

历经千年的两重木函

1978 年，整座真珠舍利宝幢被发现于苏州瑞光塔第三层的天宫中。在发现之初，它是被放置在两重木函之中的。黑色外木函正面有两行白漆楷书“瑞兴院第三层塔内真珠舍利宝幢”。内木函用银杏木制成，为五节正方形套叠式，内壁墨书有“都勾当方允升妻孙氏十娘”等题铭，以及“大中祥符六年四月十八日记”等题记字样，外壁彩绘四天王像。

四天王像的面部表情夸张且生动，手持法器，足踏小鬼，气势雄壮。四天王原是印度的神话人物，后来成为佛教护法天神，他们分别是东方持国天王、北方多闻天王、西方广目天王、南方增长天王。其笔墨可见后世传摹唐代画圣吴道子的画风，采用柳叶描法，线条流畅，富有变化。粗犷处豪放雄健，如风驰电掣；细纤处游丝毫发，如行云流水。

此木函虽历经千年，画面依然五彩斑斓，气势不凡，丰富的天然色彩带给我们真实灵动的感觉，为我国古代绘画宝库增添了一件不可多得的艺术珍品。

真珠舍利宝幢造型之优美、选材之名贵、工艺之精巧都是举世罕见的。制作者根据佛教中所说的世间“七宝”，选取了名贵的水晶、玛瑙、琥珀、珍珠、檀香木、金、银等材料，综合了当时的木雕、堆漆、描金、贴金箔、玉雕、穿珠、古彩绘以及金银细工等专业技术，精心制作而成的，可谓巧夺天工，精美绝世。整个宝幢用了四万余颗珍珠，凝聚了许多能工巧匠的智慧与心血。它是艺术家根据佛教典籍中的记载，采用虚实相生的手法，发挥了丰富的想象力，所设计出的一个超凡脱俗、庄严华贵的佛国世界，是一件不可多得的佛教艺术珍品。

洞庭春色賦

吾聞橘中之樂不減商
山豈霜餘之不食而四老
人者游戲於其閒悟此世
之泡幻藏千里於一斑舉
棗葉之有餘納芥子其
何艱宜賢王之達觀寄
逸想於人寰嫋嫋兮春風
泛天宇兮清閑吹洞庭
之白浪漲北渚之蒼灣携
佳人而往游勤霧鬢與風

070

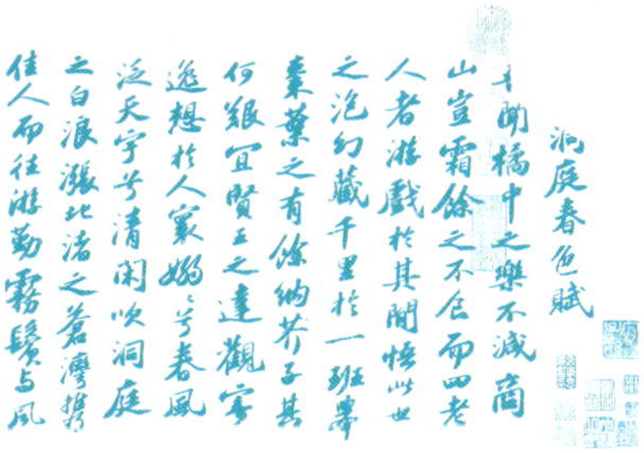

苏轼《洞庭春色赋、中山松醪二赋》卷

传世东坡墨迹中稀有之品

北宋
（公元 960—1127 年）

国宝小档案

年代：北宋（公元 960—1127 年）

尺寸：纵 28.3 厘米，横 306.3 厘米

材质：纸本

馆藏地：吉林省博物院

供图：吉林省博物院

主讲人：郭爱妮

您好，今天为您介绍的文物是清宫散佚的数十件珍贵书画之一，苏东坡传世书法作品中字数最多的一件，其赋文之美、书法之精已臻于化境，是吉林省博物院最有分量的书画藏品。

苏轼《洞庭春色赋、中山松醪二赋》卷，为白麻纸七纸接装，纵 28.3 厘米，横 306.3 厘米。《洞庭春色赋》行书 32 行，287 字；《中山松醪赋》行书 35 行，312 字；又有自题 10 行，85 字，前后总计 684 字，正文字大与古铜钱相若。

作者在正文后的一段自题中，介绍了此卷名称的由来和书写的原委。我们可以得知，《洞庭春色赋》一文创作于 1091 年—1092 年期间，当时苏轼在颍州任太守；《中山松醪赋》则创作于 1093 年—1094 年期间，当时苏轼任定州（中山）太守。1094 年，苏轼时年 59 岁，在被贬往岭南的路上，将此它们合于一卷，也就是我们今天看到的《洞庭春色赋、中山松醪二赋》卷。**“洞庭春色”和“中山松醪”，指的是两种酒的名字。作者借物抒怀，以酒切入，抒发了自己对政治、人生的感慨之情。**

“宋四家”之首——苏轼

苏轼是北宋著名文学家、书画家，诗、词、文、赋均造诣极高，在书法和绘画领域的成就也足以标举后世。苏轼的散文位列唐宋八大家之一，与欧阳修并称“欧苏”，为北宋文坛领袖；他的诗与黄庭坚并称“苏黄”；他的词与辛弃疾并称“苏辛”，且为豪放派词风之代表；他的画开文人画之先河；仅以本文所涉及的书法一项而论，苏轼位列北宋最有代表性的“宋四家”之首，对当时和后世的书法领域的发展均产生了重大影响。

历朝历代，苏轼书法的碑刻拓本和墨迹都是人们孜孜求取、争相收藏的对象，学者士流无不以藏有苏书为荣，史籍上亦屡有著录苏轼墨迹的收藏情况，但真正能历经千年流传下来的，数量已是十分稀少。因此，今天能见到的苏轼墨迹真本，即使是片纸只字亦足以为贵，令人视若拱璧。像此卷这样洋洋 600 余字的长篇精品，具有无可比拟的唯一性，为研究苏轼书法艺术特色和晚年人生经历提供了重要的实物资料。

苏轼虽然是历史上罕见的文学、艺术天才和全才，但他的仕途却充满坎坷，一生在政治旋涡中沉浮不已。他 44 岁时遭遇文字狱“乌台诗案”，险些送命；晚年频遭贬谪，甚至贬至海南，几乎没有回归之望。观其一生，只有在哲宗皇帝即位之初，太皇太后听政的元祐年间（1086—1094），旧党执政时期，他得到了太后的重用，过了几年风光的日子。即使是在受重用时，他仍然对旧党中形成的派别之间对权力的争夺感到十分厌倦，因此不断请求外放。

1091 年，苏轼请求外放获准，出任颍州太守，与赵令畤（德麟）相交，也就是在这一年作了《洞庭春色赋》；1092 年，苏轼被召回京中担任礼部尚书；1093 年，太后卒，苏轼又调任定州太守，直至 1094 年 3 月作了《中山松醪赋》。从 1094 年 4 月起，晚年的苏轼开始了不断被贬谪和流放的生活：先是被贬往广东，任英州太守，成为当时被贬至岭南（大庾岭）的第一人；在去往广东的途中，再贬一级，改为建昌军（江西南城）司马，惠州安置；复贬为宁远军（湖南宁远）节度副使，惠州安置，最终在 10 月左右到达惠州。

此卷即是在贬谪初始，去往英州的途中所作。当时的情形，正如作者在后记中所说的，行至襄邑（今河南睢县）时，天下大雨，路途阻隔，于是挥笔而书此卷。苏轼这次被贬与当年的乌台诗案不同，“乌台诗案”虽然凶险，但他当时 40 多岁毕竟还算年轻，而此时他已是年近 60 的老者。被贬往如此荒凉遥远的地方，以垂垂老矣之年而赴天涯海角，路途漫漫，“犯三伏之毒暑”，远走 4000 余里，其内心的凄苦可想而知。因此当他书写此卷时，一定是感怀颇深的。

不过，尽管有这样沦落天涯的悲凄命运，苏轼胸怀中那股至大至刚之气、潇洒茲色山之桂樽，扣林屋之瓊闕。臥松風之瑟縮，揭春溜之淙潺。追范蠡於渺茫，吊夫差之惸鰥。屬此觴於西子，洗亡國之愁顏。驚羅襪之塵飛，失舞袖之弓彎。覺而賦之，以授公子。曰：烏乎噫嘻，吾言夸矣，公子其為我删之。

中山松醪賦

始予宵濟于衡漳，軍涉而夜號。燧松明以記淺，散星宿於亭皋。鬱風中之香霧，若訴予以不遭。豈千歲之妙質，而死斤斧於鴻毛。效區區之寸明，曾何異於束蒿。爛文章之糾纏，驚節解而流膏。嘻構廈其已遠，

可及，歸餔啜其醨糟，漱松風於齒牙，猶足以賦遠游而續離騷也。

始安定郡王以黃柑釀酒，名之曰洞庭春色。其猶子德麟得之以餉予，戲為作賦。後予為中山守，以松節釀酒，復為賦之。以其事同而文類，故錄為一卷。紹聖元年閏四月廿一日，將適嶺表，遇大雨，留襄邑，書此。東坡居士記。

予自鄱陽走豫章，溯西江，閱前宋名公墨跡，往往非真。今觀鄧仲實所藏坡僊此書二賦，筆意雄勁，與察國公家鐵溝行记、遺山收王晉卿畫煙江疊嶂圖唱和，深不類。好事者珍秘之。時至元乙酉七夕，同吏部尚書劉伯宣、應奉翰林文字楊湜周觀於上饒官

洞庭春色賦

吾聞橘中之樂不減商
山豈霜餘之不食而四老
人者游戲於其間悟此世
之泡幻藏千里於一班舉
棗葉之有餘納芥子其
何艱宜賢王之達觀寄
逸想於人寰嫋嫋兮春風
泛天宇兮清閑吹洞庭
之白浪漲北渚之蒼灣携
佳人而往遊勤霧鬢與風
鬟命黃頭之千奴卷震
澤而與俱還糅以二米之禾
藉以三脊之菅忽雲烝而
冰解旋珠零而涕潸翠
勺銀罌紫絡青綸隨
屬車之鴟夷款木門之
銅鐶分帝觴之餘瀝
幸公子之破慳我洗盞而

而流膏嗟構廈其已遠
尚藥石之可曹收薄用
於桑榆製中山之松醪
救爾灰燼之中免爾螢爝
之勞取通明於盤錯出
肪澤於烹熬與黍麥而
皆熟沸春聲之嘈嘈味
甘餘之小苦歎幽姿之獨
高知甘酸之易壞笑涼
州之蒲萄似玉池之生肥
非內府之蒸羔酌以癭藤
之紋樽薦以石蟹之霜
螯曰飲此其幾何覺天
刑之可逃投拄杖而起行
罷兒童之抑搔望西山
之咫尺欲褰裳以游遨跨
超峰之奔鹿掛崩崖之
飛猱遂從此而入海渺
翻天之雲濤使夫嵇阮
之倫與八仙之群豪或
騎麟而翳鳳爭榼挈

豁达之情并没有熄灭。此卷字体结构谨密，“无一笔失操纵”“经营下笔，郁屈瑰丽之气，回翔顿挫之姿，真如狮蹲虎踞”，行笔既流畅又稳重，神采奕奕，毫无颓废之气，令人叹为观止。观其书而见其性，此卷不仅是苏轼晚年书法的代表佳作，同时也反映出他的思想和情怀，令所有观者产生心灵上的深度感触，故称此卷为苏轼书迹中的铭心绝品，当不为过。

经历坎坷的绝世珍品

此书卷自被发现后，就引起了国内外学术界极大的关注。经多方专家观摩鉴定，均认为此卷笔意雄劲、结构严整、姿态闲雅、潇洒飘逸，集中体现了苏轼书法的特点，是极为珍贵和罕见的东坡书法真迹。

那么，这幅珍贵的书画作品经历了哪些世事流转，又是如何入藏吉林省博物院的呢？此卷卷后作跋者，有元代张孔孙，明代黄蒙、李东阳、王稚登、王世懋、王世贞、张孝思诸人，以及清乾隆皇帝。书卷上并钤有清内府及历代私人鉴藏印章30余枚，是一件流传有序的宋代书法珍品。依据此卷的题跋和钤印，大体可以推出它的流转经过。

此卷成于北宋，但是最早为它作跋的是元人张孔孙。张孔孙时任礼部尚书，于至元乙酉年（1285年）在收藏家郭仲实处看到此卷后，作了一段跋文，地点在上都官舍（今内蒙古锡林郭勒）。研究者们据此推断，此卷书成后最大的可能是流往北方，所以没有南宋人的跋。之后又历经了明清的多位藏家，到了乾隆年间，此卷收入清内府，卷后乾隆最早一则题跋年款为乾隆十一年（1746年）。当时，此卷没有受到大的损坏，正文和引首都完好无损，《石渠宝笈续编》对之有完整的记录。之后此卷一直安稳地在清宫内度过了百余年的时光。

1911年辛亥革命爆发后，清政府被推翻，溥仪退位，此卷的命运再次改变。溥仪将它带到了长春伪满皇宫，藏在了“小白楼”内；1945年日本投降后，溥仪逃跑，此卷便散失到了民间。从书卷的现状来看，当年散失时它应该是遭到了撕扯，经历了一番劫难，正文也稍有一些残损，部分印鉴都已经残掉。

1982 年，散失多年的苏轼《洞庭春色赋、中山松醪二赋》卷终于重现，藏在吉林市的中学教师刘刚家中。著名书法家金意庵先生随即通知吉林省博物院，吉林省博物院及时派出相关人员与之联系，刘刚先生也很快将此卷真迹捐赠给吉林省博物院，使吉林省博物院成功收藏了这件经历坎坷的绝世珍品。至此，它终于得其所归，博物馆不仅可以为它提供更好的保存条件，也可以让更多的专家学者和普通百姓拥有一睹苏轼真迹的机会。

此长卷历来被赋予极高评价。明代大学者、藏书达三万卷的王世贞观后认为此卷是东坡墨迹中最上乘的；王世贞之弟王世懋在年轻时曾见过此卷书法的刻本，没想到在收藏者陈从训手中看到了原本真迹，欣喜之余，爱不释手；明末大收藏家张孝思，自谓多次见过东坡真迹，在其收藏此卷的数十年间，每当晴窗胜日便焚香展卷，胸中尘蒂顿消；拥有多种东坡墨迹的乾隆皇帝也认为，此卷之精气神韵是所有东坡书迹中不多见的。此卷于 20 世纪 80 年代重现之后，徐邦达先生认为此卷苏轼书迹“字字珠玑，加以纸墨精好，光彩照人，可称传世东坡墨迹中稀有之品”。这各种评说，都表达了人们对此卷的赞叹倾羡之情，也对它的价值给予了充分的肯定。

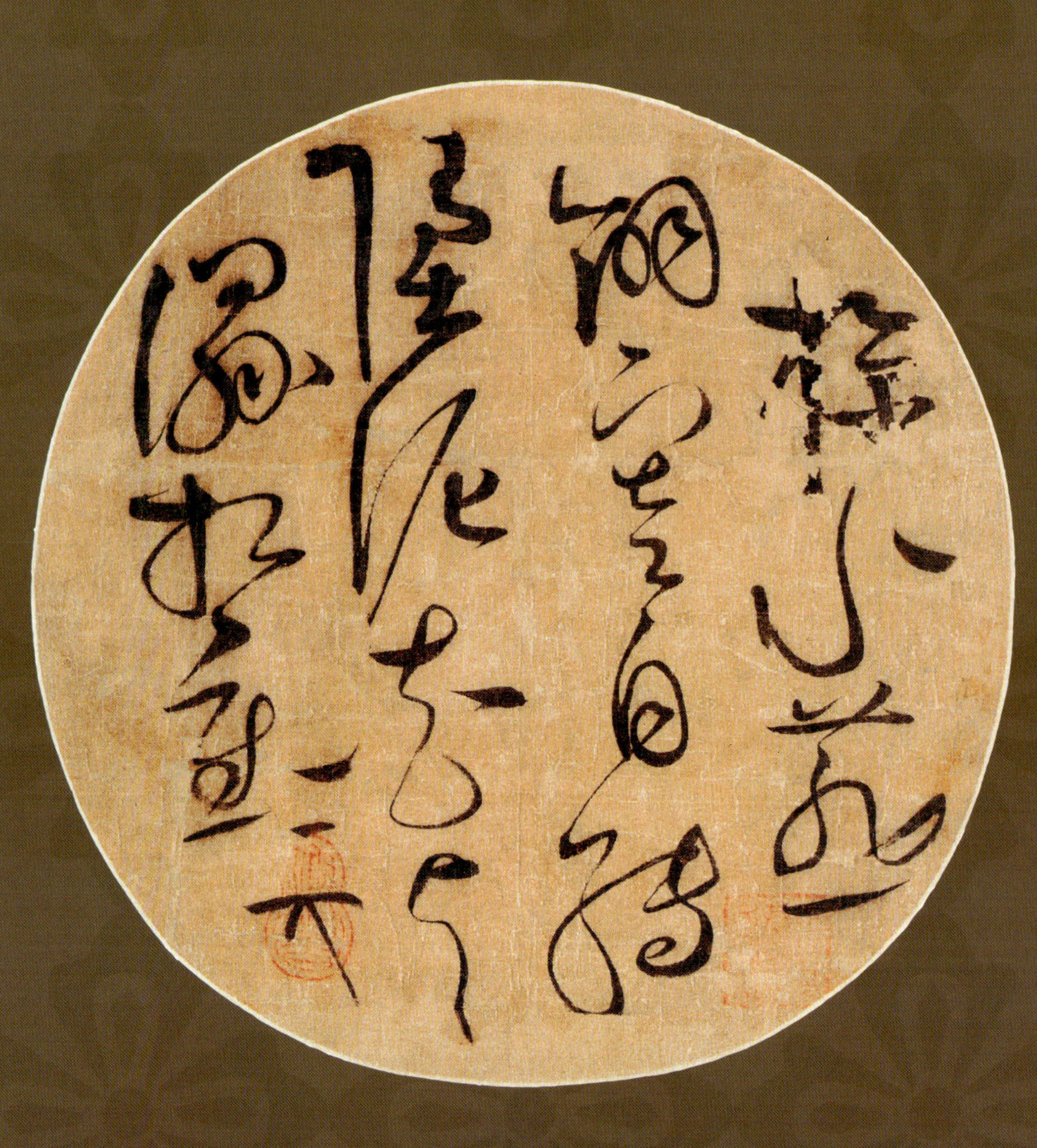

071

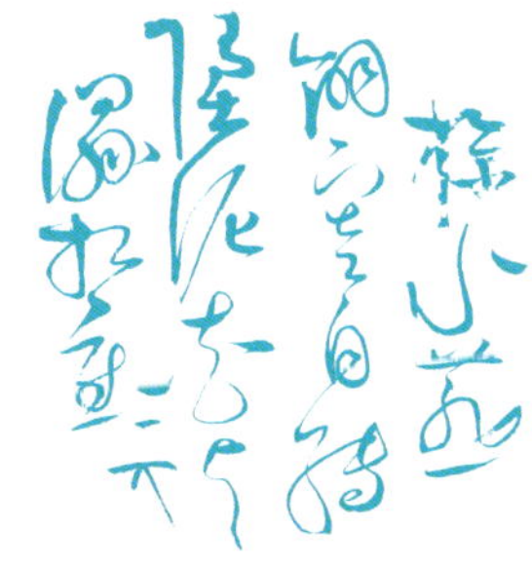

《赵佶草书七言诗纨扇》

赵佶的草书真迹

北宋
（公元 960—1127 年）

国宝小档案

年代：北宋（公元 960—1127 年）

尺寸：纵 28.4 厘米，横 28.4 厘米

材质：绢本

馆藏地：上海博物馆

主讲人：刘一翔

您好，今天我想为您介绍一件上海博物馆收藏的书法作品——《赵佶草书七言诗纨扇》。

纨扇上作画

纨扇是一种用细绢制成的团扇，又名“宫扇”，是古代宫廷里重要的纳凉之物，被尊称为“凉友”。团扇的形制起源于秦汉时期，到了唐宋时期大为盛行，并且发展出了丰富而精美的式样。比如唐代诗人杜牧的诗句：“银烛秋光冷画屏，轻罗小扇扑流萤。”“轻罗小扇”就是用丝织品“罗”制作的宫扇。宫女用轻巧的团扇扑打着飞动的萤火虫，让人感受到季节的转换，平添了不少生活的趣味。同样，我们也可以在唐代张萱的名作《捣练图》中发现一个手持绘有“寒汀芦鸭”团扇的女童。她用团扇给火盆维持火力，但是又因畏惧热气、灰尘而扭转头部，用衣袖遮挡面孔，仿佛画外的欣赏者也感受到了团扇带来的阵阵轻风。

团扇上经常饰以书画，兼具实用与艺术价值。**宋代的团扇书画艺术相当盛行，宋徽宗赵佶尤其喜欢在扇面上创作。**宋代著名的画论家邓椿在《画继》中写道：“政和间，每御画扇，则六宫诸邸，竞皆临仿一样，或至数百本。其间贵近，往往有求御宝者。”这段话为我们描述了政和年间，宋徽宗每次亲自在纨扇上作画，都会在宫中掀起一股争相仿效的流行之风。

《草书七言诗纨扇》的艺术魅力

赵佶的草书作品传世极少，目前得到认可的只有辽宁省博物馆收藏的《真草千字文》，以及这幅上海博物馆收藏的《草书七言诗纨扇》。这件团扇上草书一句诗："掠水燕翎寒自转，堕泥花片湿相重。"署"天下一人"花押，钤"御书"葫芦印记。此作品在章法上疏密有致，用笔婉转挺拔，与扇页的形制相得益彰，在艺术性与装饰性两方面都有很高的成就。《草书七言诗纨扇》虽然字数不多，但有着确信无疑的真迹地位，是后世研究赵佶草书风格的重要参照物。

除了欣赏赵佶的书法，后面的花押也值得我们仔细品味。花押是旧时公文契约上的草书签名，或代替签名的特定符号。"押"就是"署"，书画上常见古人押署，也就是一种签名；而"花押"就是"用名字稍花之"的草签。对于宋徽宗花押的含义，古代有两种解释。一种解释为"天水"，如元代夏文彦《图绘宝鉴》中就持此观点，因为天水是赵氏的郡望；另一种说法为"天下一人"，明代汪珂玉在《珊瑚网》中作此解释，因为看上去更加形象，也符合皇帝的身份。此花押由四笔构成，整体看似结构松散的"天"字，或可辨认出"下"字，两小横皆可分拆出"一"字，两竖则似"人"字。不论是何种解释，此花押都是运用了古文、印章、草书的偏旁借用、减省方法构思而成，巧妙而别致。

史上罕见的书画大家——赵佶

提到这件《草书七言诗纨扇》的作者宋徽宗赵佶，您可能马上会联想到岳飞《满江红》中的词句"靖康耻，犹未雪"。宋徽宗在治理国家方面可以说是一个不折不扣的昏君，在他的统治下国家民不聊生，官员贪污腐败，让北宋走到了灭亡的边缘。直到靖康二年（1127 年），北宋首都汴京被金人攻破，宋徽宗和自己的儿子宋钦宗，以及宗室、后宫悉数被金人掳走。

如果我们抛开治国为政方面，重新看待赵佶这个人的时候，我们会发现他是一个史上罕见的书画大家。他的艺术成就之高，与他治国能力之低，形成了强烈的反差。宋代的书画艺术精彩纷呈，灿若星空，而赵佶则是那最闪耀的明星。

赵佶早在成为皇帝之前的“端王”时期，就在艺术道路上开始了饶有兴味的探索，并展现了其非凡的艺术天赋。北宋蔡绦的《铁围山丛谈》中提到，赵佶曾经师从当时的书画名家吴元瑜，并且常常和皇亲驸马都尉王诜和宗室赵令穰交往。王诜和赵令穰不仅是当时著名的鉴藏家，而且在书画创作方面也都有着非凡的造诣。在与这些名家交往学习的过程中，赵佶不论是书画创作的实践，还是鉴赏名家名作的水平，都得到了极大的提升，也为他后来的艺术创作打下了很好的基础。

当上皇帝的赵佶并没有因为身份的变化而放弃艺术；相反，他大力发展书学与画学，将书画推上了艺术巅峰，为后世留下了一笔宝贵的财富。北宋初年，朝廷官方便设置了专门从事绘画的机构，叫作“翰林图画院”。而宋代的翰林图画院在宋徽宗时期发展到了鼎盛状态。这一时期的画院，涌现出了众多名家大作，比如我们熟知的《千里江山图》和《清明上河图》等。

同时，赵佶还重新设立了书学，也就是进行字学教育与书法教学的专门机构。书学隶属于国子监，并在大观四年（1110 年）并入翰林院书艺局。宋徽宗设置的书学较以前有了较大的改革发展。第一，机构内的课程设置更加全面，学生们不仅兼学篆、隶、楷、草等书体，同时还要熟知《说文》《尔雅》《论语》《孟子》等经典；第二，更加重视书法的艺术性教育，不同的字体都有对应而具体的学习对象，如大篆学钟鼎文，小篆学李斯，隶书学钟繇、蔡邕，楷书学欧阳询、虞世南、褚遂良、薛稷，草书学王羲之、颜真卿、柳公权、徐浩、李邕，并且要逐月会试考核。宋徽宗甚至愿屈九五之尊，表示乐意亲自教授生徒们学习书法。书学作为中国古代最进步的官方书法学校，体现了统治者对书法教育的高度重视，无疑是中国古代书法教育史上的一座里程碑，具有重要意义。

除了设置这些官方书画机构，赵佶还对中国的书画史有着巨大的贡献。在他的授意下，由官方组织人力进行了《宣和画谱》和《宣和书谱》的编写。其中《宣和画谱》总共收录了魏晋时期至北宋时期的画家共231人，作品总计6396 件，并且按画科分为道释、人物、宫室、番族、龙鱼、山水、畜兽、花鸟、墨竹、蔬果10

门，每门画科前都写有一篇叙文，叙述该画科的起源、发展、代表人物等，然后按时代先后排列画家小传及其作品。《宣和画谱》不仅是宋代宫廷绘画品目的记录，而且还是一部传记体的绘画通史。而《宣和书谱》则系统地著录了皇家秘藏历代书法名帖，总计书家197人，作品1214帖，是一部系统地记录宫廷收藏书法名帖的巨著，以其著录完备、保存了大量史料而在书学史上占有重要地位。这两本著作对后世研究北宋及其之前的中国书画作品有着重要作用。

而赵佶的书法远师薛稷。薛稷是名臣魏徵的外孙，有机会见到很多当时的书法名家如虞世南、褚遂良的真迹，而他的书法很大程度上也受到了褚遂良的影响，当时就有着“买褚得薛，不失其节”的说法。赵佶独具个人特色的“瘦金书”就是在薛稷书法的基础上演化而来的。**他用劲健的笔毫加强运笔的提按顿挫，笔画更加挺括瘦硬，各种连带牵丝纤毫毕现，也反映了他对毛笔高超的控制能力，以及敏锐的表现力。**相较于褚体与薛体，“瘦金书”的结体更加修长，去除了过多丰腴的成分，紧绷的线条质感显示出十足的骨力。赵佶早年还曾向黄庭坚学书法。黄庭坚以行草书见长，他的大字行书中宫紧收，四周发散，被他的老师苏轼戏称为“冻蛇挂树”。赵佶行草书中的很多笔画都与黄庭坚十分相似，注意点、横、撇、捺的聚散分布，章法疏密的强烈对比，对形式美有着非常强烈的追求。与厚重而多变的黄庭坚草书相比，赵佶的草书明显笔毫更健锐，运笔速度更快，因而更多了几分犀利与劲道，少了一些柔和与缠绵。

如果您有兴趣的话，可以到上海博物馆的书法馆来欣赏这件900多年前的书法精品，感受作为艺术家而不是皇帝的赵佶，品味他的独特书风。

072

范宽
《雪景寒林图》
北宋大家范宽笔下的稀世珍宝

国宝小档案

年代：北宋（公元 960—1127 年）

尺寸：纵 193.5 厘米，横 160.3 厘米

材质：绢本设色

馆藏地：天津博物馆

主讲人：张舒怡

在天津博物馆二楼“耀世奇珍”展厅正中间最明显的位置上，有一件篇幅很宽的画作——北宋范宽的《雪景寒林图》。它是如何从近20万件馆藏中脱颖而出，成为三件镇馆之宝之一的呢？这首先要从画作的作者说起。

山水画一代宗师——范宽

范宽，本名范中正，字仲立，陕西华原人，因其性情温厚，而被人称“范宽”。他主要活动在北宋前期，是山水画一代宗师，与李成、关仝合称“三家山水”，不过三人之中，范宽算是晚辈。当李成享誉画坛时，范宽还籍籍无名。那时，人们学画多是模仿李成，范宽当然也不例外，他认真研习李成的画法，画技日益精进。不久，范宽就遇到了创作瓶颈，人们评价他时，只是称赞他的作品很像李成，为此他十分苦恼。

面对这种情况，范宽将绘画对象的重点转向关中大地，在大自然中寻找属于自己的绘画风格。他突然领悟到，“前人之法，未尝不近取诸物，吾与其师于人者，未若师诸物也；吾与其师于物者，未若师诸心”。意思是说：前人画山水的方法，也常是通过观察眼前的景物，我与其去学习前人的画作，不如仔细观察真实的景物。与其观察揣摩景物，不如选择自己心性所喜的绘画技巧与风格。之后，他逢山便入，久居山中，观察山川不同季节和时间的变化，着重表现所刻画物象的质地和本貌，形成了个人独特的风格。

经过长期的绘画实践，范宽的画工愈加纯熟。**他的作品往往采用全景式高远的构图方式，让整座山完全展现在画面中，从而彰显了北方山水的雄阔壮美。**绘画过程中，范宽喜欢用“雨点皴”与“积墨法”：“雨点皴”是将毛笔用力点下后迅速提起，形成下笔重而提笔轻的长点，因为形似雨点而得名；“积墨法”是一层层累积墨，待一层墨干了之后再涂一层，如此反复直至达到需要的效果，这种画法能够增强物象的立体感与质感。

范宽的画法对后世影响很深。美国《生活》杂志在2000年评选出的1000年来对人类最有影响的百大人物中，范宽排名第59位，可见他对后世的巨大影响。不过遗憾的是，范宽的画作存世不多，天津博物馆收藏的《雪景寒林图》更是少见的精品佳作。

深谷寒林间掩映着萧寺，流水从远方迂回而下，山麓水边密林重重。

后面还绘有村居屋舍，一人张门而望，画中之境在烟云的笼罩下显得尤其幽远深邃，宁静神秘。

画山画骨更画魂

这幅《雪景寒林图》高约 2 米，宽约 1.6 米。它的篇幅宽度是宋代绘画中绝无仅有的。因为宋代生产绢的工艺有限，只能生产出篇幅较窄的绢，因此绢可以织得很长，但宽度却有限。例如著名的北宋张择端的《清明上河图》长度约为 5 米，但宽度只有 25.2 厘米。那么，《雪景寒林图》为何会这么宽呢？因为这幅画是由三条绢拼接而成的。如果仔细观察，会在画面中看到两条淡淡的拼接痕迹。

整幅画生动描绘了秦陇山川初雪过后的壮美景色，群峰林立，山势高耸，枯木成林；深谷寒林间掩映着萧寺，流水从远方迂回而下，山麓水边密林重重；后面还绘有村居屋舍，一人张门而望，画中之境在烟云的笼罩下显得尤其幽远深邃，宁静神秘。整幅画看似没有表现白雪皑皑的场景，却寒气逼人，这是因为范宽在山顶、屋顶、坡石处采用了留白的处理方式，也就是不着墨色，让它们看上去如积

这是因为范宽把名字藏在了画中最前方的一棵树干上面，而且他用极小的字体书写了“臣范宽制”四字，名字的墨色还与整幅画极为接近，所以很难发现。

雪一般，并通过这种方式来强调雪意。同时他还以粗壮的线条来勾勒山石、林木，再用细密的“雨点皴”皴擦烘染出山石的质感，表现了林木浓密、山石雄浑之感，为寒冷的冬景增添了几抹生机。全画布局严整，笔墨厚重，气势磅礴，动人心魄，使观者有身临其境的感觉，不禁为之震撼。

范宽善于画雪景，他的作品被誉为“画山画骨更画魂”。这幅《雪景寒林图》就是他的代表作之一，山川的气魄通过此画表露无遗。而这幅画还有一个独特之处，如果细察《雪景寒林图》上的诸多印鉴，可以看到除乾隆皇帝，还有“蕉林”“安氏仪周”“潞河张翼”等一些收藏者留下的印记，但唯独看不见作者范宽的印鉴。但是我们知道，中国画家在作画之后都会留下自己的款识或印章，这幅画为何没有范宽的落款呢？这是因为范宽把名字藏在了画中最前方的一棵树干上面，而且他用极小的字体书写了“臣范宽制”四字，名字的墨色还与整幅画极为接近，所以很难发现。

历经世代更替，辗转众多藏家

画作自面世以来已过去1000多年，今天我们仍有机会见其原貌，非常不容易。《雪景寒林图》曾被梁清标、安岐等历代藏家鉴藏。安岐是清朝初期著名的收藏家。安家在天津、扬州两地经营盐业，是富甲一方的大盐商。正是凭借安家强大的经济实力，安岐以精收藏、通鉴赏而闻名。他花巨资从大学士梁清标手中购得了《雪景寒林图》，并在他所著的《墨缘汇观》中评价此画为“宋画中无上神品”。所谓“神品”就是宋代书画等级中最高的一级。由此可见，安岐对《雪景寒林图》的评价非常高。

可惜的是，安岐死后，安家家道中落，他的后人便把这幅《雪景寒林图》卖给了当时的直隶总督。为了讨乾隆皇帝的欢心，直隶总督又把这幅名画献给了皇帝。乾隆皇帝很喜欢这幅画，就把它收藏在了圆明园中。直到1860年，英法联军火烧圆明园，于是《雪景寒林图》流落民间，被一个英国士兵在天津的旧书市上销售，后来被张翼重金购得并藏于家中。

张翼曾任工部右侍郎、开平矿务局督办，因兴办矿业发家。由于他十分喜好收藏，因而经常出入古董行、旧书市等地，还花费巨资购买稀世珍品，收集名家作品。机缘巧合，张翼从英国兵的手里买下了这幅《雪景寒林图》，经过仔细鉴赏后确定它曾是藏于皇宫的名画，并将画藏于家中，秘不示人。

张翼去世以后，他的儿子张叔诚受家庭环境的熏陶和父亲的影响，也深爱收藏，精通鉴赏。张叔诚悉心保护着《雪景寒林图》，并遵照父亲的遗训，从来不把《雪景寒林图》拿出示人。抗日战争的爆发对张家造成了巨大的打击，其房产、店铺等大都被侵占与掠走。而此时的张叔诚又闭门谢客，坚决不为日本人做事，只能靠变卖家产艰难度日。当时，一个日本古玩商看上了张叔诚收藏的字画，于是勾结日本驻天津的官员，侵占了张叔诚仅剩的一处房产，还声称只要他肯卖掉哪怕一幅收藏的字画，房产便归还给他。但张叔诚却说，就算饿死，祖先留下来的东西也不能卖。就是凭着这个信念，张叔诚守护着这些藏品挺过了那战火纷飞的岁月。

但是，突如其来的“文化大革命”又打乱了张叔诚原本平静的生活。有一天，一群红卫兵冲进张家，将《雪景寒林图》等珍贵文物随意地丢在地上踩来踏去。他们还挥舞着木棍、皮带，把张叔诚逼到墙角，命令他交代自己的罪行。此时的张叔诚心里盘算着，这已经是保护这批文物的最后时机了。因此，他将红卫兵让他交代的罪行换成了关于收藏那些珍贵文物的经历和故事，绘声绘色地讲给了红卫兵们。这些闻所未闻的知识令红卫兵们安静下来，让他们的脸上恢复了少年人的天真。终于，张叔诚的真诚打动了他们，《雪景寒林图》等国宝没有被烧毁，再次逃脱了一场浩劫。

《雪景寒林图》伴随着张叔诚经历了中国新旧社会风云变幻，历经坎坷依旧神韵不减。1981 年，83 岁的张叔诚老先生毅然决定将这幅连自己家人都秘不展示的《雪景寒林图》连同其他文物珍品共计 455 件全部捐献给国家。他本可以将这些藏品换作万贯家财，留给子孙后代，可他并没有这么做，而是这样说："自古以来，文物收藏都是聚难散易，如今我已经老了，就怕我死后，子孙将这些文物散卖了。"张叔诚老先生反复思量如何给这些文物找一个好的归宿，最终他决定将这些藏品全部捐献给国家，他还说文物由国家收藏才是永存的。

张叔诚老先生为保护《雪景寒林图》及其他国宝文物付出了毕生心血，正是由于他的坚持、坚强、坚守，《雪景寒林图》这幅稀世珍宝才能在今天与观众见面，当世之人才能够亲身感受北宋大家范宽笔下意境深远的恢宏山水。

经过近千年的流转，《雪景寒林图》成为目前中国大陆仅存的一幅范宽作品。如今，它安静地在天津博物馆迎接每一位参观者，其壮阔雄浑的画面、摄人心魄的气韵，让人不禁驻足停留，细细品味。这幅国宝名画历经世代更替，辗转众多藏家之手，经历了硝烟战火，它所承载的不仅是厚重的历史，更是传承的精神。

073

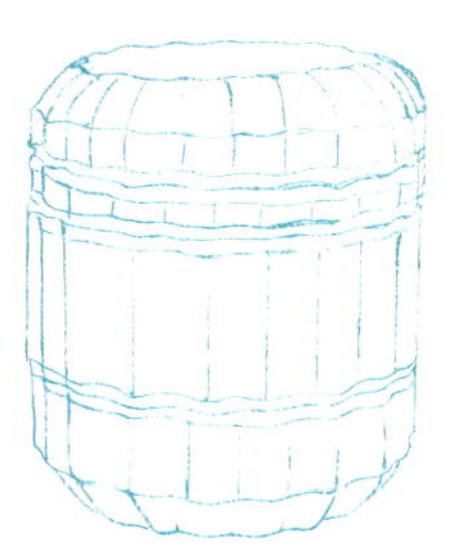

朱漆戗金莲瓣式人物花卉纹奁

古代女子精致的化妆盒

南宋
（公元 1127—1279 年）

国宝小档案

年代：南宋（公元 1127—1279 年）

尺寸：通高 21.3 厘米，直径 19.2 厘米

出土地：1978 年江苏常州武进区村前蒋塘南宋墓出土

馆藏地：常州博物馆

供图：常州博物馆

主讲人：姚眉清

今天我要为您介绍一件漆器，它就是出土于常州武进南宋时期的朱漆戗金莲瓣式人物花卉纹奁。它的名字很长，但准确描述了特征，其中最后一个字为“奁”。奁，即古代女子的梳妆盒，用来盛放梳妆用品。早在战国时期，奁就已经开始流行了，一直延续到明清，其功能在发展过程中逐渐细化。南宋流行这种筒状的多层奁，既节省空间，又方便携带。

漆奁的设计及用途

这件漆奁通高 21.3 厘米，直径 19.2 厘米，整体为 12 棱莲瓣筒状造型，由盖、盘、中、底四部分扣合而成。宋人酷爱莲花，北宋周敦颐《爱莲说》一文中那句“出淤泥而不染”不知戳中了多少风雅名士的内心，这种喜好也体现在这件漆奁的 12 瓣莲花形奁体的设计上。

打开以后，整个奁内一共三层，满满当当。第一层是一面菱边形的铜镜，第二层装着木梳、竹篦、竹剔子、漆制的粉盒，底层放着锡制的胭脂罐，还有陶瓷的香盒。和现代女性的那些瓶瓶罐罐差不多。

宋代女性非常注重仪表修饰，化妆品及工具门类丰富，品种繁多。说起来，她们的化妆技术在当时还处于世界领先的地位。脸上美白遮瑕用的是铅粉，早晚护肤用的是面膏。当时甚至还出现了一款孙仙少女膏，化水洗面，可保持肌肤水嫩，也就是古代的洗面奶。眉毛天天画，还在书上总结出了各种眉形。唇部主要用的是胭脂，胭脂既能涂脸也能点唇，放罐子里，用手指直接蘸取，也有色号：胭脂就是现在的血红色，朱砂是正红色，檀色接近豆沙红色。

打开以后，整个奁内一共三层，满满当当。第一层是一面菱边形的铜镜，第二层装着木梳、竹篦、竹剔子、漆制的粉盒，底层放着锡制的胭脂罐，还有陶瓷的香盒。

盖面中央戗刻有一幅“仕女消夏图”，花园内山石嶙峋，柳荫扶疏。

漆奁的制作工艺

整个奁为木胎，外髹朱漆，细勾戗金。漆器的胎体一般是木头的，也有金属或者陶的，但木胎用得最早，也用得最多。然后在胎体外面涂漆，不是现代用的化学漆，而是纯天然、无毒无害的大漆，是在漆树上采到的天然汁液。割漆的时候，要用特定的刀片划开树皮，用树叶引流，再一滴一滴地采集到木桶里。漆的产量极低，一棵生长 16 年的漆树，一年的产漆量只有 250 克，所以采漆的工作非常辛苦。**老话说“百里千刀一两漆”，也就是说一个漆农要跑百里、割千刀之后，才只能获得一两漆。因此漆的价格十分昂贵，是不折不扣的贵族奢侈品。**

刚采下来的漆叫“生漆”，加工之后才是真正的“大漆”。一斤大漆需要消耗三斤生漆，首先要熬制，经过加温、不断搅拌，除去生漆里的水分和杂质，使它快速氧化，并转变成透亮的棕红色熟漆；熬好之后，要用细密的纱布反复过滤，最后得到丝滑如绸缎的大漆。大漆被称为“涂料之王”，能防腐、防酸碱、防蛀、防潮，还能让漆器在地下历经数千年不褪色、不腐朽。这件漆奁所用朱漆的配料里，还加入了朱砂和桐油。

这件漆奁的主要颜色是朱红色和金黄色，其中金黄色就是戗金部分所呈现的颜色。戗金是中国古代髹漆工艺的一种装饰技法：首先在朱色的漆地上，用针或刀尖镂刻出纤细的花纹，花纹之内再填漆；然后将金箔贴上去，使金箔附着在镂刻的线纹中，这样所有刻画的线条轮廓都金黄灿烂、经久不衰。

戗金工艺最迟出现于西汉中期，然而汉朝至唐五代时期并没有得到完善的发展，在历代实物资料中也很少见到戗金漆器，所以人们普遍认为戗金工艺是从元代至明代才真正发展成熟的。**所以我馆的这件南宋戗金漆器意义重大，它将戗金工艺的成熟期至少提前至南宋时期，也是我国目前已知的戗金漆器中制作时间最早、保存最完好的漆制工艺品之一。**

另外，这件漆奁还运用了银扣的装饰技法。每层的口沿处镶包银圈，一共六道银扣，既有加固器身的作用，又增强了美观性。

漆奁上的图案

这件漆奁的器身上，在12棱间戗刻的折枝花卉，包括莲花、牡丹、梅花、山茶等六组。盖面中央戗刻有一幅“仕女消夏图”，花园内山石嶙峋，柳荫扶疏。方格的花径上立着仕女、童仆三人，二主一仆。二主衣着华丽，梳着高高的发髻，外穿花罗直领对襟衫，长裙拖至地面，一人手持折扇，一人怀抱团扇，两人挽着手，脑袋凑在一处，轻声细语地说着闺阁趣事。小丫鬟捧着一个胆瓶，随侍在旁，似乎在等候主人采花插瓶。树下设有坐墩，坐墩下方栽着两丛花草。

图中仕女穿的直领对襟衫，是宋代仕女的常服，纹饰华丽，整体较为束身。上衣不缀扣子，直领，两边衣襟是分开的，在当时称为“不制衿”，“衿”意为交领。这种衣着样式始于宣和末年，当时外患频频，直领服饰的流行，与契丹、女真妇女的直领风俗不无关系。

方格的花径上立着仕女、童仆三人，二主一仆。二主衣着华丽，梳着高高的发髻，外穿花罗直领对襟衫，长裙拖至地面，一人手持折扇，一人怀抱团扇，两人挽着手，脑袋凑在一处，轻声细语地说着闺阁趣事。小丫鬟捧着一个胆瓶，随侍在旁，似乎在等候主人采花插瓶。

仕女手中所持的折扇，又称“聚头扇”。收则折叠，用则撒开。在此之前，人们一直以为折扇是明代从朝鲜传入中国的，这件漆奁却让我们知道，其实早在宋代，中国就开始使用折扇了。折扇在宋代并不流行，虽然有专门经营的铺子，但售卖点少，价格又高昂。直到明代，折扇的扇面开始用于书画装饰，成为新的艺术载体，当时的文人墨客都喜欢在扇面上题字、作画、赋诗，相互品评、赠送。在这股流行之风的带动下，折扇成为文人的标配，随身携带，随时把玩，不论春夏秋冬，都要使用折扇以显示自己的风度。这样一来，折扇不再是纯粹用来扇风的日常用具，而成为一件展示风雅与品位的时尚单品。不过，这件南宋漆奁上的折扇，还是用于扇风的招凉物，是少数江南仕女的闺中物品。

图中另一位仕女手上的团扇起源于中国，最初是帝王外出巡视时用于遮阳、挡风、避沙的，西汉以后开始用来扇风。仕女们持扇而立，仪态娴雅文静。

柳树下有一坐墩，用藤条编织而成，侧面为七个依次相连的藤圈，自然形成七处开光。墩上放着坐垫，底部有矮足支撑。坐墩是一种坐具，伴随着高坐起居方式的发展日益流行。古人在起居制度上有一个转变的过程，殷商时期一般席地而坐；汉代盛行坐床、榻；到了魏晋南北朝时期，汉人和汉化的少数民族仍坚持跪坐，部分名士改为蹲踞；唐五代时期是跪坐、盘腿坐和垂足坐并行；**一直到两宋，垂足高坐的习惯才成为主流并延续至今，人们也算是彻底解放了双腿。**

坐姿改变了，坐具也要与时俱进，于是坐墩应运而生。因为坐墩材质轻便，多是藤条做的，所以挪动方便，既可用于室内，也可用于室外，供人在游园赏玩时就坐、休息。此处虽是盖面上一个很小的局部，却为我国研究宋代家具的使用提供了宝贵的资料。

我们再看小丫鬟手捧的胆瓶，长颈圆腹，略似垂胆，是插花时所用的。宋代流行插花，与点茶、焚香、挂画并称“生活四艺”。其实在宋代以前也有插花艺术，但一般只流行于宫廷和贵族家庭，或表现为佛堂供花。**到了宋代，插花才真正实现了日常化、大众化，成为整个社会生活的时尚，深入寻常百姓家。**那时候的人们家家户户都爱插花，在家里摆一瓶插好的鲜花来点缀生活，既反映了宋人对于雅致生活的追求，也展现了老百姓生活的富庶和安逸。

漆奁的制作者

看完盖面之后，我们再来看盖的内侧，用朱漆书写了10字铭文“温州新河金念五郎上牢”。铭文中“温州新河”是地名，指的是温州城内的一处街巷，“金念五郎”是工匠的名称，“上牢”意为上等、牢固。这句话类似现代的商标广告，说明那时的商人已经有了宣传意识，懂得品牌推广。他们把自家商号写在漆器的盖子里，还要夸一下品质，也是出于对自己技艺的自信。

我们从盖面上所戗刻的图就能看出，工匠五郎的髹漆技艺十分高超，人物描摹得细腻生动，场景的细节也处理得很到位。虽然是一个世俗题材，但呈现了宋代器物一种普遍的典雅秀丽的特点。

漆器的发展

这种以漆为纸、以刀为笔、以金箔为墨的戗金技法在元朝时传入日本，日本以漆为名，其英文名“Japan”便有漆器之意。但我们知道，漆器源于中国，早在8000年前的新石器时代，中国就已经出现了原始漆器，是世界上最早发现并使用漆、发明漆器、创造漆艺术的国家。那为什么中国发明了漆器，“Japan”却被日本当成了英文名？究其原因，倒不是中国漆器不如日本，只是中国的瓷器做得实在太好了，抢了漆器的风头，所以中国的英文名叫“China”，也有瓷器的意思。

宋代是漆器发展的高潮，文献中对这一时期的漆器多有称道，但传世品却不多，而存世的宋代戗金漆器更是凤毛麟角，我们今天介绍的这件漆奁便是其中最为精美的。

漆奁的主人

如此精美的漆器，它的主人到底是谁呢？目前尚无定论，但已有推测。与漆奁同墓出土的“中兴复古”香饼，出自皇家禁苑，所以漆奁的所有者不会是一般的官僚贵妇。再结合其他资料，专家推测这位女主人极有可能是南宋毗陵郡公薛极的家属。薛极是常州武进人，官至副相，身份显赫，地位崇高。

这件漆奁长伴主人近800年，终于在1976年重见天日，受到文物专家的广泛关注，国家文物鉴定委员会将它评定为一级甲等文物，也就是货真价实的“国宝级”文物。

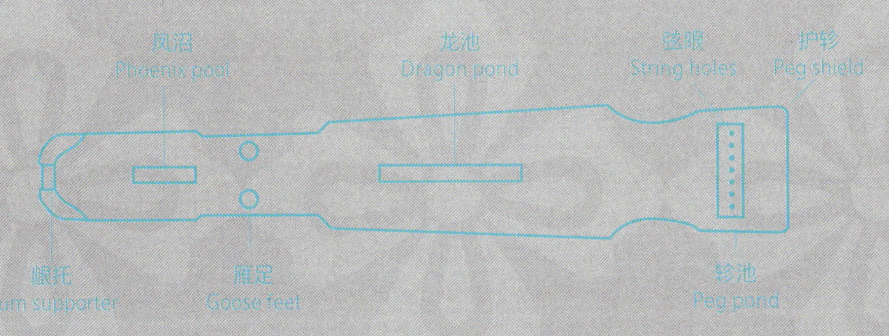
凤沼
Phoenix pool
龙池
Dragon pond
弦眼
String holes
护轸
Peg shield
龈托
Gum supporter
雁足
Goose feet
轸池
Peg pond

074

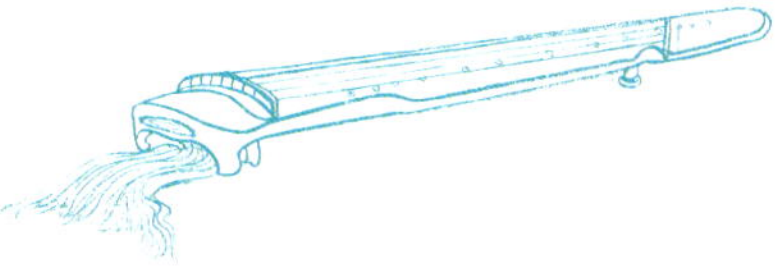

“玉壶冰”琴

古琴中的上乘之品

南宋
（公元 1127—1279 年）

国宝小档案

年代：南宋（公元 1127—1279 年）

尺寸：长 123.9 厘米，肩宽 22 厘米，尾款 15.1 厘米

馆藏地：天津博物馆

主讲人：杨旭

古琴的悠久历史

“玉壶冰”琴诞生于南宋时期，距今已有超过千年的历史。这张古琴体轻且薄，因琴底池上刻草书“玉壶冰”铭而得名。“玉壶冰”出自唐代王昌龄《芙蓉楼送辛渐》一诗中的“一片冰心在玉壶”，寓意清正廉直、玉洁冰清的节操，正符合宋代文人的思想追求。

中国古琴是世界上最古老的弹拨乐器之一，距今至少已有3000余年的历史。琴、棋、书、画历来被视为文人雅士修身养性的必由之径。古琴因具有清、和、淡、雅的品质，可以让文人寄寓其风凌傲骨、超凡脱俗的处世心态，从而在“琴棋书画”四艺中居于首位。源远流长、高雅优美的古琴艺术，是中华文明的精粹与瑰宝，也是中国古典音乐境界的最高体现。古琴作为古琴艺术最集中、最重要的承载体，具有极高的艺术价值、文物价值、经济价值以及社会价值，蕴含了极为深厚的中国传统文化的精华。

“玉壶冰”琴的形制

古琴造型优美，样式繁多，最主要的区别体现在琴额、颈、腰、尾部的线条与造型。常见的是伏羲式、仲尼式、连珠式、落霞式等14个普通的琴式，而这张“玉壶冰”琴为递钟式。琴身为无角圆头，直项垂肩至三徽，琴腰作小型内收半月形，琴底有大小两个音槽，位于中部较大的称为“龙池”，位于尾部较小的称为

“凤沼”，内有“金远制”款，池下方刻有篆文“绍兴”（南宋高宗赵构年号）印。

据传说，最早的古琴是依照凤凰的身形斫制而成，以求吉祥安泰；古琴全身与凤身相应，有头、颈、肩、腰、尾、足。而“玉壶冰”琴就是严格按照此规格斫制而成的。

“玉壶冰”琴的“琴头”上部称为“额”。额的下端镶有用以架弦的硬木，称为“岳山”。岳山靠额一侧镶有一条硬木条，称为“承露”，上有七个“弦眼”用以穿系琴弦，其下有七个用以调弦的“琴轸”；琴头的侧端，又有“凤眼”和“护轸”；自腰以下，称为“琴尾”。琴尾镶有刻有浅槽的硬木“龙龈”，用以架弦。龙龈两侧的边饰称为“冠角”，又称“焦尾”。**整体来看这把琴“有山有水，有龙有凤”，象征着天地万物。**因此，古琴便成为一种有生命、有灵性的乐器。

从古琴的外形上来看，音箱上圆下平，正应和了中国人传统的“天圆地方”的宇宙观。音箱由整块木头挖空而成，因音响壁较厚，而且打磨粗糙，所以音色浑厚悠远。琴身的长度约为三尺六寸五，约为 1.22 米，象征着一年 365 天，是一种时空概念的演化。琴面上有 13 个琴徽，代表一年 12 个月和一个闰月，以此象征时空周流。

其实，三尺六寸五也符合人在演奏时手臂适度伸展的长度，当人抚琴时，正好可以保持严谨端正、舒展自然的坐姿，有益于保持良好的心态。如果琴再设计得长一些也没问题，但是演奏者蹦蹦跳跳的姿态，不符合欣赏具有古典韵味的音乐时的审美感受。所以，古琴是一种将其本身的基本结构与弹琴人的表现需求很好地结合在一起的乐器。

“玉壶冰”琴有七根琴弦，象征着七星。古琴最初只有五根弦，内合五行“金、木、水、火、土”，外合五音“宫、商、角、徵、羽”。后来文王囚于羑里，因思念他的儿子伯邑考，加弦一根，是为文弦；武王伐纣，加弦一根，是为武弦，合称“文武七弦琴”。

千金难买蛇腹断

如今，这张古琴静静地被陈列在天津博物馆二楼的精品展厅里，每天都有世界各地的参观者慕名而来观赏。但是，许多人在靠近展柜观赏它们时，却惊讶地发现琴身漆面上竟然斑驳着无数细碎的裂纹！这时，人们惋惜的惊叹声便会此起彼伏。而这些出现在古琴漆面上的裂纹在学术界被称为“断纹”，是古琴鉴赏的一项重要指标。如果将龙池比作“古琴的心脏”，把燕足称为“它的双脚”，而琴头、琴额、琴腰、焦尾是“它幽雅的身姿”，那么“断纹”就可以被称为“古琴苍老的皮肤”。

什么是古琴的断纹？断纹又是怎样形成的？首先，我们来大致了解一下古琴的制作工艺。古琴的琴体是由底板和面板黏合而成的，其面层漆的处理是一个极其复杂的过程。首先，要在面板上刮一层靠木漆（生漆的一种），之后包裹一层麻布，即传统工艺中的“披麻”，这样就可以让琴身经年久而不开裂，同时还能使琴的声音听上去更有内涵，旧时许多老家具的制作也会使用这种工艺。其次，要为面板制作灰胎。最讲究的灰胎要用生漆和鹿角霜来调和，生漆是从漆树上取得的一种液体，完全是天然的材料；而鹿角霜是用鹿角研磨成的粉末。在刮一遍灰胎之后，还需要打磨一遍，总共要刮 20 多遍不同目数的灰胎。而且，由于生漆是一种含有漆酶的生物漆，需要在恒定的温度、湿度条件下才能干燥，所以，每次要想达到表面干燥的状态，就需要一个星期左右的时间。另外，在灰胎全部刮完和打磨之后，还要再自然存放一年左右的时间，以达到彻底的干燥状态，然后才可以继续后续的工艺。

制作一张古琴的合理时间应该不少于两年。这的确是一个非常讲究的手工艺，保存了历代传统制琴工艺的精髓。使用这种工艺制作出来的琴，表面光泽且声音圆润富有内涵。而灰胎就像有生命的极富韧性的皮肤一样，紧紧地保护着琴体，历经岁月的考验。正因为运用了这样的材料和制作工艺，古琴才得以成为保存百年甚至千年的乐器。

《琴笺》中说：“古琴以断纹为证，不历数百年不断……”由良木制作而成的琴体历经岁月，在不同的环境中长年风化，便要冲破紧裹着的厚厚的面层，释放出它的能量；同时，琴还需要经常弹奏，震动也有助于木材的变化，于是在内力和外因的共同作用下，琴身木材表面的漆面便产生了裂纹，这就是我们所说的“断纹”。

断纹的形状和疏密，由木质、木纹、漆质、灰漆及收缩与老化程度等多种因素共同决定的，所以断纹的种类很多，主要有梅花断、牛毛断、蛇腹断、冰纹断等。

另外，断纹是根据其形象来命名的。在“玉壶冰”琴上有不胜枚举的断纹，最重要的是一种间隔半寸至一寸，节节相似，形如蛇的腹部的断纹，这种断纹被称为“蛇腹断”。**出现蛇腹断的古琴往往是上乘之品，琴声会更加松透古雅，所以在古琴鉴赏界一直有着“千金难买蛇腹断”的说法。**

心物相合，人琴合一

“和雅”“清淡”是琴乐标榜和追求的审美情趣。古琴的韵味是虚静高雅的，若想达到这样的意境，弹琴者必须将外在环境与平和闲适的内在心境合二为一，才能达到琴曲中追求的心物相合、人琴合一的艺术境界。

古琴在弹奏时，摆放的位置应当宽头朝右，窄头朝左，最细的线朝自己，徽位点和最粗的弦在对面。古琴的琴轸，也就是宽的那头，是要悬空在摆桌子右侧外面的。影视作品中，1987 版的《红楼梦》最为精确，林黛玉弹古琴的姿势，以及琴的知识全部都对。

1977 年 8 月，在美国发射的“旅行者”2 号太空船上，放置了一张可以循环播放的镀金唱片，精选了全球人类的代表性艺术，其中就收录了著名古琴大师管平湖先生演奏的长达七分钟的古琴曲《流水》，用来代表中国的音乐。这首曾经由春秋时代著名琴家伯牙的弹奏而与钟子期结为知音好友的古曲，如今它又带着探寻地球以外天体“人类”的使命，到茫茫宇宙中去寻求新的“知音”。

075 银背光金阿嵯耶观音立像

大理人心中的福星

大理国
（公元 937—1253 年）

国宝小档案

年代：大理国（公元 937—1253 年）

尺寸：高 28 厘米，重 1135 克

馆藏地：云南省博物馆

图片：邢毅摄

主讲人：彭野

印象阿嵯耶观音

这件阿嵯耶观音立像，高 28 厘米，重 1135 克，是国家一级文物。观音像为纯金打制，后面的舟形背光为银制。观音像身形纤细修长，高高的发髻是由若干小辫子相互缠绕而成，发髻中藏有化佛。脖颈和双臂分别戴有项圈和臂钏，双手结妙音天印。赤袒上身，腰部有团花装饰的带形箍，下身的长裙如刚出水一般紧贴身体，并用“U”形纹饰表示衣纹。赤足，足下有榫头便于插座。不过，究竟何为“阿嵯耶观音”？又为何会是这样独特的造像风格。让我留个悬念，先为您介绍阿嵯耶观音背后的故事吧。

与南诏和大理国的渊源

《天龙八部》第一回，金庸让一位不知天高地厚的少年出场。话说当时，“无量剑”东宗的掌门左子穆的得意弟子正和西宗后人比武，这弟子武艺了得，佯出虚招，诱敌深入。可就在这时，座下一位青衣少年在这弟子佯作失足时扑哧一声，失笑讥讽。如此胆大的必定是深藏不露的武林高手，不料这少年却是点滴武功都不会，挨了一巴掌还嘴硬说：“我本是来游山玩水的，谁知道他们要比剑打架了？这样你砍我杀的，有什么好看？还不如瞧人家耍猴儿戏好玩得多。”这位少年就是大理国段王爷的世子段誉。他风度翩翩，博学多才，还有些善良，带着些迂腐，在今天应该就是“男神”般吧。

穿梭历史，回望千年，金庸笔下的大理国并非完全来自想象。在《天龙八部》

第一回前面的《释名》中，作者解释了故事发生的背景："这部小说以《天龙八部》为名，写的是北宋时云南大理国的故事。大理国是佛教国家，皇帝都崇信佛教，往往放弃皇位，出家为僧，是我们历史上一个十分奇特的现象。"

大理国的中心便是今天的大理，而大理崇圣寺的三塔已然成了大理的代名词。1925 年，大理发生地震。据方国瑜先生回忆，"民屋倒塌甚多，三塔仍巍然屹立"。**1976 年，经国家文物事业管理局批准，人们对三塔进行加固维修，并实测和清理塔顶、塔基的文物。在这次以维修、保护为目的的工程中，清理出土了各种文物 680 多件，其中就有银背光金阿嵯耶观音立像。**此时，它正在云南省博物馆展厅的中心展柜里接受来自世界各地观众的欣赏和赞叹。

阿嵯耶观音是云南特有的文化。云南省博物馆收藏的阿嵯耶观音像有五件，另外，新中国成立之前部分流落海外，目前还存世的 10 尊阿嵯耶观音像分别收藏在美国弗瑞尔艺术馆（The Freer Gallery of Art）、大都会艺术博物馆（The Metropolitan Museum of Art）、圣地亚哥艺术博物馆（The San Diego Museum of Art）、旧金山亚洲艺术博物馆（The Asian Art Museum of San Francisco），英国大英博物馆（The British Museum）以及日本新田氏等，均为铜质鎏金。

至于阿嵯耶观音的来历，还要追溯到大理国建国之前的南诏。南诏和大理国一样，是唐代时期祖国西南边疆的一个地方政权，大理国就是在南诏的基础上建立的。而关于南诏的建立，《南诏图传》中讲述了"观音点化细奴罗"的故事，这里的观音就是阿嵯耶观音，《南诏图传》也是阿嵯耶观音最早的出处。传说在大理巍山脚下有一个农夫叫细奴罗，他的儿子叫逻盛，他们一家人都以耕作为生。有一天，细奴罗的妻子浔弥脚和儿媳正准备去田间送饭，路上遇到一位梵僧。这梵僧头戴赤莲冠，身披袈裟，带着一钵一犬。她们见到梵僧乞食，便一次次将饭菜供给这位梵僧食用。待她们再次做好饭菜来到巍山脚下时，却见那梵僧坐在石头上，前有青牛，左有白象，右有白马，云气在空中翻涌。等她们各自叫来丈夫之后，只见有一人拿着钵坐在五彩云中，磐石上留下了衣服以及牛、象、马的印记。在之后的一次祭祀铜柱大典上，柱顶铜铸的金鸟忽然变成五色神鸟飞了起来，它一会儿落在柱顶，一会儿停留在细奴罗的身上，众人惊骇，以为是天意。最终白子国酋长张乐进求顺应天意，将王位禅让给了细奴罗。原来，梵僧和五色鸟都是阿嵯耶观音的化身，当地人把它当作福星。

在对历史的探索中，传说从来都不只是传说。从“观音点化细奴罗”的传说里，你或许也读到了“君权神授”的意味，这可能有来自中原的影响。事实上，南诏真正建国也是因为有唐朝的帮助。公元7世纪，吐蕃政权崛起，并不断向东扩张，使得唐朝不仅西北边陲不得安宁，西南边疆的安全也面临危机。从元隆元年，即公元680年，吐蕃攻占安戎城后的半个世纪里，洱海地区成为唐朝与吐蕃激烈争夺的战场。为了镇扼吐蕃，唐朝迫切需要在洱海建立一个统一而强大的地方政权。

当时的洱海地区有六诏，即六个小的地方政权。六诏中位于最南边的就是蒙舍诏（也被称为“南诏”），它想吞并其他五诏后称雄洱海地区，在当时相当困难。由于其他五诏有吐蕃的支持和保护，南诏就必须依靠唐的力量。在这样复杂的局势下，唐和南诏自然地联合起来，统治了洱海诸部，抗击了吐蕃。南诏由于地处边疆，文教不兴，一直被列为南蛮之列。南诏建立后，通过学习汉文化，在异牟寻时已自称“人知礼乐，本唐风化”。即使后来双方发生天宝战争，南诏所立的《南诏德化碑》依然表现出对汉文化的向往。

当大理国夺取了南诏的政权时，中原王朝也由李家的大唐王朝更迭为赵氏的宋朝。关于大理国与宋朝的关系，流传有“宋挥玉斧”的典故，即宋太祖赵匡胤鉴于唐朝和南诏战争失败的教训，手执玉斧，画大渡河为界，与大理国不相往来。但据考证，这一传说纯属好事者杜撰，断不可信。事实上，大理国与宋朝的政治、经济往来一直就未曾间断。宋室南渡以后，大理还遣使至广西，请求入贡和开辟马市。

佛教历史探寻

那么南诏大理的佛教是如何传入的？阿嵯耶观音独特的造像风格是否受到了

印度佛教的影响呢?《维摩诘经》记载，在婆娑世界极上处有一个妙香城，那里的一切皆以香作楼阁，还有许多得道升仙住持，不为他国所侵害。佛经中的妙香城，被认为是今天苍山洱海间的大理。不管是否属实，大理国对佛教的信仰的确是推崇的。那时，苍山洱海间“家无贫富，皆有佛堂，人不以老壮，手不释珠。一岁之间，斋戒几半，绝不茹荤饮酒，至斋毕乃已。沿山寺宇极多，不可殚记”。明代李元阳在《大理府志》中也写道:“苍洱之间，妙香城也。”你可能不知道，云南是中国佛教类型最多、分布最广、信仰最具特色的省份，还是全国唯一同时保留了汉传佛教、藏传佛教和南传上座部佛教文化脉络的省份。佛教的影响渗透到当地各民族的日常生活中，这也是罕见的。比如宋代《桂海虞衡志》就记载:“乾道癸巳冬，忽有大理人李观音得、董六斤黑、张般若师等。”李观音得、董六斤黑、张般若师都是姓、法号和名共同构成的人名，可见佛教的深入人心。

有人说，阿嵯耶观音从名称和形象来看，明显受到了印度佛教的影响，因此，南诏大理的佛教应该是从印度来。不过，也有专家坚决否认了这种观点，并提出南诏大理的佛教来自中原，是受汉文化的影响，而南诏中后期出现的阿嵯耶观音是南诏王对历史的有意书写，并且提出了确凿的证据:证据之一是，从史源来看，南诏称阿嵯耶观音是源自印度等地的说法，都出现在南诏晚期，与时间较早的其他材料不符，有可能是后人增饰的;其二便是，从南诏大理佛教的具体内容来看，唐代初期传入云南的佛教，主要表现了汉地佛教的元素，比如汉地佛教僧人编撰的经典等。所以，历史的探索总是没有止境，新的资料和观点常常会挑战前人的研究，这便是历史真实存在的状态。不过，对我们来说，即使这是南诏王对历史的有意书写，在1000多年前的当下，它不也正是真实的历史吗?

076

铜坐龙

金源文化的代表

国宝小档案

年代：金（公元 1115—1234 年）

尺寸：高 19.6 厘米，重量 2.1 公斤

出土地：黑龙江省哈尔滨市阿城区

馆藏地：黑龙江省博物馆

供图：黑龙江省博物馆

主讲人：汪可欣

提到龙，大家都很熟悉。作为中华民族特有的图腾符号，龙常常出现在中国历代的器物装饰上。今天为您介绍的这件金代的铜坐龙，高 19.6 厘米，重量 2.1 公斤。**该铜龙集四种动物的特征于一体：龙头、犬身、麒麟背、狮尾。**龙首上扬，半张着嘴，微眯着双眼，散发着悠然自得、睥睨天下的神韵。

铜坐龙的独特造型

一般龙的造型都是龙目圆睁，表示威严。而铜坐龙的眼睛则是凤眼，这是受唐代龙形的影响，凤眼体现出仁慈华贵，并以凤眼的微笑祝愿金朝的国运兴盛。常见龙纹的嘴部似鳄鱼，而铜坐龙的嘴是鹰嘴，不过鹰嘴本应是弯钩状，而金人觉得钩状的嘴从视觉上看不适合龙身，于是大胆将鹰嘴拉直，让龙嘴成为三角形。金人用变形的鹰嘴作为铜坐龙的嘴，这与他们崇尚海东青有必然的联系。海东青是一种能捕捉天鹅的猎鹰，是金人英勇顽强和智慧的象征。龙口有上、下两对如同猛虎一样的牙齿，以表现龙的威猛凶悍。据专家考证，龙口中原本应衔有一枚铜珠，也许是挖掘时遗失了。铜坐龙的鼻子造型也很特殊，是人的鼻子的造型，鼻孔朝上，霸气中又有点傲娇。

整尊龙呈蹲坐式，几千年来龙的造型多种多样，常见盘旋、飞翔等姿态，而坐龙的造型最早出现在金代；在金人后裔满族人所创建的清代，坐龙的姿态变得很常见，其中宫廷建筑的屋檐上以及华表上常见坐龙的形态。金朝皇帝将狗的形象运用到象征皇权的龙形中，可见狗在他们心中的地位。有一种说法是，狗在金人的生活中是必不可少的动物，因为金人是典型的渔猎民族，日常生活、打猎都离不开狗，它既是狩猎中的帮手，也是看家护院的忠仆。

历朝历代都曾出现不同的龙的形象：史前的龙，如红山文化的玉猪龙，稚拙而古朴；商代龙纹神秘而狞厉，质朴而粗犷；春秋战国的龙纹开始神采飞扬、精细浪漫，龙的形象也逐渐趋于写实的兽形；秦汉时期，龙的形象基本定型，即长角、尖耳、兽足、蛇躯呈无鳞甲的走兽状，古拙雄健，威武激昂，气势不凡；隋唐时期龙纹则显得雍容华贵，形体饱满丰腴，盘旋多姿，彰显出富丽尊贵的仪态；宋代的龙纹典雅而洒脱，宫廷和民间的龙纹同步发展。宫廷龙纹造型突出神性，金碧辉煌、精巧典雅，民间龙纹则寓意吉祥、素雅秀美、气韵生动；明代龙纹成为皇权的象征，五爪为龙，三爪、四爪为蟒。双角五爪的龙由皇帝专用，三爪、四爪的蟒可为民用；清代的龙纹精繁而华丽，体形巨硕、龙发披散、锯齿形腮，龙身略微拉长，鳞纹刻画均匀，多以云纹、海水相陪衬，龙翱翔于云海之间。

这件文物，铜龙的身体虽是蹲坐的姿势，但其四肢与尾部的刻画没有丝毫懈怠。**龙的前左腿翘起，其爪飞踏瑞云，瑞云与后左腿相连；前右腿略向前方直立，爪与地面相连。龙尾上翘向外卷曲，龙首、肩部和四肢饰有卷鬣，整体亦动亦静，雄姿威武、浩气凛然。**它脚踏瑞云，龙尾翻卷，有一种昂扬的气势；在瑞云及龙尾处有扁锭残迹，说明它当时应该是与他物相连固定而铸的。

《金史》中有记载：金世宗大定六年（1166 年），将“轼上坐龙改为凤”。“轼”即古代车厢前面做扶手的横杆，因此有专家认为，这尊铜坐龙可能就是皇帝御用车辇上的装饰物。20 世纪 90 年代，在北京的几处金代遗址中相继出土了几件坐龙，它们的铸造年代都晚于黑龙江省阿城区出土的这件铜坐龙。它们的造型十分相似，只是这件铜坐龙多了几分威严与庄重。也有一些学者经过研究认为，这件铜坐龙与建筑有关，是宫殿中木质柱子上的柱头饰物，至今仍未有定论。

铜坐龙的出土经历

除了铜坐龙独特的造型，还有一个判定其为金朝器物的重要依据，这要先从它的出土经历讲起。

1965 年的深秋，在黑龙江省阿城区，有位姓裴的农民正在自家门口的地里挖菜窖，用于冬天储藏白菜、萝卜、土豆等作物。当裴某挖了几米深后，就听到镐头咣当一声，原来刨出了一个大铁疙瘩。他蹲在地里用衣袖擦拭大铁疙瘩后，便一子认出这是一条坐着的龙。早年他听老人讲过，自家的地在金上京会宁府皇城旁边，心想这若是金龙就发财了。当裴某拎着坐龙进屋后，曾试图用火烧，用牙咬它，之后发现这不是金子，他有些丧气，于是顺手将坐龙扔在窗台上。自此以后，他家就发生了怪事：每当遇到刮风天气，家里常有呜呜的声音，尤其是到了夜里，这声音非常吓人。裴某越想越害怕，心想是不是不该挖坐龙，莫非是金代皇帝派坐龙来寻仇了。

于是裴某赶紧将铜坐龙送到了文物管理所，专家们对它进行了细致的研究后，发现它是中国金代的皇家御用之物。原来出土铜坐龙的地方，早在 800 年前，正是中国金代皇城所在地上京会宁府（今黑龙江省阿城区）！虽然这件铜坐龙的主体是经典的龙形，但其独特的造型实际是金代工匠的一大发明，其最突出的特点就是尾巴。它尾部很小，专家称为断尾，中国古代的断尾龙仅出现在金代的铜坐龙上。**而铜坐龙会随风发出阵阵响声也不神奇。由于铜坐龙的口是微微张开的，里面又是空心，也就是响铜，风一吹自然会发出响声。**

回首历史上的金朝

说起历史上的金朝，大家可能有些陌生，但一代名将岳飞写下的《满江红》中的诗句“靖康耻，犹未雪。臣子恨，何时灭”音犹在耳，这里说的“靖康耻”便与金朝有关。

现在哈尔滨市中心城区东南 23 公里处的阿城区，为哈尔滨市的下辖区，地方不大，却是原大金国的都城。1115 年的正月，完颜阿骨打命名此地为上京会宁府，建立了奴隶制的国家，国号为大金。金代第二位皇帝完颜晟吴乞买继承了完颜阿骨打的遗志，在灭掉辽朝后，开始向北宋发起攻击。1126 年，金军兵临北宋都城汴京，宋徽宗慌忙将皇位传给儿子宋钦宗，并向金朝赔偿大量金银和城池作为退兵条件。而仅仅时隔一年，金军再次卷土重来，四个月后攻陷汴京城，北宋灭亡，史称“靖康之变”。同年，宋徽宗、钦宗及皇族大臣 3000 余人被金军强行押往上京，金军同时带走的还有宋朝皇宫内的宝印、祭器、冠服、珍宝、舆图、书籍等物品。

如今，学者们将金代文化的起源称为“金源文化”，表示一种以金上京都市文明为核心，进而出现的多种文明交融的现象。作为都城的上京会宁地区，是金代女真的肇兴之地，也奠定了整个金王朝的发展。金人在这里定都建城、改造工具、创立文字，吸纳辽、宋文化，以先进的中原文明为学习对象，最后实现了从游牧生活到商农并重的封建都城生活的转变。到 12 世纪中叶，上京已成为东北地区经济最为繁华的城市——虽不比汉人的临安城繁华，但也是“汇八方珍奇，繁荣喧嚷”。

彼时，住在金上京的城市居民，大部分是在金灭掉辽、北宋以后，迁入上京地区的契丹人和汉人，他们当中有身怀技艺的工伎之民，也有商贾文人。文化融合后，金源文化也逐渐从早期的粗糙、实用，蜕变为后期的精致、奢华。

到了金朝的第四位皇帝完颜亮篡位，他的野心变大，加之崇尚中原文化，立志要做一个大一统的皇帝，于是在 1153 年 4 月，正式下诏迁都燕京，并将新都城命名为中都大兴府。然而有些令人费解的是，完颜亮下令彻底拆掉上京的一切，将木料石料等全都搬到了中都。如今我们在阿城这座曾经的金代都城，很难再看到金国都城故貌，只能通过这尊铜坐龙一窥上京的全貌。

中华民族的文化并不是单一文化的延续，而是多民族、多地域、多文明的文化的传承和发展。今天，当我们回望 800 多年前的这尊铜坐龙，仿佛再次读到了“金源文化”中风云激荡的历史，以及民族融合与碰撞的种种往事。

侯马金代董氏墓中的戏俑人物

金代戏曲发展的实物见证

国宝小档案

金
（公元 1115—1234 年）

年代：金（公元 1115—1234 年）

出土地：山西省侯马董氏家族董明墓

馆藏地：山西博物院

供图：山西博物院

主讲人：姚香

您好，今天我为您分享的是山西博物院藏的珍贵戏曲文物——山西侯马金代董氏墓中的戏俑人物。

中国戏曲艺术的故乡

山西被称为“中国戏曲艺术的故乡”，地方戏曲艺术历史悠久，种类繁多，在中国戏曲舞台上占有重要的地位。蒲剧（蒲州梆子、乱弹、晋腔）、晋剧（中路梆子、太原梆子）、北路梆子和上党梆子是山西地方戏曲的四大剧种，被称为“四大梆子”。这四大梆子同根异枝、一脉相承，是梆子腔的正宗，代表着地方戏曲艺术的历史文化价值。

其实，所谓中国戏曲艺术的故乡，主要指晋南地区——山西南部的临汾、运城。**在这里，几乎每个村落、寺庙、集市，凡是有人流往来、聚集的地方，您总会看到一座戏台。**据统计，山西现存金、元、明、清古戏台 2888 座，数量之多，令人惊叹！山西省高平县王报村山冈上的二郎庙戏台，是现在保留下来的中国最早的古戏台，距今有 820 年的历史。

山西的戏曲文物在全国是最丰富的，除了戏台，还有戏曲砖雕墓、壁画、碑刻，等等。尤其山西是发现金代戏曲砖雕墓最多的地区。金代的砖雕墓内布局大多是南厅北堂、东西厢房，构成我国传统的“四合院”形制，结构精巧，手法细腻，雕刻剔透，内容丰富，形象生动，无与伦比。墓葬中的戏曲文化和元素彰显了山西在中国戏曲艺术发展史上的重要地位。

北壁“开芳宴”的上方正中还砌了一方精致的小戏台，台上站着5个彩绘砖雕人物俑，形象生动，惟妙惟肖。我们很明显就可以看出，这些人物俑是金元时期戏曲中的角色：副净、装旦、末泥、副末、装孤，也就是今天戏曲中生、旦、净、末、丑的原型。

侯马董氏墓中的戏曲人物俑

以侯马董氏家族董明墓为例，这是800年前晋南一个富庶的家族墓中的一座。其主体是仿木结构方形单室砖室墓，坐北朝南，墓门在墓室南壁偏东的壁面上。墓室内面阔三间的厅堂宽敞明亮，北面堂下正中是墓主人夫妇“开芳宴”的场面。唐、宋、金、元时期，开芳宴是夫妇之间在元宵节等一些重要的传统节日时，举办的一种特定的家庭宴席，主要用来表现夫妇之间的恩爱、浪漫和家庭的和睦，反映了当时人们理想的家庭模式和正统的道德观念。宋、辽、金、元时期墓葬中常见“开芳宴”的装饰图像。接着，再往两边依次是雕花屏风和侍童、侍女，东西两壁各雕六扇格子门，装饰着牡丹、莲花等花纹。牡丹是富贵的象征，莲花寓意着“连生贵子”，含有浓浓祥和的生活气息。对应的南壁墓门两侧有镇宅狮子和盆花。而宴会上肯定少不了娱乐活动，戏曲就是宋金元时期最受欢迎的娱乐活动。北壁“开芳宴”的上方正中还砌了一方精致的小戏台，台上站着5个彩绘砖雕人物俑，形象生动，惟妙惟肖。

接下来，我们从右到左依次来看戏台上的5个人物。最右边的人物头戴软巾帽子，身着黄色虎皮纹及膝外衣，左手持短棒，右手的大拇指和食指捏在一起含在嘴里，两腮鼓起好似在吹口哨，一个市井纨绔子弟的形象跃然而出。如果仔细看就会发现他眼睛脸鼻处涂抹粉团，双目斜抹八字眉，很明显这是一个丑角扮相；右边第二个是一名女性，她头绾发髻形若华冠，身穿窄袖团花大红袄和浅红色裤，脚穿黑色鞋，腰束黄色丝巾，左手拿手帕打在腹间，右手拿黄色团伞搭于左肩，两腿交叉屈膝呈下蹲动作，一副忸怩作态；中间的人物面容丰满，头戴纱帽，身着圆领宽袖红袍，双手持笏板交握置于胸前，端庄自若，俨然是一个宋代官吏的形象；左边第二个人，头戴黑色介帻，身穿圆领紧袖青色长袍，左手撩起衣襟一角，右手握拳并面向左侧，而手指向右做传话状；最左边的人身子低矮，头戴黑色幞头，脸上好像画着蝴蝶状脸谱，身上穿着黄白色外衣，敞着衣襟，右手拿着一卷书，左手指着自己的胸膛，好像在倾诉。**我们很明显就可以看出，这些人物俑是金元时期戏曲中的角色：副净、装旦、末泥、副末、装孤，也就是今天戏曲中生、旦、净、末、丑的原型。**

早期杂剧是副净、副末为主演，以滑稽调笑为主要表现形式，这时候是末泥居中，成为主演。早期戏曲表演都是男性，即使是女性角色也有男性反串，叫装旦；宋、金、元时期开始，女性也加入表演队伍中，甚至成为其中最主要的角色。这和元代杂剧的演出形式完全相同，反映了早在公元3世纪初期，中国的戏剧艺术已基本发展成熟。

这一方小小的戏曲舞台以及5个惟妙惟肖的戏曲演员，不禁让人想起旧社会大家族里举办的堂会表演。堂会表演一般是在私人宅院中，用来表达庆祝和喜悦的情感，观者多为至亲好友。实际上，在中国古代戏曲史中，堂会形式的表演出现最早。在戏台还没有正式出现时，私人宅邸的戏曲表演就已经出现了。墓中的夫妇二人享受着开芳宴的美味佳肴，同时欣赏着精彩的堂会表演。因此，侯马董氏墓中的戏台和戏曲人物俑，也是研究金代戏曲发展到元杂剧的过程中的实物见证。

古人的观念为“事死如事生，生死同乐”。在当时，家境殷实的小康之家，都会为自己和家族营建一座身后的“宅邸”，体现了人们“事死如事生”的生活态度。而大量的戏曲题材出现在墓葬中，也反映了当时社会戏曲艺术的繁荣和百姓对戏曲这种表演形式的喜爱。其实，这样的墓葬在山西屡见不鲜，并不稀奇。这正是金、元时期，戏曲在人们生活中的真实写照。

山西戏曲文化的发展

山西人爱听戏的传统由来已久，不仅爱听戏，还创作戏曲剧本。中国戏曲发展从宋代诸宫调、金代院本、元代杂剧到明代传奇，其中山西籍的戏曲家和戏曲故事数不胜数。中国的元曲四大家——关汉卿、白朴、马致远、郑光祖，其中有三位都与山西有着密切的关系；《西厢记》《赵氏孤儿》《打金枝》的故事，也发源于山西。其中，《西厢记》中张生和崔莺莺的故事最早创作于唐代，但与我们今天看到的故事的主旨有很大差别。我们今天看到的戏曲《西厢记》是在金代院本《西厢记诸宫调》的基础上成熟起来的，它的作者是董解元。很多学者考证得知，董解元就出自山西董氏家族，这又再次向世人表明山西戏曲文化的底蕴。

山西是华夏文明最重要的发祥地之一，物华天宝，人杰地灵。尧都平阳、舜都蒲坂、禹都阳城，都在晋南。山西南部自古就是农业发达的地区，又是中原地区东西南北的主要交通要道，多少悲欢离合、缠绵悱恻的故事都发生在这里，为中华戏曲留下了丰富的素材。**800 年前的宋代、金代，正是中国戏曲走向成熟的阶段。当时的山西南部地区，社会相对稳定，经济发展，文化繁荣，戏曲已经成为人们生活中最重要的一部分。**宋代杂剧、金院本、诸宫调，这些都备受民众喜爱，勾栏瓦舍，“舞亭”“舞楼”“乐楼”都随处可见，神仙教化、孝子节烈、才子佳人的故事也被人们津津乐道。

078

元青花山形笔架

元代青花瓷器中唯一的文房用品

国宝小档案

年代：元（公元 1271—1368 年）

尺寸：高 9.3 厘米，宽 11.8 厘米

出土地：浙江省杭州市朝晖路窖藏

馆藏地：杭州博物馆

供图：杭州博物馆

主讲人：高源

您好，今天为您介绍一件非常难得的青花瓷器——元青花山形笔架。说它难得，一是因为这是一件极为稀少的元代青花瓷器，二是因为这件瓷器不是盘、碗、罐、瓶等常见的青花器形，而是一件文人书房里使用的文房用品，也是迄今为止我国出土的元代青花瓷器中唯一的文房用品。

元青花山形笔架，是藏于杭州博物馆的一件一级文物[1]，高 9.3 厘米，宽 11.8 厘米，整体施青白釉，是一个海鳌驮山峰的造型。**笔架的主体是四座高耸的山峰，山峰上下贴塑有青花的云纹和海浪纹，让人很容易联想到海浪拍打山峰的壮观景象。架峰上有一个扁扁的圆圈，有人说它代表了明月，这就让这件笔架有了“碧山东极海，明月高升天”的意蕴；也有人说这是太阳，用于笔架这种文房用具上意味着“独占鳌头、旭日高升”。**

山与山中间的空隙，可以用来搁笔，而一侧的山峰旁边还蹲着一只张着嘴的海鳌。海鳌是神话传说中的一种海中巨鳌，从来没人见过，所以也有一些人认为这个动物应该是鱼蛙、蟾蜍，等等，我们暂且称之为海鳌。海鳌的嘴巴是张着的，内部中空，里面可以装水，所以这件元代青花瓷器虽然被叫作笔架，但它同时也是一只水盂。水盂，也称“水注”。古人写字用的是毛笔，然后蘸上墨水进行书写，而磨墨需要添水，水盂就是给砚台添水的一个小物件。整个笔架一器两用，小巧精致，同时青花的颜色明丽悦目，非常漂亮。

[1] 我国把所有的文物藏品分为珍贵文物和一般文物，珍贵文物又分为一级、二级、三级。其中具有特别重要的历史、艺术、科学价值的代表性文物被叫作一级文物。

价值连城的元青花

青花瓷现在比较常见，大到宾馆、饭店，甚至是我国的各驻外使馆，小到平常百姓的家里等，大多都有青花瓷。几百年来，这种瓷器类型一直长盛不衰。其实，青花是一种釉下彩，它用含有氧化钴的矿料为原料，在陶瓷坯体上描绘纹饰，之后再往上罩一层透明釉，最后一次性烧成。也就是说，青花的颜色是被保护在一层透明釉下面的，这就使得这种颜色不易脱色。又因为钴料烧成后会呈现出非常明丽的蓝色，其着色力强、发色鲜艳、呈色稳定，最重要的是青花整器烧制的成功率比较高，所以自它诞生的那天起，就备受人们的喜爱。

古代的青花瓷器，比较多见的是明清以后的，所以在很长一段时间里，全世界的人都认为青花瓷器是从明代才开始出现的。直到 20 世纪 20 年代，一对有着元朝“至正十一年”[1]字样的青花大瓶流入北京的古董市场，当时的古董商看到这是元代纪年的青花瓷，按照惯常思维便断定它不是真品，因为大家都默认青花最早是明代出现的。于是，这对青花大瓶就被辗转卖给了外国人，后来被英国的大维德爵士收藏，成为现存最重要的青花瓷样品之一。最后峰回路转，到了 20 世纪 50 年代，美国华盛顿弗利尔美术馆（The Freer Gallery of Art）的一位研究员在研究对比了一批与这对青花大瓶类似的青花瓷器后，最终得出一个比较有说服力的结论：这些青花瓷器的年代应为元代。自此，有关元代青花瓷的认知才普及开来。

元青花的数量非常少，每一件都是价值连城。目前，全世界范围内收藏完整的元青花瓷器只有 300 多件，而且大部分存于海外。我国收藏的元青花的数量为 100 多件，绝大多数都是 20 世纪 50 年代以后从墓葬或者窖藏中出土的。那么，为何元青花多收藏在海外呢？它是在中国烧造的，为何国内反而收藏的少呢？这就涉及元青花产生的背景了。成熟的青花瓷器出现在元代的景德镇，主要是在元代晚期。由蒙古族建立的元帝国，疆域空前辽阔，经过几次对外扩张后成为地跨亚欧两块大陆的国家。元朝对外交流非常频繁，陆路贸易和海上贸易都十分发达，

[1] 元至正十一年，也就是1351年，属于元代晚期。

而青花瓷器在当时就已经被大批量地生产并且大量出口。今天，我们能在土耳其和伊朗找到大量的元青花，总数将近 100 件，占全世界元青花总数的近三分之一；而这两个国家在元代正好位于丝绸之路的沿线，是青花瓷器出口路途上的其中一站。

窖藏文物的发掘

那么，这件元青花山形笔架如此珍贵，它的主人究竟是谁呢？这要从它的发掘过程说起。

1987 年 10 月，杭州市朝晖路上的市商业储运公司正在翻建仓库。有一天，工人干活时意外发现了一座瓷器窖藏[1]。当时的杭州市文物考古所在得知消息后，立刻派工作人员前往清理。清理完毕后发现，整个窖藏直径约 2.5 米、高约 0.9 米，里面有 54 件瓷器和 4 件铜器。在这 54 件瓷器里，有景德镇窑的，有龙泉窑的，还有霍州窑的，都是元代的物品。其中，就有这件青花山形笔架。

我们在笔架上没有看到任何款识，但通过辨认窖藏中的其他文物，同时翻阅文献资料，大致可以得出一个合理的解释。元代末年，战乱迭起。从 1352 年开始，杭州经历了长达 10 余年的战乱，整座城市在红巾军与元朝军队之间数次易手，曾经率兵占领过杭州的起义军领袖包括徐寿辉、张士诚、朱元璋。而这段时间，也正是杭州朝晖路窖藏埋藏的时间。

从窖藏发现的这批瓷器来看，它们都没有使用的痕迹，而且有些器物，如高足杯等，上面还刻有五爪龙纹。元代的统治者曾在景德镇建立窑厂烧制宫内的日用瓷器，而在这些瓷器上的纹饰中，用五爪龙纹代表帝王。因此，这批瓷器很可能

---

[1] 古代人有时会为某些特殊原因，把珍贵的东西埋入地下，一般不会埋太深，大概是距离地面1米。比如发生战乱或者天灾的时候，人们为了避乱，会选择离乡背井或者举家迁移。他们离开的时候，会带着金银细软等容易携带而且保值保价的东西，而那些不易带走的珍贵物品，比如易碎的瓷器，则会找个地方埋起来。后来种种原因，这些被埋在地下的物品没有被拿出来，而是一直保存在原地，直到现在才被发掘。这样的文物，就被叫作“窖藏文物”。

是供应给宫廷用的皇家用品，当时准备通过京杭大运河运到大都（今北京）的皇宫，不过可能中途遇到战乱，无法把这些瓷器和铜器带走，于是便就地掩埋了。

元青花把中华文化、蒙古文化、伊斯兰文化紧密结合起来，还融合了农耕文化和游牧文化的特征，是一种非常成功的创新。自元代以后，历经明、清、民国，直到现在，青花瓷器一直在我们的生活中占有一席之地。而元青花山形笔架作为一件难得的元青花文房物品，也值得我们给予更多的关注。

079

元青花四爱图梅瓶

见证美好爱情的元代青花瓷

国宝小档案

年代：元（公元 1271—1368 年）

尺寸：高 38.7 厘米，口径 6.4 厘米，底径 13 厘米

出土地：2006 年湖北省钟祥市郢靖王墓出土

馆藏地：湖北省博物馆

供图：湖北省博物馆

主讲人：崔航

您好，今天我为您介绍一件文物，名为元青花四爱图梅瓶。**“四爱图”是古代书画、装饰中常见的题材，描绘的是四位古代名人雅士高尚的情怀：王羲之爱兰、陶渊明爱菊、周敦颐爱莲，以及林和靖爱梅、爱鹤。**

在元代的青花瓷纹样中，除花卉龙凤、翎毛走兽，人物故事也是重要题材。元代末年，中国戏曲创作兴盛繁荣，而元代青花瓷器上的人物故事图也主要取材于当时盛行的戏曲，特别是以杂剧类似“昭君出塞”“萧何月下追韩信”“尉迟恭救主”等这样的人物故事题材为主题的瓷器应运而生。这件四爱图梅瓶虽然是在元朝末年烧制，但当时景德镇这一片南方地区已在朱元璋的统治之下，所以梅瓶上也不再带有蒙元文化的特点，而是采用了中原传统文人钟情的四爱图作为主题。

这件梅瓶小口、丰肩、深腹，很像我们家中插梅花、富贵竹的花瓶。事实上，虽然它因造型特征而得名“梅瓶”，却并不是用于插花。宋元时期这类瓷瓶有自己的专称，叫作“经瓶”，有些瓶上写有文字“清沽美酒”“醉乡酒海”，表明它们是用来做盛酒的器具。

元青花四爱图梅瓶的发掘

我们都知道瓷器易碎，目前存世的元青花瓷更是屈指可数，按照权威机构的统计，目前国内现存的元青花完整器仅有100件左右，即使扩大到全世界范围，数量也不会超过300件。那这件元青花四爱图梅瓶又是如何被发掘的呢？

这件梅瓶是明代郢靖王墓的随葬品，墓葬主人郢靖王朱栋是朱元璋第23个儿子。20世纪40年代，日本侵占湖北钟祥，郢王陵成为日军觊觎的对象。但日军接连轰炸半月后也未能打开地宫，只有地上建筑在炮火中毁坏殆尽，残存的建筑材料被拿去修路筑桥，最后只剩下墓冢、墓碑等石质建筑立在原处。战后，地方政府派人专门负责保护此墓，但由于盗墓贼的多次光顾，此墓先后经历了多达 7 次的轰炸，最深的盗洞更是达到了 8 米。经过反复研究，文物部门从抢救保护文物的角度考虑，决定在 2005 年对该墓进行抢救性发掘。

2001 年，由于在明朝第四位皇帝仁宗朱高炽的第九个儿子梁庄王墓中出土了大量精美器具，让人们对郢靖王墓也抱有同样的期待。可是，在打开墓室之后，考古队员却有些失望，墓葬里没有稀世珍宝，只是破烂不堪的腐烂树根。这是因为出身贫寒的朱元璋一向在丧葬制度上有严格的规定，要求儿子们在随葬时禁用金玉，所以明初王室的随葬品都很简陋，很多有机物质也早已灰飞烟灭。

但就在考古队员发掘郢靖王和王妃的后室时，惊喜出现了！打开墓门后，人们发现在墓葬后室郢靖王王妃的棺床下方，有一个元朝的青花瓷梅瓶！

当时，收藏界正为中国民间是否存有元代青花瓷而争论不休。因为 600 年来，史料中都没有关于元青花的文字记载，因此没有人相信元朝的人能烧制出成熟精美的青花瓷；还有一个更重要的原因就是存世的元青花极为稀少。因此，郢靖王墓中元青花梅瓶一经发掘便引起了人们极大的关注。

考古人员发现郢靖王与王妃虽是合葬，但王妃的随葬品，无论从数量还是质量上都明显高于郢靖王。根据文物出土的位置，考古领队院文清推断，这件梅瓶应该属于郢靖王妃。

据文献记载，墓主人郢靖王朱栋是一位既能吟诗作赋，也能上马提枪、射箭的王爷，为人低调，深得朱元璋和朱棣两代帝王的厚爱。朱栋四岁时就被封王，而他的王妃郭氏，更是一直追随朱元璋打天下的大功臣郭英之女。据传，朱栋和郭氏从小青梅竹马，有一次两人玩耍时，朱栋就说将来要娶郭氏为妻。郭氏问他，以何为证，朱栋笑指摆在堂上的四爱梅瓶。他们长大以后，戏言成真，朱栋果然迎娶了郭氏为王妃，而那件四爱梅瓶自然就成了两人爱情的见证。

可根据史料记载，这对夫妻婚后聚少离多。郢靖王一心带领军士垦荒开田，耕种戍守。尽管如此，朱栋与郭氏依然恩爱如初。可惜好景不长，郢王 27 岁英年早逝，王妃悲痛不已，对镜画下自己的容貌并留给未成年的孩子后，便决然殉情自尽。皇帝闻讯甚为感动，于是下旨厚葬王妃，因此王妃的随葬品远远超过了夫君郢靖王。而这件青花四爱图梅瓶则作为她生前心爱之物一同随葬，直到 500 年后终于重见天日。这件梅瓶的发现，不仅印证了史书中关于郢靖王和王妃的记载，更成为研究元青花瓷的一个重要物证。

元青花价值连城的缘由

2005 年，“鬼谷子下山”元代青花瓷罐以 1568 万英镑在佳士得拍卖行成交，折合人民币 2.3 亿元，创下了当时中国艺术品成交价的纪录；按照拍卖当日的黄金价格，2.3 亿元可以购买两吨的黄金！而这件四爱图梅瓶一经出土，其保险金就高达 5 亿人民币。究竟是什么造就了元青花无人可及的价值呢？

俗话说：物以稀为贵。元青花的价值连城正在于它的罕见稀少，不过有些遗憾的是，在全世界仅有的 300 多件元青花中，超过三分之二都流落在国外，其中土耳其的托布卡比王宫就拥有 80 件完整器物。为什么现存于世的元青花大多数不在它们的出产地中国，而在遥远的伊斯兰国家的皇宫中呢？

与其他西方博物馆的中国文物大多是掠夺而来的情况不同，托布卡比皇宫里的中国瑰宝则是通过丝绸之路的贸易而来。翻阅奥斯曼时期的各类档案，可以从其国库清册、账簿、礼品收发录、契约及其他文件中找到大量有关中国瓷器的记载。

公元前 138 年和公元前 119 年，汉武帝派张骞两次出使西域，打开了通向中亚、西亚的通道，也就是闻名世界的“丝绸之路”，之后逐渐成为东、西亚商业往来的黄金线路。中国的丝绸、瓷器等都是通过这条道路运往伊朗，再转至土耳其等国家。而海路也是在加快东、西亚商业往来中发挥极大作用的通道，阿拉伯商船和波斯商人从波斯湾取道马六甲海峡北上至中国东南沿海一带。贸易之路的畅通为青花瓷销往海外提供了重要条件。与之相对的是，蒙古人的征战也打通了中西文化交通的要道，大批阿拉伯人涌入中国，为中国带来了别样的西域文化。青花瓷蓝与白的主色调，符合伊斯兰文化的审美，是当时西亚王宫贵族热衷的艺术品。

与青花瓷在西亚大受欢迎不同的是，在同时期的中国却对传统的审美提出了前所未有的挑战。中国瓷器的装饰历来讲究淡然素雅，中国文人的传统习惯就是喜欢青瓷、白瓷，他们认为彩绘瓷太俗气。但是，青花瓷因其强烈张扬的风格，并不被元朝的中国人所接受；再加上它的蓝白两色接近丧葬的颜色而遭人忌讳，于是元朝青花瓷主要作为商品外销西域而极少在国内存留，这也就是如今元青花大多出现在中东国家的原因。

得宠于西域却在故土受挫，这曲折的经历注定了元青花存世量稀少的事实。随着时间的流逝，元青花也逐渐被世人淡忘，以致后来很多人产生了元朝并无青花瓷，青花瓷始于明朝这样的错觉。

除了原本存量稀少，元青花之所以珍贵还有另一个因素就是绘画颜料。元青花的绘画颜料是一种被称为苏麻离青的钴料，它并非产自中国，而是来自遥远的阿拉伯地区。由于钴料中铁的含量过高，导致青花瓷上呈现出褐色的铁锈斑。这原本属于烧造中的缺陷，但是青花瓷上所呈现的锡光斑和略带凹凸的釉面，在无意中也形成了另外一种意想不到的奇妙效果，这种锈斑也成为鉴定元青花真伪的重要依据。

元青花是一种釉下彩瓷，纹饰描绘完成后，工匠们会在青花胎体上施以透明的釉料，最后便是用1300° C的高温将青花瓷一次烧成。**烧制是最困难的一道工序，当时不能像现在这样使用电磁炉精准地控制温度，而需要烧窑师傅凭借丰富的经验控制温度的高低，把握气氛的浓淡，差之毫厘便会造成整窑瓷器的失败，最后往往烧制的十窑中只有一窑能够烧成功。**

在明朝宣德以后，由于苏麻离青釉料使用殆尽，这种特有效果的青花瓷器也随之消失，纵然在科技发达的今天也无法重现元青花的工艺。在今天发现的青花中，画有人物故事的更是稀少。据专家考证，带有人物图案的元青花只出现在元末明初这样短暂的时期内。收藏家马未都曾说，全世界的元朝人物青花罐加起来还不足 10 件，可见这件四爱图梅瓶弥足珍贵。

600 年时光流转，梅瓶中的佳酿早已化为尘埃，无言起相思的王妃，连同无人知晓的哀愁也早已灰飞烟灭，而元青花的传奇和一个美好的爱情绝唱却恒久地定格在永不褪色的青花里。

080

元代青花釉里红楼阁式谷仓

景德镇出土的超豪华陪葬品

国宝小档案

年代：元（公元 1271—1368 年）

尺寸：通高 29 厘米，长 20 厘米，宽 10.3 厘米

馆藏地：江西省博物馆

供图：江西省博物馆

主讲人：赵桐

今天我想为您介绍一件景德镇出土的超豪华陪葬品，其保持的两项纪录，至今还没有被打破，它就是元代青花釉里红楼阁式谷仓。

谷仓是人们保存粮食的场所，也是农耕民族调配季节性食物、保障食物来源的重要方式。这件谷仓，确切讲应该是一件瓷质的谷仓建筑模型，通高 29 厘米，长 20 厘米，宽 10.3 厘米，属于重檐庑殿顶楼阁式仿木结构建筑，楼面错落，中间高而两侧低。侧楼大约是主楼的一半高，檐面大致与主楼的地面平齐。整体建筑样式独特，看上去像两层，实则为三层。庑殿屋顶的正脊两端各有一个神兽，呈现出蹲坐的姿势，面向外，张大嘴，披鬣毛，一身威严之气。

楼上大厅正中间摆放着高大的座椅，两旁各站立着侍女，妙龄姣容，头梳丫髻，身着长衣，手持宫扇，在旁边服侍。廊外更妙的是一支设备齐全的乐队，有怀抱柳琴的、手拍腰鼓的、弹琵琶的、吹箫的、吹笛子的、吹笙的、打夹板的、抚琴的，应该是正在进行一场大型的演出。楼下还站立着许多侍卫。

29 厘米高的谷仓上竟有 18 尊人俑，高一点的侍卫俑约 4.9 厘米，其他俑高不及 3.5 厘米；侍卫俑握持的棒径只有 2 毫米，而侍女手中的大扇柄径细到 1.5 毫米。人物衣饰清楚，发髻可辨，容貌形象姿态生动，可谓栩栩如生。人物在举手投足之间，一颦一笑之中，其音容笑貌被充分展现。至于雕塑建筑，栏杆上的串珠都能数得清楚；脊突凹下的屋面，片片竖立的瓦当，种种构件都细致入微！

谷仓所保持的两项纪录

这件谷仓采用重檐庑殿顶楼阁式的建筑样式，气势雄伟。古代的建筑规制严

楼上大厅正中间摆放着高大的座椅，两旁各站立着侍女，妙龄姣容，头梳丫髻，身着长衣，手持宫扇，在旁边侍服。

格，屋顶基本式样有庑殿顶、歇山项、悬山顶、硬山顶、攒尖顶、卷棚顶和平顶等，其中以庑殿顶规格最高，仅用于皇宫和庙观，重檐庑殿顶更是建筑样式的顶级规格。由于谷仓明器埋于地下不为人所见，其样式不会因僭越规制而带来祸患，以此可以尽力渲染出墓主的富贵。这件谷仓是迄今所见唯一的重檐庑殿顶建筑样式的谷仓，这是它的第一项纪录！

瓷器谷仓采用的建筑样式成形难度大，若是建筑构件复杂，雕塑细小精致就更是难上加难。因为器物成形时，要注意以柱为主支撑的建筑模型各部分重量的配置合理，下部能够承受上部的重量，不致出现在窑里高温中软化崩塌。14 世纪中叶以后，景德镇制瓷工艺重大进步之一是，胎料采用了瓷石加高岭土的二元配方，提高了瓷器的硬度和强率，耐高温性、抗变形能力大大提高，让烧制大型瓷器成为可能，也有助于精巧细致物件的烧制成功。但是，先进的二元配方胎料还不足以保证楼阁式谷仓烧制成功，制作时还要考虑周详，设计巧妙。

这件谷仓建筑模型以二楼层面为界，采用上下两部分段成形、焙烧，使复杂的形状制作相对简单，也便于雕塑时获得更大的操作空间。这样也可避免成形和焙烧时，因下部瓷化时承重能力的不足而导致的坍塌或断裂。具体构架时，在下部中间四根主柱的空间里，以板为主要材料，搭建一个内有撑板的箱体。箱体四周围板，前板活动，可以插取，其他三板固定，内中增加两块纵向竖板，中间以两个横板相连。这样整个箱体牢固，四根主柱稳定，帮助承受上部的压力。有趣的是，它的仓门是可以活动开启的，真可谓是一所名副其实的谷仓。

这件谷仓的大门对联和背板的墓志铭都以青花料书写，青花以氧化钴做着色剂，呈色较为稳定，受空气影响较小。所有立柱和正面仓板均匀涂抹铜红釉，栏杆、瓦当、屋脊上狮子和莲花都用铜红料点缀装饰，仓侧大字也用铜红釉书写。元代才开始熟练掌握通体一色的铜红釉烧成技术，以铜红料为着色剂，在高温还原气氛下烧成，呈色不稳定，极易受窑室中气氛的影响，难度大，成品率低。谷仓表面以施青白釉为主，其瓷器胎体洁白，呈色介于青白二色之间。**青花、青白釉、铜红釉、釉里红均属高温釉，四种高温釉工艺集于一件器物之上，在出土元代瓷器仅见于此，这是它的第二项纪录！**

禾黍丰而仓廪实，子孙盛而福禄崇

高规格的建筑样式、复杂的制作工艺、人数众多的丫鬟和侍卫无不表现着瓷器极高的雕塑水平。那么，这件谷仓瓷器是什么用途呢？“事死如事生”是古人葬俗中最为重要的观念之一，不论皇家官宦，还是商贾平民，都不惜财之竭力营造坟茔，富敛各式器物陪葬，期望逝者仙逸阴间仍然生活安稳，享福不尽。人生在世离不开衣食住行，民以食为天，食是人生之本，粮乃食之根。因此，自古以来粮食及相关器皿成为不可或缺的陪葬用品，最具象征性的器物就是谷仓。“谷”是所有粮种的总称，而“仓”则是储藏谷物的所造之物。罐类型谷仓是最原始的存藏器之一，也是最普遍的一种样式。从远古时期开始，它的种类很多，形式也多种多样。到了汉代，五联罐出现时，赋予了罐类谷仓罐的另一种造型美感，这对后世的罐类谷仓罐影响非常大，如堆塑罐、堆塑瓶等都是在以上的基础上发展起来的。

建筑物型的陶器谷仓在新石器时代各地区的早期文化遗址中就有出现。在早期，陶仓模型的制作要明确把真实的粮仓塑造出来；到了汉代，这些建筑谷仓皆呈现出了雕刻所塑造的造型美，蕴含着高度的审美价值；三国两晋时期，南方地区战事较少，社会秩序比较安定，经济开发后，出现了一种形制独特、雕镂精致的青瓷堆塑仓；宋元时期的江西地区，不论是堆塑瓶，还是瓷质建筑模型类谷仓形制都已趋典型，堆塑内容开始齐备，并形成规律。上高县博物馆藏的一件圆腹细颈盖仓，也是楼阁式谷仓，但远没有今天介绍的这件谷仓精美。

作为明器的谷仓主要作为陪葬之用，那么这件青花釉里红楼阁式谷仓的墓主人又会是谁呢？谷仓上的文字为我们做了解答。

正中大门用青花书写对联一副，上联“禾黍丰而仓廪实”，下联“子孙盛而福禄崇”，横批“南山宝象庄五谷之仓”；两面侧壁有釉里红书写的文字，竖直排列，右侧“凌氏墓用”，左侧“丘谷仓所”。

背面仓板上用青花书写了159字的长篇墓志铭，大意是表达墓主人是一位女性，姓凌。凌氏的祖父凌颖山曾任景德镇长芗书院的山长，相当于现在的地方学校校长，为朝廷任命的官员。凌氏嫁给同镇官宦之家的刘炳文，公公刘文史担任地处扬州路召伯管理运河的官员，称为刘大使。凌氏与炳文两家都居住在景德镇的仁都胡同，可谓青梅竹马、两小无猜。凌氏作为刘炳文之妻，处事周妥，温柔善良。凌氏生于前至元三十年也就是1293年的二月初九，死于后至元四年也就是1338年的五月二十三日，享年45周岁；同年六月壬寅，凌氏安葬于景德镇南面的南山北麓。

这件谷仓专为凌氏死后陪葬之用，在阴间地府用作凌氏五谷仓廪，保佑其阳间在世的子孙。

元代景德镇地区乡戏的缩影

那么，谷仓为何要做成戏台呢？这是工匠的随意想象，还是当时就有谷仓和戏台两用的建筑呢？原来，这座青花釉里红楼阁式谷仓真实再现了元代景德镇地区

背面仓板上用青花书写了 159 字的长篇墓志铭，大意是表达墓主人是一位女性，姓凌。凌氏的祖父凌颖山曾任景德镇长芗书院的山长，凌氏嫁给同镇官宦之家的刘炳文，公公刘文史担任地处扬州路召伯管理运河的官员，称为刘大使。凌氏与炳文两家都居住在景德镇的仁都胡同，可谓青梅竹马、两小无猜。凌氏作为刘炳文之妻，处事周妥，温柔善良。凌氏生于前至元三十年也就是 1293 年的二月初九，死于后至元四年也就是 1338 年的五月二十三日，享年 45 周岁；同年六月壬寅，凌氏安葬于景德镇南面的南山北麓。

社会生活的场景。以与景德镇相邻的乐平市为例，其素称“赣剧之乡”。**历史上乐平的戏曲班子常年不断巡演于乡间农村，庙会、节日更是大戏不断，好戏连台。有民谣：“三天不看戏，肚子就胀气；十天不看戏，见谁都有气；一月不看戏，做事没力气。”**要看戏就要有戏台。数量庞大的古戏台按建筑样式大致分为祠堂台、万年台、宅院台、庙宇台和会馆台五种。戏台多半与祠堂连成一体，成为族人祭祀、社交、娱乐的场所，也是维系宗族感情的纽带。

乡村戏台以万年台和祠堂台最多见。万年台是独立的单台，大都坐落于村坊中心，台前有一坪小广场，与大街小巷相通，便于观众集散。祠堂台则与宗族祠堂相连，大抵属于双面台，台的两面按需启用。台的另一面对着祠堂，中间或有天井，两侧包厢与台相接。人们可以聚集在祠堂内祭祀、修谱，看戏时坐于屋内、厢中，避风躲雨，舒适方便。每当遇到盛大节日，天气晴好时，人们聚在室内活动会显得拥挤、闭塞，此时就可以将室内的后台背板卸下，变后台为前台，而前台成为后台，于是人们的活动场地就会忽然变得开阔起来，在明媚中观赏演出，如同露天观看的万年台。由于晴天时台朝外，雨天时台向内，因而也称为“晴雨台”。

这座楼阁式谷仓正是模仿景德镇地区古代流行的祠堂戏台，或者晴雨戏台建筑。建筑等级高贵，台面双向开放，人物布局到位，可以说是元代景德镇地区乡戏的缩影。因为祠堂为农村大型建筑，面积巨大，可利用的空间很大，除了举行祭祠、聚会，以及族人婚丧庆喜，收获季节还常常利用两侧厢房作为存放稻谷的仓房，人民公社时期江西农村仍旧延续这一做法。**因此，把祠堂台用作谷仓是江西农村长久的习惯，楼阁式谷仓的戏台与谷仓的结合来自元代江西农村的现实生活，绝非雕塑艺人的凭空臆想。**

宏观的建筑，华贵的样式，复杂的构架，细刻的构件，多重的釉彩，精雕的人物，丰富的文字，元代精湛的瓷艺与地方深厚的文化交会融合，都在这件青花釉里红楼阁式谷仓上表现得淋漓尽致。在这座戏台之上，一场元代大戏还未谢幕，唱腔乐声仍在空中回荡，文化魅力经久不衰。

081

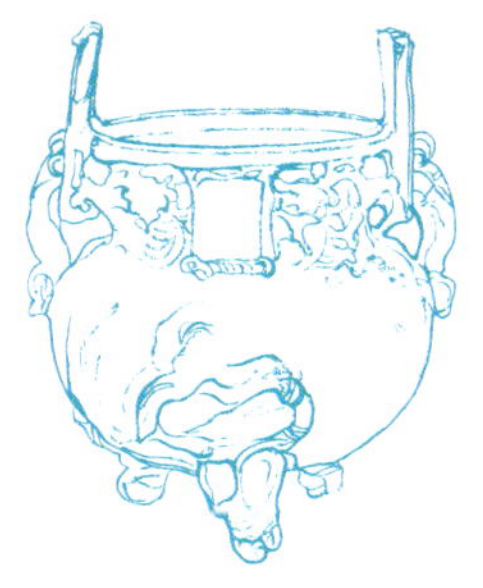

“小宋自造”香炉

传世钧窑瓷器中的佼佼者

国宝小档案

年代：元（公元 1271—1368 年）

尺寸：高 42.7 厘米，口径 25.5 厘米

出土地：内蒙古自治区呼和浩特东郊白塔东南 500 米处

馆藏地：内蒙古博物院

供图：内蒙古博物院

主讲人：刘弘轩

今天，我为您介绍的文物是一件元代的钧窑瓷器，叫“小宋自造”香炉。它得名于器物正面的铭文，“小宋”可能是工匠的名字，“自造”意为自己制造。这件香炉是迄今为止中国发现的器形最大、最完整、制作最精湛的钧窑香炉之一。

黄金有价钧无价

钧窑是我国五大名窑之一。它始于唐，盛于宋，起源于河南省禹州市附近。靖康之变因战乱停烧，金大定后恢复并进一步发展。金、元时期，除今河南很多窑场烧钧瓷，邻近各省的一些窑场也都在仿烧，形成一个庞大的钧窑系。

钧窑瓷器的基本特点是窑变成色，釉色为各种深浅不同的蓝色乳光釉。其纯粹、匀净、含蓄的釉色，给人以极大的艺术享受，于是就有了“雨过天青”和似玉非玉胜似玉的美名，再加之高温下自然巧妙又幻化万千的窑变效果，给人以无尽的想象空间，让它的艺术价值瞬间飙升。钧窑瓷器在宋代就享有“黄金有价钧无价”的盛誉。

宋、元两代钧瓷烧造技艺的结晶

正因为宋代钧瓷烧成条件高，在成形和烧制工艺中限制比较多，所以宋代钧瓷的高度均不超过一尺（即 33.3 厘米），于是民间也常用“钧不盈尺”来体现宋代钧瓷的珍贵。和宋代钧瓷不同，这件元代香炉完全打破了高度“一尺”的限制，

香炉为三足兽，足尖的位置刻出三条爪痕。

背面一只麒麟“行走”于瓷器的后颈部正中位置。

正面两只麒麟中间有一个长方形题记，上面刻有“己酉年九月十五小宋自造香炉一个”共 15 字的楷书铭文。

高 42.7 厘米，口径 25.5 厘米，堪称已发现的钧窑瓷器之最。受草原游牧文化的影响，其浑圆硕大的造型也让它成为元代钧窑瓷器中的代表，1999 年中国邮政局还专门以它为图案发行了一枚小型邮票。

香炉双立耳，圆鼓腹，三兽足，足尖的位置刻出三条爪痕，口沿两侧各有一个长方形直耳，口沿至肩部两侧装饰有兽形耳。颈部雕刻有三只麒麟，贴于正反两面：背面一只麒麟“行走”于瓷器的后颈部正中位置，正面两只麒麟呈对称分布，两者中间有一个长方形题记，上面刻有“己酉年九月十五小宋自造香炉一个”共 15 字的楷书铭文。腹部装饰着四个兽面铺首衔环纹与兽面纹，因浓釉垂流经过，局部轮廓略显模糊，虚实相映。

香炉通体施天青色釉，胎质土黄色，因施釉非常浓厚，以致烧制时釉色纵横由左上及右下流于器表，形成天青色釉面与土黄色露胎处的强烈对比，具有铜器的金属质感。那么，为什么钧窑香炉的釉会流动，而且是从左上角向右下角流动，而不是通常垂直往下流？原来，钧瓷的烧成温度很高，大约是 1320° C 以上。当窑温达到 1150° C 以上时，一部分釉会开始溶化，靠近坯体的釉有的渗透于坯体之内；而表面上的釉由于黏性较弱，当它黏粘不住的时候，就会往下流，待烧成后其状如涕，也就形成了当时风行一时的“流釉如涕”。

据专家推测，钧窑香炉采用的是斜装窑法。入窑时它的两只脚会被垫高而呈倾斜状，所以釉子会顺着香炉的前面倾斜向下流。由于流动的釉浓淡不一，它的色彩会如水墨画般晕染开来，甚至有水流凝滞的感觉，可以打破垂直流动的呆板，一次成形可谓浑然天成。香炉的基本釉色是各种浓淡不一的蓝色乳光釉，具有荧光般的蓝色光泽，色调古朴优美。整体胎质层次分明，内容丰富、清新明快，整体造型浑圆饱满，古朴典雅、浑厚凝重。可以说“小宋自造”香炉是汲取了宋、元两代钧瓷烧造技艺的结晶，也是北方游牧文化与中原文化的完美结合，更彰显了中国古代劳动人民的非凡匠艺。

“小宋自造”香炉正面的铭文

关于匠人“小宋”的信息，我们知道得非常有限。只能推断出他姓“宋”，有可能别人叫他“小宋”，他也习惯了这样的称呼，于是在香炉正面的铭文中就写下“己酉年九月十五小宋自造香炉一个”。这 15 个字揭示出了不少信息，让香炉显得弥足珍贵。

首先，己酉年到底是哪一年？按照我国的干支纪年法，每 60 年为一个甲子即一个纪年周期，己酉年为天干“乙”对应的一个地支“酉鸡”年。大一统的元朝（1271—1368）共历 97 年，有两个乙酉年：一个是元定宗皇后海迷失称制时期，即 1249 年；另一个是元武宗至大二年，即 1309 年。专家普遍认为香炉产自 1309 年。因为 1249 年元朝尚未统一，战乱不断；而 1309 年元朝统一全国日久，社会相对稳定，经济得到恢复，包括瓷器制作业在内，手工制造业也得到了迅速发展，由此可以推断，这件香炉应该是元代中期的钧窑产品。

其次，铭文中“一个”的“个”字，有别于元朝使用的繁体字，而使用了现在的简体字。这说明在我国元代，为了书写的便利，民间已产生了一些简体字。这对我们研究简体字发展过程具有非常重要的价值；同时，通过比较同一历史时期其他钧瓷的文物，便可以进行钧窑地区分布、元代瓷器贸易发展等方面的积极研究。在当代遍及世界的“中国制造”语境下，“小宋自造”四个字则证明在距今六七百年前的元代，工匠不仅具备了一定的知识产权意识，还展现出了一种高度的“文化自信”，更重要的是通过一个物件实现了自我价值的充分表达，我们甚至能感受到勤劳的“小宋”在完成烧造后骄傲和喜悦溢于言表的神情。这不正是源远流长的多民族、多元文化在碰撞和交融中凝结出的开放、兼容与自信的果实吗？

“小宋自造”香炉的发掘

那么，这件“小宋自造”香炉是怎样被发现的呢？1970 年 12 月，内蒙古大学历史系的学生们在呼和浩特东郊白塔东南 500 米处参加生产劳动时，无意中发现了窖藏文物——两个盖有铁釜的黑釉瓮。令人惊奇的是，两个大瓮中竟还藏着 6 件瓷器，分别是：香炉 1 件、镂空高座双螭手耳瓶 1 对、缠枝牡丹纹瓶 1 对、缠枝莲纺瓶 1 件。通过研究证实，这批瓷器属于元代窖藏，代表了元代瓷器制造业的最高水平，其中这件钧窑香炉更是让人惊为天物。

经考证，香炉窖藏地点属于古代丰州城辖区。这是公元 10 世纪初辽太祖在位时期在辽境西南部兴建的上等州城，金元两代相继沿用，其中元朝的丰州城不仅延续和发展着金代的繁荣，而且成为中原地区通往漠北的交通枢纽；辽朝，丰州城西北隅寺院内便有一座“万部华严经塔”，俗称“白塔”，是寺内存放佛教经卷的地方，尤在元代负有盛名，来访人众甚多。因此，香炉的出土地信息正说明它很可能是当时寺庙内使用的供器，但元代寺庙使用的多为小香炉，而这件钧窑香炉体积奇大，极为罕见。后来，古城里的居民迫于战事而离开此地，为了避免破坏，作为当时的应急措施，便将这些精美的瓷器掩埋于房屋和院落内。由于历史原因，古城逐渐湮没，这些窖藏瓷器才有幸完整地保存至今。

内蒙古地区地处中原，是通往漠北、西域的交通要道。受特定历史文化环境的限制，这里出土的瓷器绝大多数来源于中原与南方地区商品或贡品的输入，各大窑系的产品均有发现，而且不乏精品。钧窑“小宋自造”香炉正是其中的代表，它让我们站在文化的碰撞、交流地带，找到了一个理解中国历史，感知中华民族多元一体的文化格局。

自 20 世纪 90 年代以来，这件香炉曾多次在国外巡回展出。直至现在，近 40 年过去了，随着中国田野考古发掘和水下考古事业的兴起，元代钧瓷出土较多，但钧窑“小宋自造”香炉仍然是传世钧窑瓷器中的佼佼者，至今珍藏于内蒙古博物院，欢迎您到内蒙古博物院近距离欣赏它的美。

参考文献

① 《元钧窑“己酉”天青釉鼎式香炉》，内蒙古博物院，李毅君.
② 《国之瑰宝——小宋自造钧窑大香炉》，《内蒙古日报》，2018年07月23日.

082

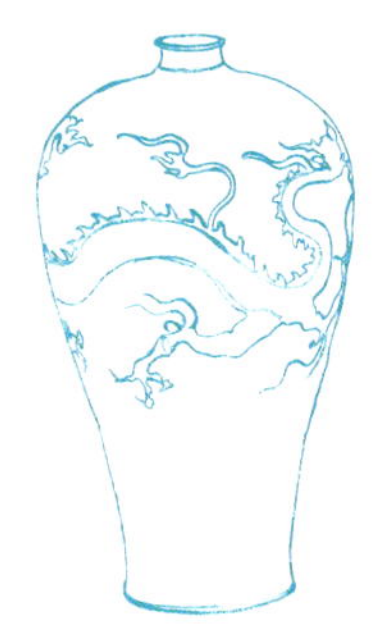

元代霁蓝釉白龙纹梅瓶

元代景德镇同类器物烧造的最高水准

国宝小档案

年代：元（公元 1271—1368 年）

尺寸：高 43.5 厘米，口径 5.5 厘米，最大腹径 25.3 厘米，底径 14 厘米

馆藏地：扬州博物馆

供图：扬州博物馆

主讲人：张蔷

提到扬州，您会想到什么？是唐代时期“扬一益二”的繁华，还是“淮左名都，竹西佳处”的美誉，抑或是闻名中外的扬州炒饭，等等。今天我为您介绍的是扬州另一张城市名片——扬州博物馆珍藏的元代霁蓝釉白龙纹梅瓶。

这件来自600年前的梅瓶，高43.5厘米，口径5.5厘米，最大腹径25.3厘米，底径14厘米，属于元代景德镇窑蓝釉瓷器中的大型器物。其瓶身外壁通体施蓝釉，呈现出晶莹夺目的宝蓝色。

霁蓝釉的历史

首先，我们不妨先了解一下霁蓝釉瓷器的由来。元朝时期的文化是粗犷奔放的，游牧民族在广袤的草原上奔驰，蓝天、白云下的草原就是他们的天堂，这种流淌在他们血液里的文化，让他们对蓝色和白色尤为偏爱。因此，蓝色成为元代的流行色。

元朝虽然在中国历史上只存在了不到100年，但当时的手工业尤其是制瓷业却得到了很大的发展。聪明的工匠们在研发多种瓷器品种时，采用了大胆的创新式手法，创造了众多新的品种。比如今天我们要介绍的霁蓝釉。

霁蓝釉是一种添加了钴土矿料的高温石灰碱釉，首先要在生坯上施釉，尔后在1280 ~ 1300℃的温度下一次性烧成。元代陶工们创烧霁蓝釉时，是用天然的钴土矿料做呈色剂，矿物中的氧化钴与并存的少量氧化铁和氧化锰等金属氧化物，使烧成的霁蓝釉或明净艳丽，或深沉古朴，耐人赏玩。虽然我国的云南、江西和浙江都有钴土矿藏，但由于国产的钴料中含锰量高、含铁量低，经高温还原焰烧成后

龙纹梅瓶俯视图

发色偏于灰暗。而这件梅瓶所用的是含锰量低、含铁量高的进口钴料，在适当的温度、气氛下烧制，发色纯正浓艳，谓之“宝石蓝”。

据文献记载，当时霁蓝器的废品率较高。烧制这种产品时，窑炉中必须还原气氛，且窑温要控制得当。温度低了，釉色发黑；温度稍高就会出现流釉现象。烧制如此完美的大件梅瓶，须将瓷坯置于最好的窑位，而且烧造优质的产品不仅需要成熟的技术，也需要很好的运气。该梅瓶代表了元代景德镇同类器物烧造的最高水准，令人惊叹。

用天然的钴土矿料做呈色剂，矿物中的氧化钴与并存的少量氧化铁和氧化锰等金属氧化物，使烧成的霁蓝釉或明净艳丽，或深沉古朴，耐人赏玩。

梅瓶的用途

接着，我们再来了解一下梅瓶的发展史。梅瓶出现于宋代，初名经瓶，根据宋代赵令畤在《侯鲭录》中的记载，可知梅瓶一开始是盛酒所用。随着人们审美意趣的变化，明清时期逐渐把梅瓶作为一种陈设瓷，有时也做花瓶用。

“梅瓶”这一定名的由来，出自民国时期许之衡所撰《饮流斋说瓷》，书称：“口径之小，仅与梅之瘦骨相称，故名梅瓶也。”此后约定俗成，便将这种小口、丰肩的瓷瓶称为梅瓶。至今，景德镇烧制的各式梅瓶，作为大众家居的陈设品，仍不失为装点美化生活、平添生活情趣的常用艺术品。

霁蓝釉白龙纹梅瓶的艺术价值

接下来，让我们共同走近扬州博物馆的霁蓝釉白龙纹梅瓶。

从纹饰上看，瓶身中部饰有“赶珠龙纹”，即一条正在追赶宝珠的飞龙。整条龙环绕瓶身一周，呈曲线形，龙首高高上昂，双角后翘，口部大张，唇边微卷，露出利齿。龙的四肢粗壮颀长，前后肢均一前一后地屈伸，呈现大步行进的状态。每肢的前端都有前伸的三爪，爪尖锋利，显得十分勇武有力。四肢上的肘毛纤长稀疏，仿佛在随风飘拂，与龙身四周所衬托的火焰形云纹相呼应，又有一种飘逸之感。云龙纹施以淡淡的青白釉，以蓝釉点缀眼珠，颇有画龙点睛的效果。**古朴的蓝釉瓶身与素净的青白釉龙纹形成强烈的对比，仿佛是一条白龙自由翱翔于蓝天之上，气势雄浑，呼之欲出，具有极强的艺术感染力。**

从造型上看，其丰肩修腹的弧线斜收至胫部时，又以弧线外撇至底边。这样的梅瓶肩部显得更加丰满，而且整体修长美丽，具有极强的观赏性。梅瓶最大腹径与高度的比值近似于黄金比。工匠们在长年累月的劳动实践中不断发现并创造着美，这种比例并不是他们刻意追求的结果，而是一种“技进乎道”的境界，单纯欣赏如此比例的器形便是一种无与伦比的享受。

霁蓝釉白龙纹梅瓶的制作工艺

烧制梅瓶这样的大型瓷器，器坯入窑后，在高温焙烧过程中很容易发生变形，因此废品率很高。元代统治者对制瓷业非常重视，政府尊重有技能的官匠，不仅可以免除他们的一切差科，地位亦可以世袭。这种政策激励着景德镇的匠师在制瓷工艺上不断取得突破。他们发明了瓷石加高岭土的“二元配方”法，增加了胎土内氧化铝的含量，在提高瓷器的烧成温度和胎釉融合度的同时，减少了器物的变形，使烧制大型器物成为可能。**制作大型器物时须用接胎法成形，因此我们看到的梅瓶器身上微微凸起的接胎痕迹是当时不注重修胎所致。作为时代的工艺特点，**

已成为今天我们鉴别的重要依据之一。

梅瓶拉坯成形后，陶工先在瓶体上刻画龙纹及云纹，龙纹必须在瓶体作 360 度全方位布局，才能产生最佳的视觉效果。龙身呈“S”形取势，以便控制整个画面的大势，龙首、龙尾、龙爪、白云结合在一起，既能起到平衡构图的作用，又能产生延伸、拓展、扩张的效果。工匠的刻画得心应手，深浅、粗细、疏密搭配，自然生动，恰到好处。整个龙纹栩栩如生，充满着无限活力；然后，在瓶体周身施霁蓝釉，最后在纹饰上施影青釉，烧成后呈现出蓝天、白龙、白云的精彩画面。霁蓝釉白龙纹梅瓶釉质莹润，色泽浓艳，纹饰精致，代表了元代景德镇同类器物烧造的最高水准。

享誉国际的稀世珍品

这件梅瓶在国际上也很有知名度。2000 年 10 月 21 日，法国前总统希拉克访问扬州时，在繁忙的国事访问之余，他提了一个小小的请求，希望能见到扬州博物馆珍藏的元代霁蓝釉白龙纹梅瓶。原来，在法国巴黎吉美博物馆（Musée Guimet）的镇馆之宝中，也有一件中国元代的霁蓝釉白龙纹梅瓶。因此，希拉克对扬州博物馆珍藏的这件也充满了好奇。

中国元代白龙纹梅瓶目前存世共三件，其中一件为宫廷的旧藏，现存北京颐和园，可惜有残损；一件藏于法国巴黎吉美博物馆，龙首处的釉面缺陷明显，这两瓶的高度都只有 33 厘米左右。唯有扬州博物馆珍藏的这件器形最大，纹饰最为精美，保存也最为完好。

梅瓶存世量稀少是因为元朝时景德镇的各大瓷窑都被朝廷所管辖，专门为皇室贵族烧制瓷器。这种精美的霁蓝釉白龙纹梅瓶由于图案的特殊性，只允许收藏于皇宫中。成批的瓷器烧制成功之后，品质较为完美的被直接运往京城，那些稍有瑕疵的就会被当场砸碎，因此这种梅瓶的产量在当时就比较少。后来历经朝代更替和岁月变迁，数量越来越稀少，也变得越来越珍贵。

扬州博物馆珍藏的霁蓝釉白龙纹梅瓶，1992 年经国家文物鉴定委员会评定为国宝级文物，2013 年被国家文物局定为禁止出境文物。

知章騎馬似乘船眼花
落井水底眠

083

张翀《饮中八仙图》屏

杜甫诗中的八位酒仙

国宝小档案

年代：明（公元1368—1644年）

尺寸：每条长128厘米，宽60厘米

材质：纸本淡设色

馆藏地：济南市博物馆

供图：济南市博物馆

主讲人：杨冬梅

今天我为您介绍的是一组明代的屏风，上面是著名画家张翀所绘《饮中八仙图》。杜甫的一首《饮中八仙歌》成为历史长河中略带酒香的一朵浪花，一直令人陶醉至今。明代著名画家张翀将杜甫的这首诗及诗中八位酒仙的醉态，生动地画进了八幅条屏里。

张翀，字子羽，号图南，明末清初江宁（今江苏南京）人。**他的人物画造诣极高，已达到了出神入化的境地。**其作品在台北故宫博物院、北京故宫博物院、上海博物馆等都有收藏。济南市博物馆所珍藏的这八幅《饮中八仙图》屏，为纸本，淡设色，每条长128厘米，宽60厘米。**画中这八位酒仙都生活在唐代首都长安，都是大名鼎鼎的人，他们都有几个共同的特点：才华横溢，豪放豁达，嗜酒无度。**接下来，让我们跟随张翀的画作走入唐代的长安，看看他们都是怎样的醉态。

第一幅画的是贺知章。贺知章，越州永兴（今浙江萧山）人，少年时便以文采出众而闻名。武则天证圣元年考中状元，是浙江第一位状元。历任国子监四门博士、礼部侍郎、秘书监等职，深得唐玄宗的赏识。老年时多次请辞，终得恩准。归乡途中，他感慨物是而人非，随口吟道："少小离家老大回，乡音无改鬓毛衰。儿童相见不相识，笑问客从何处来。"贺知章诗好、文好、字好、酒量也好。有一次他喝高了，骑在马上摇摇晃晃，竟掉到井里，并在井底呼呼大睡。**张翀将贺知章醉眼蒙眬骑在马上的神态，描绘得惟妙惟肖，并在画的右上角题杜甫诗句："知章骑马似乘船，眼花落井水底眠。"**

第二幅画的是汝阳郡王李琎。他是唐睿宗皇帝李旦之孙，宠极一时。历史记载，他长得俊秀端正，不仅文、诗俱佳，箭也射得极好，是个文武全才，还与贺知章是诗酒之交。画中描绘了已经喝了三斗酒的李琎去朝拜皇帝时，路遇酒曲车，又馋得流出了口水，恨不能把自己的封地迁到酒泉去。画家准确勾勒出了身份尊

汝阳郡王李琎

天宝年间左丞相李适之

诗人、名士崔宗之

贵的李琎尽享醉意的神态。**画面的右上方题杜甫的诗句：“汝阳三斗始朝天，道逢麹车口流涎，恨不移封向酒泉。”**

第三幅画的是天宝年间的左丞相李适之。他是恒山王李承乾之孙，唐开元年间任通州刺史，以强干见称；天宝元年升为左丞相，后因李林甫陷害而被贬为宜春太守，曾赋诗道：“避嫌初罢相，乐圣且衔杯。为问门前客，今朝几个来？”道出了罢相后杯不离手，每日与好友会饮的生活状态。画中所绘李适之正伏案构思，右手竟然擎着酒杯。**画面右上方题杜甫诗：“左相日兴费万钱，饮如长鲸吸百川，衔杯乐圣称世贤。”**古人认为长鲸能吸百川之水，李适之每天花费万钱买酒，他的酒量之大如长鲸吸百川一般。

第四幅画的是诗人、名士崔宗之。他是滑州（今河南滑县）人，世袭齐国公，官至侍御史，长得潇洒俊美，常与李白诗酒唱和。画中所绘崔宗之高举酒杯，仰头傲视青天，俊美身姿如玉树临风一般。**画面左上方题杜甫诗句：“宗之潇洒美少年，举觞白眼望青天，皎如玉树临风前。”**

第五幅画的是名士苏晋。他是雍州蓝田（今陕西蓝田）人。少年时便文采飞扬。开元年间考取进士，历任崇文馆学士、吏部侍郎等职，深得唐玄宗的信任和

名士苏晋

大诗人李白

赏识。唐玄宗所下圣命，多为苏晋定稿润色。除了诗文之外，还有两个相互矛盾的爱好，即礼佛参禅和喝大酒。画中身穿僧衣的苏晋闭目打坐，好像是在念佛，但又心不在焉，刻画了他既向弥勒、又爱杜康的矛盾心理。**画面左上方题杜甫诗句："苏晋长斋绣佛前，醉中往往爱逃禅。"**

第六幅画的是大诗人李白。李白，字太白，号青莲居士，祖籍陇西成纪（今甘肃秦安）。他幼时随父迁居绵州昌隆（今四川江油青莲乡），那时就表现出了超乎同龄人的诗词天赋。开元年间，李白到长安去拜见贺知章，并奉上他的《蜀道难》等诗作。贺知章看后大惊道："这是太白金星降临人间了吗？"遂称李白为"谪仙"，其"诗仙"之名也由此而来。人们称赞李白的诗："落笔惊风雨，诗成泣鬼神。"他的诗句正如神来之笔，雄奇豪放、浪漫飘逸、清新脱俗。

唐玄宗天宝元年，李白曾供职于翰林院，仅一年多就辞官，离开长安后，云游四方。李白的仕途坎坷跌宕，有着一腔报国热情却不能如愿，但这没有改变其豪放不羁、纵情山水、诗情酒意的性情。他在诗中曾说："百年三万六千日，一日须倾三百杯。"画中李白喝得酩酊大醉，此时官差传来旨意：皇帝召见。他竟然不理，醉卧于酒坛之上。张翀用画笔突出表现了李白不畏权贵、恃才傲物的形象。**画面右上角题杜甫诗句："李白一斗诗百篇，长安市上酒家眠。天子呼来不上船，自称臣是酒中仙。"**

第七幅画的是大书法家、诗人张旭，吴郡（今江苏苏州）人。官至左率府长史，史称"张长史"。他

大书法家、诗人张旭

名士焦遂

的诗境界幽深，构思精巧，他的草书在当时更是无人能及。相传他大醉后呼呼狂走，索笔挥毫，笔走龙蛇，变化无穷，下笔如神，被当时人称“草圣”。这幅画描绘的是：张旭酒后，在王公面前毫不顾忌尊卑和礼节，脱帽裸露头顶，奋笔疾书。画家用酣畅的笔法，生动地刻画出张旭狂放不羁、傲视独立的性格特征。**画面左上角题杜甫诗句：“张旭三杯草圣传，脱帽露顶王公前，挥毫落纸如云烟。”**

第八幅画的是名士焦遂。焦遂是一介布衣，据史料记载，他口吃，平时不说话，但是在喝了酒以后，尤其是喝醉时，则会口若悬河，对答如流。关于焦遂的史料记载不多，从零星的描述可以窥见此人满腹经纶、学识渊博，可能因为口吃而不愿入仕为官。画中描绘的焦遂与世无争而又高谈阔论，其真知灼见往往吸引了周边的其他人。画面右上方题杜甫诗句：“焦遂五斗方卓然，高谈雄辩惊四筵。”在这幅画的上方画家自题曰：“杜少陵饮中八仙歌，重叠用韵亦似三百篇文章之意，缅想是时群公放达不羁之妙，余作此图其众，然形肖各无相类似，重出者皆赝本也，鉴赏家当审焉。弘光龙飞元年上元灯夕画。张翀识。”下钤一方“张翀之印”，一方“字子羽”朱文印。

这组《饮中八仙图》画屏的画面都没有过多的背景渲染，只有各色人等。**以人物的大小来区分主次和身份的高低，这也是封建社会时期惯用的表示身份贵贱的绘画模式。人物形态各异，整体线条流畅准确、刚柔相济，用笔利落干净。人物的脸部用细笔勾描、须发分明，表情恰到好处，每个人都被刻画得生动传神。**这应该是张翀人物画中的佳作，希望您有机会能来济南市博物馆亲自感受这八幅作品展现在您眼前时的震撼。

084

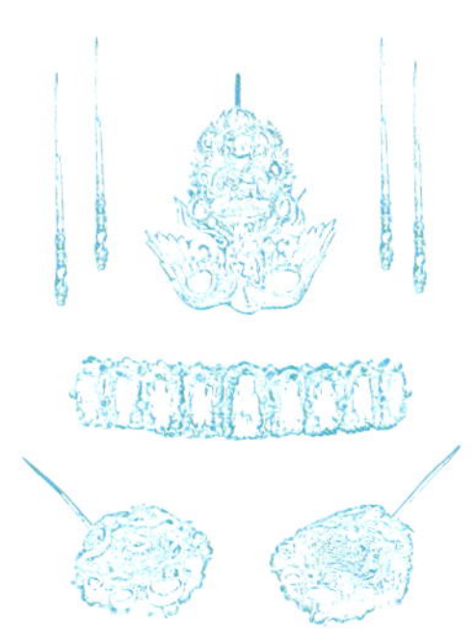

镶玉嵌宝王母驾鸾䯼髻头面

明代首饰中的极品

国宝小档案

年代：明（公元1368—1644年）

尺寸：重约1千克

出土地：江西省南城明益宣王朱翊鈏夫妇合葬墓继妃孙氏的棺中

馆藏地：江西省博物馆

供图：江西省博物馆

主讲人：赵桐

今天，我给您介绍一副明代妇女的头面。这副头面不仅集合了王母、南极寿星、八仙等各路神仙，更使用了明代首饰的顶级配备——红蓝宝石、白玉、黄金，它就是镶玉嵌宝王母驾鸾䯼髻头面。

“头面”是明代女子头饰的总称，一副头面是指插戴在䯼髻周围装饰题材一致的各式簪钗，主要由挑心、分心、压鬓、各式小簪、啄针等组成。一副头面的佩戴，从选择造型样式到配套组合，都深有讲究。既要将功能配套完整，让造型纹饰的寓意和谐一致，也要突出主次，发挥每个簪钗的特色。

这副王母驾鸾䯼髻头面，出土于明益宣王朱翊鈏夫妇合葬墓继妃孙氏的棺中，由王母驾鸾镶宝石金挑心、八仙镶宝嵌玉石金钿、双龙“福寿”镶宝石金掩鬓、龙头镶宝石金簪、凤头镶宝石金簪等组成，总重量大约有一千克。

王母驾鸾镶宝石金挑心

这件挑心的簪会被人们戴在头部正面的中心位置。它整体呈对称结构，给人以稳重的感觉。金凤昂首挺胸，呈展翅高飞状，凤头英姿勃勃，双目錾刻得炯炯有神，冠庭饱满，羽冠呈流线型向上延伸；颈部苍劲有力，挺拔健壮，颈后左右各有两条旋涡状的金丝；双翅打开，像正在飞行一般，双翅圆托上分别镶嵌一颗大红宝石作为花心，花丝掐成菊花花蕊；翅膀上采用了锤揲的工艺，展现了羽毛的细部。

金凤的整体造型在英气中略显柔美，很符合地位崇高的女神的坐骑形象。**王母端坐于鸾背之上，头戴花冠，身披云肩，广袖长裙，双手持一枝荷花，背后环绕着镶嵌着七颗色彩缤纷的宝石的金轮，如火焰一般，象征着其神仙之身的尊贵。**

整体呈对称结构。金凤昂首挺胸，呈展翅高飞状，凤头英姿勃勃，双目錾刻得炯炯有神，冠庭饱满，羽冠呈流线型向上延伸。

弧形金钿上有九个用金片捶压呈圭状的神龛，并排镶嵌在镂空錾花弧形底板上，每个龛与底板之间都用椭圆形托座相接。

八仙嵌玉镶宝石金钿

弧形金钿上有九个用金片捶压呈圭状的神龛，并排镶嵌在镂空錾花弧形底板上，每个龛与底板之间都用椭圆形托座相接。神龛四周装饰有海涛、寿山、云花纹，每个龛分别焊有两个宝石托，中间一龛略大，焊有三个宝石托；九个玉雕仙人的间隙各镶嵌红宝石一颗，共10颗。其背底的整个金片打造成连续的镂空如意云纹，就像祥云环绕在仙人周围一样；背后中间焊接一串扁管，用以穿绳。

玉人居中，应为南极寿星，两旁为八仙，寿星略高于八仙。八仙从左至右分别为：韩湘子、曹国舅、蓝采和、汉钟离、铁拐李、吕洞宾、张果老、何仙姑。整件金钿呈红、黄、白三种颜色，增添了雅致的审美趣味，高贵而不艳俗。

整体呈圆形，两侧用粗金丝绕成两条相对上升的五爪龙，中间的篆体字“福”“寿”以花卉、云朵饰为边，并用累丝、掐丝等手法饰以细小、繁密的卷云纹和卷草纹，整体造型为双龙捧字。

双龙“福寿”镶宝石金掩鬓

这对金镶宝双龙“福寿”掩鬓整体呈圆形，两侧用粗金丝绕成两条相对上升的五爪龙，中间的篆体字“福”“寿”以花卉、云朵饰为边，并用累丝、掐丝等手法饰以细小、繁密的卷云纹和卷草纹，整体造型为双龙捧字。双龙龙头处与大字当中各嵌一颗红宝石，龙尾相连处嵌蓝宝石，蓝宝石两侧各镶两颗宝石。龙身活灵活现，字则端庄有力，龙身的转折处和大字的笔画空隙间都用缠枝花

王母位于整个头面的中心，其余各神仙环绕四周做群仙宴饮状，整体气氛热烈。整副头面插戴在头上，好一幅“群仙会祝寿图”。

连接。

这对掩鬓虽然个体不大，却采用了累丝、掐丝、焊接、捶压、镶嵌等多种技法，细致且精美。双龙戏珠及“福寿”二字显示了王室贵胄的雍容气派和典雅风范。

群仙会祝寿图

这么多神仙在一起是在共谋什么大事吗？这要从位于中心位置的王母娘娘说起。西王母是中国道教神话中一位地位至高无上的女神。有关她的记录，最早出现在先秦古籍《山海经》中：“其状如人，豹尾虎齿而善啸，蓬发戴胜。”其形象并不太好看，而且有浓厚的图腾色彩；在《汉武内传》及其之后的道书中，西王母成为美丽雍容的妇人，不仅掌管着女神的仙籍，还掌管着能够长生不死的药，每当蟠桃成熟时，西王母就要设宴款待为她祝寿的众神仙；到了明代以后，王母娘娘就成了长寿、富足、享乐的象征了。

在道教的传说中，南极寿星是元始天尊座下大弟子，道教奉其为南极仙翁，位置很高。八仙传说的故事则由来已久，至明代中期定型为由汉钟离、吕洞宾、铁拐李、张果老、蓝采和、韩湘子、曹国舅、何仙姑组成的神仙群体。八仙的传说来源于凡人修仙，人物和故事的世俗化拉近了神仙与人之间的距离，一定程度上让人们释怀心中的疑虑、苦闷和烦恼。

八仙在民间艺术中，常常表现的一个主题就是寿。八仙庆寿的吉庆场面，满足了举行祝寿礼仪人家的心理要求，使寿礼充满了喜庆的气氛，以期人如八仙一般延年益寿，甚至长生不老。基于人对生命的渴望这一事实，道教接受先秦以来的神仙思想和鬼神传说，又结合易经、阴阳五行学说等理论，把长生不老作为自己的核心思想理论，迎合了人们的心理愿望。由此可见，西王母、南极寿星和八仙组合在一起，其中心思想就是求寿、祝寿。

那么，他们的组合是随意搭配，还是一种固定模式呢？这三者的组合不仅与道教有关，还与戏曲有着极大的关系，应是取材于明代十分流行的一种戏剧——神仙道化剧。明代，道教文化在民间得到了深入发展；而道教劝善书作为宋明以来道教文化的重要载体，维系着中国封建社会后期的社会结构和道德秩序；同时，戏剧也成为传播道教劝善书、道教教义的重要媒介。

关于八仙的神仙道化剧，主要可以分为三种形式：度脱剧、庆寿剧和降魔剧。最出名的八仙庆寿剧就是朱有墩的《瑶池会八仙庆寿》和《群仙庆寿蟠桃会》，王母、南极寿星、八仙等众神齐上阵，祝贺天上人间寿诞，借神仙题材增加了节令贺寿的欢乐祥和与雍容华贵。王母位于整个头面的中心，其余各神仙环绕四周做群仙宴饮状，整体气氛热烈。整副头面插戴在头上，好一幅“群仙会祝寿图”。

明代藩王贵胄的奢侈生活

大明益宣王继妃孙氏棺内还出土了其他许多镶宝石首饰，包含了头饰、耳饰、项饰、腕饰、戒指及衣饰等。一位明中后期藩王的继妃，为什么可以拥有这么多珍贵的随葬品呢？益藩王朱祐槟，是明宪宗第六子，弘治八年（1495 年）到封地藩建昌（今江西南城）。益藩王系（含追封）共七世八王，孙氏的丈夫朱翊鈏则是益藩王系第四世王。“南城建藩封，又多商贾百货丛集，故其俗独为侈靡”，南城是江西抚河流域重要的城镇，建藩使得当地的奢靡之风盛行。

仅这位孙氏的棺内就出土了 248 件随葬品，还不包含散落的 3000 多颗珍珠、600 多颗玉珠和 100 多颗宝石。另外，对于孙氏的厚葬，还有一个重要原因。根据“大明册封益宣王妃孙氏圹志”记载：“子九人：长 ，册封为益世子……”孙氏虽然是继妃，但她的长子为益世子，而且子嗣众多，去世后得以厚葬应是情理之中的事情。

明代藩王墓中出土了多件镶宝嵌玉饰品，体现了上层社会对金银装饰器物的喜好。在设计题材的选取上，动植物的组合，儒释道人物，仙台楼阁，梵文祥字等样式在明代的首饰设计上都有涉及；取材方面喜用黄金、白玉、红蓝宝石等多种材料的搭配，呈现出多彩化的特征。明代上层贵族对于镶嵌宝石类金银饰物的喜好，大约有两个方面的原因：一是长时间稳定的社会环境和宽松的国家政策，使得明朝经济快速发展，人民生活富足，以华为美的消费观风靡世间；二是由于 1405—1433 年，郑和七次下西洋，足迹遍及亚非 30 多个国家和地区，其所带动的对外贸易和东南亚各国朝贡，为宝石材料的源源不断供应提供了保障。

这副镶玉嵌宝王母驾鸾𩭹髻头面的出土，揭示了明代藩王贵胄的奢侈生活，反映了明代江西地区经济、政治以及社会生产力的发展水平。其明亮的色彩搭配，确实折射出了明代中期的时代盛况，然而，过多的镶玉嵌宝黄金饰品所反射出的炫目光芒，似乎也正在诉说着国家的腐朽与衰亡。到了明代晚期，益定王墓只出土几件不成套的首饰，并且以银鎏金为多，再难重现往日的辉煌。

085

金镶红蓝宝石冠

明朝皇帝赐予沐氏家族的名贵之物

国宝小档案

年代：明（公元 1368—1644 年）

尺寸：通高 11.5 厘米，直径 7 ~ 11 厘米

出土地：云南省昆明市呈贡区王家营沐崧夫妇合葬墓

馆藏地：云南省博物馆

图片：邢毅摄

主讲人：陈奕垚

您好，今天我为您介绍一件金灿灿、华丽丽的文物，它就是金镶红蓝宝石冠。

提到云南，我们会想到金庸小说中大理国时期的段正淳、一灯大师段智兴，也会想到传说中天龙八部的部众迦楼罗大鹏金翅鸟。但是，您是否还记得《鹿鼎记》中的沐王府？放眼中华历史五千年，那是一段短暂、相对独立，又给人田园牧歌气息的历史。

我们的故事就从这里开始。1963 年，在云南呈贡王家营发现了一座保存完好的墓葬——沐崧夫妇合葬墓，从中出土了上百件金银器，而金镶红蓝宝石冠便是其中的珍品。**金镶红蓝宝石冠造型呈半球形，由内外四层形似莲花瓣的薄金片累叠而成；冠面镶嵌着红、蓝、绿、白等各色宝石 50 多粒；冠两侧各有小孔两个，并用四支金簪穿入冠内发髻中以固定冠身。**整体来看，金镶红蓝宝石冠上具有艳丽色彩的名贵宝石与黄金交相辉映，显得更加富丽华贵。

沐氏家族镇守云南

提到沐王府，它的奠基人是沐英。沐英从小双亲亡故，明太祖朱元璋将他收为养子。他经营川藏地区，开拓边疆数千里，洪武十年（1377 年）被封为“西平侯”。1381 年，沐英辅佐朱元璋当上皇帝后不久，他奉命镇守地处边陲的云南，多次平定了西南边境的叛乱，在金庸武侠小说《鹿鼎记》中就有沐家军大战叛军“象阵”的故事，故事的主角就是沐英。

在云南期间，沐英一方面平息地方叛乱，另一方面大力发展云南经济，开垦荒地，屯田戍边，并把先进的农耕技术传授给当地的居民，仅仅几年时间，就为云南百姓的安居乐业创造了良好的社会环境。沐英在云南的表现让朱元璋感到十分欣慰，在上朝时，朱元璋拍着沐英的肩膀说：“有你镇守云南，我就高枕无忧了。”

高超的金银器制作工艺

后来，明朝皇帝命工匠打造金镶红蓝宝石冠，赐予沐氏家族。这顶头冠集中融合了多种工艺技法，如捶揲、錾刻、焊接等，充分反映了明代金器制作水平的高超，更显现了明代王侯之物的华贵。

在我国古代的金银器锻造中，工艺大体分为锻造、錾刻、铸造三大领域：锻造是指锤打金属，錾刻指的是用錾刀在金属上雕刻图案，而铸造是将熔化的金属注入铸模之中。往往这三种工艺会在同一作品中出现，相互渗透，赏心悦目；或者是在其工艺领域中被推向极致，回归本源，古朴天然。

其中“锤揲”又被民间称之为“抬钣”，据考古发现，我国早在西周时期就已经有打制铜饰件出土。隋唐时期，大量的金银器就是用这样的工艺铸造，被称为“锤揲工艺”。这是流传数十年的传统手工艺，也是一种用手工艺方法把金、银、铜等金属材料，靠打胎、錾花、焊接等技法锻塑成圆雕、浮雕的各种艺术品，以及实用器的成形工艺。隋唐时期锤揲金银器工艺达到了鼎盛时期；明清时期，由于社会需要，实用器中洗脸盆、碗、盘、文房墨盒大多都是用这样的工艺打造而成。首先将红铜烧透，打薄；然后经过反复退火后，在砧子上继续捶打到位，待形状变化后再通过捶打、收拢等做出凹凸部分和底部；如果有浮雕的地方，在砧子上敲出来，然后还需要在松香班上錾刻细纹，让器物看起来浑然天成。

三镶式如意

在金镶红蓝宝石冠上，最明显的就是头顶“如意形”的云冠。

在金镶红蓝宝石冠上，最明显的就是头顶“如意形”的云冠。

提到如意，我们想到的可能是宫廷的皇家器物，可能是表达祝福的成语“万事如意”，还可能是装饰品。但是，实际上最开始“如意”是用作兵器和挠痒痒的工具。据《天皇至道太清玉册·修真器用章》记载：“如意黄帝所制，战蚩尤之兵器也。后世改为骨朵，天真执之，以辟众魔。”说明如意最开始是皇帝制造的，用来打败蚩尤的兵器。后世把如意改作骨朵，因为如意最早是兵器，所以如意自带辟邪的效果。

根据故宫博物院的资料得知，如意的起源与我们日常生活中俗称“不求人”的搔背工具有密切的关系。最早的如意，柄端作手指的形状，用来表示手触及不到的地方，搔之可如意，故称“如意”。在清朝《事物异名录》中有“如意者，古之爪杖也”，也就是现在的痒痒挠。

现在常见的如意经典样式有三种：天官式如意、灵芝式如意和三镶式如意。天官式如意就是直柄式如意，线条简单，但是高贵而威严；灵芝式如意的造型跟灵芝一样，九鼎如意都是灵芝式如意；另外，在珍贵的紫檀红木或者铜鎏金上，镶嵌玉器、玛瑙、碧玺、珊瑚、象牙、翡翠等名贵宝石，我们便称为“三镶式如意”，金镶红蓝宝石冠就属于三镶式如意。

在古代，“如意”的用途很广泛，它可作为防身器物，在战争中作为指挥作战之物，寓意万事顺利、吉祥如意。作为吉祥之物，它在民间及宫廷中都有广泛的使用，常人在远行前，家人或友人都会送上如意，以表良好的祝愿；佛僧讲经时，常用“如意”做随身携带的道具。清代，“如意”在宫廷中得到了最广泛的应用。如皇帝登基大典上，主管礼仪的臣下必敬献一柄“如意”，以祝愿国家政通人和、新政顺利；在皇帝会见外国使臣时，也要馈赠“如意”，以示缔结两国友好，国泰民安。在帝后、嫔妃的寝室中均有“如意”，以颐神养性，兆示吉安；特别是在帝后大婚，以及宫中万寿，中秋元旦时节，臣下都需要敬献数量不少的“如意”，以寓意帝后平安大吉、福星高照。**可见，在金镶红蓝宝石冠上装饰如意，同样是表达对沐式家族的美好祝愿，同时还有皇帝心中对沐氏家族地位的认可。**

除了如意形的云冠，头冠侧面那至今依旧闪耀的红蓝宝石一样会吸引您的眼球。

金镶红蓝宝石冠上的蓝宝石

除了如意形的云冠，头冠侧面那至今依旧闪耀的红蓝宝石一样会吸引您的眼球。头冠上镶嵌有50多颗红蓝宝石，红宝石在明朝时期已经广泛使用，并且明朝时期有和缅甸有频繁的商贸往来，但蓝宝石之所以大量出现，有一支历史上赫赫有名的船队也功不可没，那就是郑和的船队。

郑和是云南昆阳人，明朝航海家。他在不到20年的时间内跨越了半个地球，七下西洋，最远到达红海沿岸和非洲东海岸地区，进行了15世纪末以前世界历史上规模最大的一系列海上探险。《明史·郑和传》中记载，“造大舶，船44丈”，这里的44丈大约是146米。郑和的主船名为“大福号”，其排水量达到2500吨；而90年之后的1492年，哥伦布的主船“圣玛利亚号”，全长仅23米，排水量为120吨。由此可见，明朝时期中国航海技术的先进。

头冠侧面图

1409年，郑和第三次下西洋时经过锡兰山国，也就是今天的斯里兰卡。因为锡兰山国家寺院里供奉着佛祖释迦牟尼圆寂时留下的佛牙，郑和奉明成祖之命到锡兰山寺敬佛后，布施了金银物品，并建立了“布施锡兰山佛寺碑”。锡兰山国国王亚烈苦奈儿得知明朝的船队上装着大量财物，便想据为己有。于是，他诬陷郑和觊觎佛牙，威胁到了锡兰山国家的利益，想要扣留大明的船队。郑和得知消息后，马上离开锡兰山国，去往其他国家继续访问。

当郑和返航再次经过锡兰山国时，国王亚烈苦奈儿诱骗郑和来到锡兰山国中，还利用郑和不在船上的机会，发兵攻击了大明船队，甚至砍伐树木堵住了郑和回去的道路。郑和在不能回船的情况下，冷静地分析了战局后得出判断：锡兰山军集体攻打船队，那么，都城的防御必然是空虚的。于是，郑和率领随行的2000名将士改变了行军路线，从小路出其不意地攻打了锡兰山国的都城。军队破城而入，生擒国王亚烈苦奈儿及其家人并带回国内。朱棣当时并没有杀锡兰山国的国王，而是网开一面，并派人护送他回到锡兰山国。从此以后，锡兰山国便成为大明王朝的友邦，明朝也获得了锡兰山国的大量宝石和珍品。**金镶红蓝宝石冠上的蓝宝石，很大部分就是来自锡兰山国，也就是现在的斯里兰卡。**

关于金镶红蓝宝石冠的故事，就为您介绍到这里。我们由此可见，沐氏家族世代镇守云南，不仅为明朝守住了国家的疆域，更为后人留下了宝贵的精神财富。

086

福船

“集中国古代海船之大成”的福船

国宝小档案

年代：明（公元 1368—1644 年）

尺寸：长 31 米，宽 8.2 米，高近 30 米

馆藏地：上海中国航海博物馆

供图：上海中国航海博物馆

主讲人：周淑

大家好，今天要为大家介绍的这件展品有些特别，它静卧在上海中国航海博物馆的中央大厅中，长达 31 米，宽 8.2 米，最高的地方将近 30 米，体量庞大，气势恢宏。当您走进博物馆，立刻就会被这件“庞然大物”吸引，它就是博物馆的标志性展品——福船。它是根据郑和下西洋的标准船型所复原的一艘明代福船，由于体量庞大，无法陈列在玻璃柜内，因此，您可以与它亲密接触。

福船，也叫“大福船”，是我国古代一种著名的海船船型，因为建造于福建而得名。但福船也不限于福建造的海船，而是对我国福建、江浙沿海一带所造尖底海船的统称。中国是世界上造船历史最悠久的国家之一，造船技术也长期处于世界领先的地位。明代，古代中国帆船的发展进入鼎盛时期，更出现了郑和下西洋的远洋航海壮举。在郑和远洋的船队中，所使用的标准船型主要就是福船。

今天要为您介绍的这艘福船是一艘尖底的木船，船头尖、船尾宽，首、尾两头都微微上翘。船底最低处凸出的部分是船的龙骨，如同人和动物的脊椎，是船只重要的承重结构，可以增强船的纵向强度；船体中部两侧凸出的木结构是舭龙骨，可以减少船只在风浪中的摇摆，增加船只的稳定性。这艘船的甲板上有三根桅杆、三面风帆，高达 26.6 米的主桅杆就安装在甲板中部；甲板上设有上下舱口，可以通往甲板下的船舱。船尾处的上层建筑叫作“艉楼”，共有三层。

福船在海上行进时，主要依靠的是借助风力的风帆；无风的时候，可以靠人力摇橹驱动船只。船的尾部还有可升降的舵，用来操纵船舶的航行方向。桅杆上的风帆是用桐油涂浸过的棉麻布做成的，防水性好，不易吸水也不易老化。这些帆还可以围绕桅杆旋转，便于船员根据风向调整帆的角度。帆面上每隔一段距离就有一根用竹子做的横梁结构，即使帆面有破洞也不会影响整体。不过，这些帆也很沉，需要使用旁边的绞关木，用力绞起绳索，才能把它们升到桅顶。当然，落帆就方便多

这艘福船是一艘尖底的木船，船头尖、船尾宽，首、尾两头都微微上翘。船底最低处凸出的部分是船的龙骨，如同人和动物的脊椎，是船只重要的承重结构，可以增强船的纵向强度；船体中部两侧凸出的木结构是舭龙骨，可以减少船只在风浪中的摇摆，增加船只的稳定性。

了，帆体能依靠自身重力，快速收落。

这艘福船的吃水深度是 2.1 米，排水量为 224.6 吨。吃水指的是船浸在水里的深度；排水量指的是船在装满货物时所排开的水的重量，通常用吨来计算，是反映船舶大小的重要指标。

福船所采用的先进技术

中国古代的造船技术十分发达，这在明代福船上体现得淋漓尽致。上海中国航海博物馆的这艘福船就展示了一项先进的传统造船技术——水密隔舱。

在船尾的右侧，可以看到福船船舱的内部结构：船舱内部并不是连成一体的，而是被木板分隔成了多个舱室，还将木板缝隙填充起来，使各舱室之间不留空隙。试想，当某个船舱破了窟窿后，水会不断从外面渗入。而船员在发现这种情况后，可以马上转移这个舱室里的货物，再用木楔子和木塞之类的材料将洞暂时堵住。

由于船舱被隔成一间一间的密闭舱室，所以即使这间舱室进水了，水也不会渗到其他舱室。于是船还可以继续航行，等到了目的地再修补。

这种水密隔舱技术，使用隔舱板将船舱分割为各自独立的水密舱区，极大地提高了船舶的抗沉性。这种技术的历史可以追溯到东晋末年。当时国家动荡，社会矛盾尖锐，孙恩、卢循率领百姓从浙东沿海发起了反晋的起义。他们从海上起兵，积极建造舰船，研究先进的水战技术与造船技术，在东部沿海和长江等水域与东晋军队交战多次。当时，卢循建造了一种新的八槽舰，在这些水战中发挥了重要的作用。他们用横舱板将船体的底层分成了彼此独立的八个船舱，所以称为“八槽”；各舱单独密封，互相之间不会渗水，因此被称为“水密”。这正是水密隔舱技术的雏形。

水密隔舱是我国古代造船技术的重大突破，不仅在我国得到推广，从近代开始也传播到西方，一直沿用至今，对世界航海史产生了重大的影响。除了分隔船舱、提高船舶的抗沉性，这项技术还有两方面的作用：首先，厚实的隔舱板支撑着船体的内部，能够增强船的横向强度，使船体结构更加坚固；其次，如果这艘船需要运送货物，比如茶叶和不同种类的香料，那么，多个船舱也便于货物的分仓储货，更利于装卸和管理。

船尾的右侧，可以看到福船船舱的内部结构。

船舱内部并不是连成一体的，而是被木板分隔成了多个舱室，还将木板缝隙填充起来，使各舱室之间不留空隙。

除了水密隔舱，这艘福船还采用了另外一项了不起的中国传统造船技术——榫卯连接。组成船体的木构件又多又重，那么，怎样将它们紧密连接在一起呢？在连接大件木头时，钉子使用起来不方便，而且在海水中容易生锈。而榫卯连接技术是一种不使用钉子的技术，它是将木构件加工成彼此可以严密扣合的形状，通过形状自身的凹凸连接为一体，凸出的部分被叫作“榫”，凹进的部分被叫作“卯”。使用榫卯技术后，船只的不同部件被巧妙地结合起来，就像木头拼图一样，连接成了一个牢固的整体，在水中长期活动也不会松脱。这艘福船的外板、甲板、舱壁板、龙骨的连接都采用了榫卯连接技术。它与水密隔舱技术都是中国古代劳动人民智慧的结晶，也是中国人民对世界航海事业的贡献。

郑和下西洋的标准船型

中国古代的船型种类繁多，但大体来看，可以按照船首形状的不同，分成尖首和方首；按照船底式样的不同，分为尖底和平底。而福船就是尖首、尖底船型的代表，沙船则是方头、平底船的代表，它们与广船、鸟船合称为“中国四大古船”，尤其是前三者已驰名中外。

同为中国古代著名的船型，在郑和的宝船船队中，却很少见到广船，沙船也不大使用，大多数船型都是福船。那么，福船与其他三大古代船型相比，究竟有什么优势能够让它脱颖而出，成为郑和下西洋的标准船型呢？

首先要从福船自身的优良性能说起。早在宋代，福船就以“海舟以福建为上”而著称于世。福船的船体高大，尖底造型使它吃水更深，有利于破浪前进；加之尖头阔尾、结构坚固，多水密舱，容量大，宽阔的甲板也便于装卸及作战，而且稳定性好、抗风力强，非常适合远洋航行。

从明王朝的角度来看，下西洋是涉及国家政治、外交乃至经济大局的要事。若要完成这项重大使命，必须确保航行船队的安全，而船队的安全又是以船只的抗风暴、续航和海上作战能力为基础的。在这几方面上，稳定性好、便于作战的福船显然具有优势。

再者，从航线来看，郑和下西洋的船队要驶向西洋各国，途经太平洋、印度洋，还要航行到波斯湾和东非沿岸等深水海域。虽然“有水就能行船”，但合适的船型却能让航行速度更快，因此选择尖底、吃水深、长宽比小的福船船型也就顺理成章了。

相比之下，因为广船主要航行于礁石密布的南中国海，造船材料要选用好的硬木；早期使用的是坚硬而沉重的铁力木，明代后期开始，由于铁力木资源奇缺，才改用其他硬木。而福船用松木、杉木等木材就可以建造。在同样大小的尺度下，虽然广船比福船更坚固，但广船对木材的投资更大，且空船的重量偏重，相对的载货量就会变小，损坏后维修的难度也比福船大。另外，广船上窄下宽的形制，在远洋时的稳定性也不及福船。鸟船为快速的小型船，也不适合作为远洋主力。沙船平头、平底、方尾，主要航行于水浅、多滩的近海航线，同样不适合深水大浪的远洋航行。

因此，凭借适于远洋的优越性能，福船成为郑和下西洋的标准船型，更成为我国古代航行于“海上丝绸之路”的最优秀的木质帆船。

古代福船上的传统民俗与文化

上海中国航海博物馆的这艘福船，是参考明代相关文献，以明代福船为原型，由舟山著名造船作坊以传统木船的制作工艺和技术打造的，是一艘可以实际下水航行的实船。除了船型与船体设备，这艘福船在细节上也处处体现着古代福船上的传统民俗与文化。为了寓意吉祥，船首和船尾分别装饰着彩绘的狮子头和鹢鸟。船头的左右两侧还各有一只活灵活现的“眼睛”，是模仿鱼的眼睛而安装的“船眼”，寓意识途。而船眼眼珠的朝向也大有说法：民间有个风俗，习惯通过船眼眼珠的朝向来区分船只的用途，船眼的眼珠朝上代表是天子的官船，船眼朝前看的就是寻路的商船，而船眼朝下看的则是捕鱼的渔船。

在这艘福船的艉楼二层还设有神堂，神堂中供奉着一尊神像。台湾、福建等地的朋友肯定对这位神灵更熟悉，它就是历代船工、海员、商人和渔民共同信奉的神祇——妈祖。

妈祖又被人们称为天妃、天后、天上圣母、海神娘娘。她是旧时民间所信仰的保佑航海平安的海神，主要流传于东部沿海地带。关于妈祖的来历有很多种说法。相传，妈祖出生在北宋年间福建湄洲的一户普通渔家，因为从出生到满月都不啼哭，所以取名林默，人称“林默娘”。民间传说林默非常聪明善良，从小就熟悉水性，经常在大海中拯救遇难的船只，还能为人治病，预言祸福，被人誉为“通贤灵女”。后来，林默在海上搭救船只时不幸被桅杆击中头部，落水身亡，年仅 28 岁。人们为了纪念她，便立庙祭祀，称之为“妈祖”，并奉为海上保护神。

在古代，船舶起航前要先祭妈祖，祈求她保佑顺风和平安，还在船舶上立妈祖神位供奉。后来，妈祖的影响逐渐扩大到福建乃至全国各地，尤以台湾等地为甚。近代以来，妈祖崇拜甚至超越了国界，在东南亚等地也有许多信徒和庙宇。

明清时期主要的战船船型——福船

凭借优越的性能，福船成为明代官方使臣出使海外的重要交通工具，除了郑和下西洋，徐兢出使高丽、册封使出使琉球乘坐的都是福船。此外，福船还是明清时期主要的战船船型。它可以凭借“身高”的优势，居高临下发射火炮火箭，而且船首尖且高昂，有很强的冲击力，甚至可以击沉敌舰。“福船乘风而下，如车碾螳螂”，历时 10 余年，扫清东南沿海倭患的抗倭名将戚继光，渡海东征、驱除荷兰殖民者、收复宝岛台湾的郑成功，他们的船队和水师的主要船型也是福船。福船作为最能代表明代造船成就的木船，堪称“集中国古代海船之大成”。

欢迎大家来上海中国航海博物馆，亲自登上福船的甲板，近距离观察福船的船型与结构，深入感受中国历史悠久的航海文化以及古人的智慧。

087

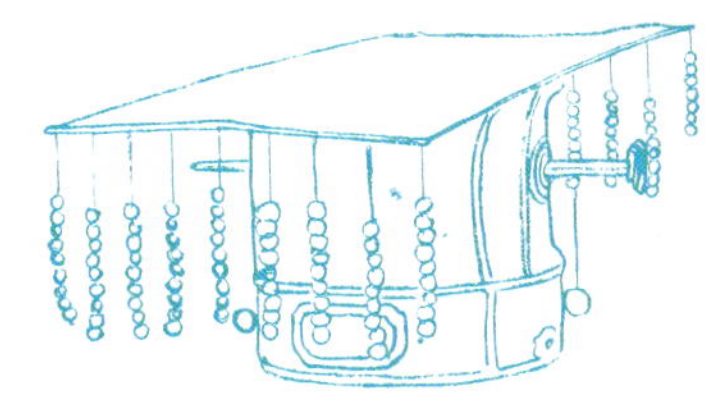

九旒冕

唯一可见的古代冕冠实物

国宝小档案

年代：明（公元 1368—1644 年）

尺寸：通高 18 厘米，长 50 厘米，宽 30 厘米

出土地：山东省邹城市鲁荒王墓

馆藏地：山东博物馆

供图：山东博物馆

撰稿及主讲人：蒋彬

在中华文明长期的发展、演变过程中，传统服饰逐渐沉淀为中华民族传统文化的标志性符号，所谓：“中国有礼仪之大，故称夏；有章服之美，谓之华。”在中国古代服饰制度中，“冕服”是帝王最华美、隆重的礼服。冕服一般包括冕冠、上衣、下裳、舄等主体部分，以及蔽屣、绶、佩等其他配件。今天我为您介绍的正是一件跟服饰和礼制有关的文物，它就是山东博物馆的镇馆之宝之一——九旒冕。

冕是一种戴在头部的冠，其产生可以追溯到上古时期。那时人们在接触自然的过程中，观察日月星象，模仿鸟兽冠角，创制了冕冠来装饰自己。随着文明的进步，冕逐渐成为古人在祭拜天地、祖先以及举行其他重大典礼时佩戴的礼冠，与礼制有着密切的关系。中国古代在祭祀时着冕服始于商代，至西周时期形成规定，历朝历代虽有演变，但都有各自的严格规定。不仅如此，在这些有资格使用冕的人群中，因其地位高下，所佩戴的冕的形制也不相同。

旒就是一种体现冕冠等级差别的存在。旒指的是冕前后下垂的串珠，数量不同，含义也不同。一般来说，地位最高的帝王是十二旒，诸侯是九旒，上大夫是七旒，下大夫是五旒。顾名思义，今天为您介绍的这件九旒冕就是有九旒的冕冠。

冕冠饰件的象征意义

这件九旒冕通高 18 厘米，长 50 厘米，宽 30 厘米，为藤篾编制，表面敷罗绢黑漆以示庄重，镶以金圈、金边以示高贵。冠的两侧有梅花金穿，中间贯一金簪。冕冠一般包括冕板、旒、充耳等，冕服是礼制的产物，所以冕冠中的每个饰件都有不同的象征意义，都蕴含着传统的宇宙观、道德观和传统文化的理念。

通高 18 厘米，长 50 厘米，宽 30 厘米，为藤篾编制，表面敷罗绢黑漆以示庄重，镶以金圈、金边以示高贵。前后各垂 9 道旒，每道旒上有 9 颗五彩玉珠，共计 162 颗。

冕冠顶部覆盖的长形木板称为“冕板”。冕板又称为“延”，一般会用细致的布帛包裹，板的形状前圆后方、前低后高。**前圆后方象征天圆地方，寓意着天子是奉上天旨意来治理天下的；前低后高，呈俯伏之状，象征皇帝有谦恭的美德，能倾听民意，关怀天下百姓。**

冕板前后有垂旒，前后各垂 9 道旒，每道旒上有 9 颗五彩玉珠，共计 162 颗。这些下垂的旒，除了表明佩戴者的身份，更重要的是遮挡住佩戴者的视线，使其目不斜视，不视非、不视邪，我们现在常说的成语“视而不见”就是由此而来。

另外，在两耳的位置还各垂一段丝绳，丝绳垂至耳边，末端系着一块儿青玉，好像用这块玉塞住了耳朵，因此被叫作“充耳”。佩戴这种玉石的目的是“止听”，也就是提醒佩戴者切勿轻信谗言，这就是所谓的“充耳不闻”的由来。以上种种都有规劝人君不尊大、不听谗，明是非、求大德而不记小过等意思。

九旒冕的主人

那么，这件九旒冕的主人究竟是谁呢？这就要从它的出土地说起。在山东省邹城市东北的九龙山南麓，有一片总面积约 92 万平方米的陵区。九龙山是一座连绵的群山，有连峰九座，由南而北入曲阜境内，蜿蜒如龙，故名九龙山。整个陵园从选址、设计到建造，都有一套完整的规划，是经过精心选择和构筑的。陵园南面是一片沃野，与朱山遥遥相对；东有卧虎山，西有玉皇山，陵园前面为白马二泉，应是白马河源头。整个陵区居高临下，向阳濒水，四望山川拱卫，藏风聚气，颇具王家气派。

1970—1971 年，由山东博物馆主持对该墓葬进行了一年多的考古发掘。随着这座地下宫殿的缓缓开启，千余件文物得以展露真颜。出土了包括冠冕佩饰、家具服装、笔墨纸砚、琴棋书画、彩绘木俑等许多珍贵的历史文物，其中就包括这件九旒冕。

从这些文物中，我们得知墓主人是朱檀，生于明洪武三年（1370 年），是明太祖朱元璋第十子。生母为郭宁妃，深受朱元璋宠爱，曾摄六宫事务。朱檀出生两月后即被封为“鲁王”，自幼聪慧过人，博学多识，琴棋书画无不精通，因而备受父亲朱元璋的喜爱。他 15 岁时就藩山东兖州，然而在此之后便沉溺于纸醉金迷的奢华生活中，并一心追求长生不老，终日焚香诵经、烧炼“仙丹”，终致毒发伤目，最后病入膏肓、百医无效，在 19 岁时便去世了。朱元璋得知后，认为他的行为十分荒唐，因此赐其谥号“荒王”。自朱檀开始，鲁王共传 10 代 13 王，前后延续达 283 年，贯穿整个明代。

朱檀年少早逝，其王陵的营建在明代亲王中应属首例，其陵墓的建筑布局、形式、规制等，为明代前期王陵建制提供了完整的实例，具有非常重要的研究价值；其墓葬中的许多随葬品，具有明显的元末明初的时代特征，是明代“藩王级”文物的最早代表，为研究明初政治、经济、文化等提供了非常重要的实物资料，因此被称为“大明第一王墓”。

在鲁荒王的墓中出土了大量的冠冕服饰，九旒冕便是其中一件。墓中还出土了九缝皮弁、乌纱折上巾和交领、盘领织金龙袍数件。从出土的大量随葬品可以看出朱元璋对这个儿子的喜爱。《明史·舆服志》中记载皇帝、太子、亲王之礼服和常服上都绣纹有龙纹。鲁荒王朱檀薨于洪武二十二年（1389 年），而明代舆服制度则是洪武元年（1368 年）、二十六年（1393 年）、永乐三年（1405 年）分别定制完善，因此其随葬的生前之服的衣纹、服色与制度不甚相合，但已初具规模。

从辽、金时期开始，佩戴冕成了皇室特权。朱元璋建立明朝后，服饰制度做了重新规定，在周代规定的六冕制的基础上进行了大量的简化，只保留了其中的衮冕。明代冕服的使用仅限于皇帝、太子、亲王、郡王及其世子。明代礼制规定：皇帝用冕前后各 12 道旒，每道旒上有红、黄、青、白、黑共 12 颗玉珠，太子和亲王只能用 9 旒、9 珠。**山东博物馆珍藏的这件九旒冕的主人朱檀是分封到山东的亲王，使用 9 旒、9 珠是符合当时礼制规定的，九旒冕的等级正与他的身份相匹配。**

历朝各代，都以冕服为最高礼仪之物。朱元璋做了皇帝后，更是强调“复汉官之威仪”。朱氏王朝持续了 276 年，冕冠和冕服的崇高地位也保持了 276 年，直到爱新觉罗氏入主中原，冕服制度才被废止。全国只有两件冕冠文物，其中一件收藏于中国国家博物馆，是民国初年袁世凯登基称帝时穿的一套仿古冕服中的冕冠；另一件就是现藏于山东博物馆，鲁荒王墓出土的 600 多年前的明初亲王冕冠，也是唯一存世的古代冕冠实物，具有极高的文物价值与历史价值。

从远古圣人到历代帝王，无一例外都把冕当作身份地位的象征，正所谓“舆服藏瑞气，旒冕配圣王”。而山东博物馆珍藏的这件九旒冕作为唯一可见的冕冠实物，显得弥足珍贵。

参考文献

① 杨波，王斌主编. 走进山东博物馆：镇馆之宝[M]. 山东：青岛出版社，2011年版.

今古幾齊州華屋山
丘杖藜徐步立芳洲無
主桃花開又落空使人
愁 波上往來舟萬事
悠悠春風曾見昔人游
只有石橋橋下水依舊
東流
庚申九月重九前一
日書 並月窗設色
小景八幅亦當秋興
八首 玄宰

088

《秋兴八景图》册

董其昌山水画之代表作

国宝小档案

年代：明（公元 1368—1644 年）

尺寸：每幅纵 53.8 厘米，横 31.7 厘米

材质：纸本

馆藏地：上海博物馆

主讲人：赵雪

2018年12月7日，“丹青宝筏——董其昌书画艺术大展”在上海博物馆隆重开幕，这是中国大陆举办的规模最大的董其昌艺术大展。本次展览以上海博物馆的馆藏为主，同时向北京故宫博物院、美国大都会艺术博物馆、日本东京国立博物馆等海内外15家重要收藏机构商借藏品。展览受到观众的一致好评，共计接待参观人数60万人次。在当时展出的展品中，《秋兴八景图》册可谓明星展品之一，深受观众喜爱。

中国杰出文人画家——董其昌

董其昌，晚明杰出的书画大家，字玄宰，号香光、思白、思翁。生于1555年，死于1636年，享年82岁，原籍上海县（即今天的上海闵行区马桥），后迁居华亭（即现在的上海松江区），可以说是土生土长的上海本地人。他17岁时参加松江府学会试，时任知府袁贞吉认为董其昌书法不佳，评其为第二名，而董其昌的侄子时为第一。从此董其昌发奋习字，从王羲之、王献之、颜真卿及米芾等书法大家中汲取精华。他22岁才开始学习作画，其绘画艺术集前人之大成，融会贯通。

除了创作精美的绘画书品，他洞察画坛时弊，及时明智地提出画分“南北宗”的画学审美观。

其实在董氏之前，詹景凤于万历二十二年（1594年），跋元人饶自然的《山水家法》中提出了南北宗论的雏形，即“逸家”与“行家”。他说：“山水有二派，一为逸家，一为作家，又谓之行家、隶家。”董其昌的师友莫是龙与詹景凤友情甚笃，他也赞同詹氏的观点。

在前人的理论基础上，董其昌进一步提炼和形成了成熟的“南北宗”论，这在他所写的《画禅室随笔》中有所提及。他认为，从唐代开始禅家分为南北二宗，而绘画的南北二宗，也是自始于唐代。北宗是由唐代李思训、李昭道父子的青绿山水一直流传至南宋马远、夏圭；南宗则由从王维开创，至五代、两宋时期的荆浩、关仝、董源、巨然、米氏父子，再延续至元代四家。

董其昌的南北宗论受禅宗思想而来，南、北两字并不是简单的地域划分，而是将画风分为文人画与画工画两种，一类是以王维为宗主的南宗，而另一类是以李思训为宗主的北宗。对于南北宗的界定他也不是一概而论的，董其昌对青绿山水及马远、夏圭的作品也多有临习。他的观点并不只停留在理论层面，而是加以创作实践充分印证其理论，其所达到的文化性高度，足以与元四家及唐宋各大家相媲美，这让他无可争议地载入了中国杰出文人画家的史册，亦是文人画理论史上的又一个高峰。

此外，董其昌“笔墨论”的提出，翻开了文人画史的新篇章，他认为：“以境之奇怪论，则画不如山水；以笔墨之精妙论，则山水决不如画。”中国画中用笔用墨，既是基础，也是核心。眼前的美景如何用笔墨来表达，墨的浓淡深浅，笔的轻重缓急，都赋予眼前景致不一样的变化。他的理论与观点，影响了明末清初一批画家，如清初四王、四僧等。

“始以米芾为宗，后自成一家，名闻外国。其画集宋、元诸家之长，行以己意，潇洒生动，非人力所及也。”这段话是《明史》中对董其昌的评价，认为他是集宋元绘画的优点，已经超出了常人所能达到的高度，可见其在书画艺术史中的重要地位。此外，董其昌的谥号为文敏，谥号是后人对死去的帝妃、诸侯、大臣以及其他地位很高的人，按其生平事迹进行评定后，给予或褒或贬或同情的称号。董其昌的谥号同元代书画大家赵孟頫相同，可见后人将董其昌在书画艺术史中的地位与赵孟頫放在相同的高度。

赵孟頫诗意图

临米芾《楚山清晓图》笔意

少年游早行诗意图

仿赵文敏（赵孟頫）笔意山水

长相思 · 山驿诗意图

溪云过雨

沉醉东风 · 渔夫诗意图

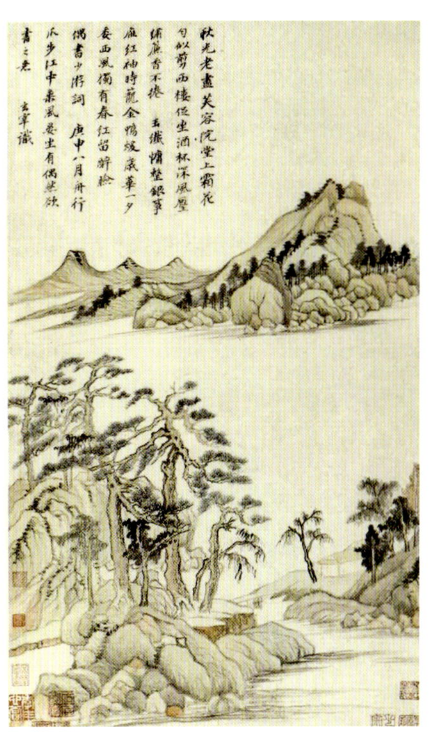

深秋诗意图

《秋兴八景图》册的前世今生

《秋兴八景图》册是董其昌 66 岁时创作的，也是上海博物馆所藏董其昌最大的册页。**“册页”从中国古代书籍装帧中演变而来，可以说是中国绘画独有的形式。作为一种书画小品，便于创作，易于保存，可以随身携带，实时可赏，颇受宋以来的文人喜爱。**《秋兴八景图》册一共八开，描绘的是作者泛舟吴门、京口途中所见景色。

比较独特的是，册页内附有曾鲸所作、项圣谟补景的董其昌像，通过画面，我们不仅能见到董其昌的样貌，更能了解这大概是多少年岁时的董其昌，如何判断的呢？原来，根据背景中项圣谟所绘制松树的技法和特点来看，至少是他 30 岁以后画的，而董其昌比他年长 42 岁，可见画像中董其昌的容貌应是他 73 岁以后的样子。

《秋兴八景图》册于万历四十八年（1620 年）秋创作，董其昌称其“是月写设色小景八幅，可当《秋兴八首》”，认为其与唐代诗人杜甫的《秋兴八首》相当，故而有了这个称呼。虽然画中景致为董其昌游玩苏州、镇江时所见，还仿了米芾、赵孟頫的作品，但是，画面中既没有出现对景的写生，也没有出现与米芾、赵孟頫的作品相同的格局与排布，而是以两者作为基础后随性而画，仿神而不仿形，追求古人的作画意境。比如八开的第六开，题：“吴门友人以米海岳《楚山清晓图》见视，因临此幅。庚申九月七日。玄宰。”从题跋上可知，这幅画是观得友人所藏的《楚山清晓图》而绘，此幅《楚山清晓图》的作者就是米芾，他与他的儿子米友仁在山水画中的创意就是用笔墨及留白形成了环绕在山间的云雾，别具一格，称为米氏云山。因此，在这张册页的画面中，云山的处理方式就是以米氏云山为基础，配以幽静的林间屋舍。

此外，册页画面还配有题诗，题诗录有杜甫、陆游、元曲四大家之一白朴等人的名篇，句中或曰“黄芦岸白萍渡口”“波上往来舟”，或曰“霁霞散晓月犹明”“雨余山更清”。**董其昌曾说过诗不必与画合，但是《秋兴八景图》册中的题诗与画面两两应和，互为一景。**八开册页，八个不同的景象，所描绘的皆是秋日之象，布局疏朗，一派恬静太平之景。

除了册页内容，《秋兴八景图》册的封面是宋锦中的精品，称为盘绦花卉纹宋锦，是明代的典型代表作，巧妙地将盘绦纹与花卉的结合，配以活色工艺，使织物表面色彩丰富，变化无穷且艳而不火，使得整本册页更加典雅别致。

《秋兴八景图》册被学术界公认为董其昌山水画之代表作品，在“丹青宝筏”特展期间，上海博物馆的专业复制团队运用非遗工艺，手工复制了100套册页，所用的工艺名为“珂罗版印刷”（即对其英文名“collotype”的音译），又被称作“玻璃板印刷”。它是照相平版印刷工艺的一种，清光绪初年通过上海土山湾印书馆传入，距今已有150年的历史。全国博物馆系统中，仅上海博物馆一家还在延续这项古老的书画复制技术，并于2018年获得了上海市非物质文化遗产项目。与传统平面印刷技术相比，运用珂罗版技术复制出的作品还原度高，更忠实于原作，没有网点，通常被认为是书画复仿领域最好的工艺。经过照相、修版、制版、印刷、装裱等步骤制作完成，对于纸张、印章等细节之处同样也要做到一致，所耗心力不亚于原作。在董其昌书画艺术博物馆开幕式上，上海博物馆将采用珂罗版印刷的《秋兴八景图》册001号，赠送给董其昌书画艺术博物馆收藏，以做纪念。

089

明永乐青花枇杷绶带鸟纹盘

古代中外丝绸之路的重要物证

国宝小档案

年代：明永乐（公元 1403—1424 年）

尺寸：高 9.7 厘米，口径 50.5 厘米，底径 34.8 厘米

馆藏地：天津博物馆

主讲人：杨旭

您好，今天我为您介绍的这件文物，是古代中外丝绸之路的重要物证，它见证了郑和下西洋对世界贸易格局的影响，也深刻影响了中国本土瓷器的发展，它就是明永乐青花枇杷绶带鸟纹盘。

这件大盘是一件硕大而精美的青花瓷，集美貌和工艺于一身。它的珍贵之处在于器形硕大，纹饰独特，青色浓艳。从外形上来看，永乐时期的青花瓷普遍圆润、灵巧、清秀，如此硕大的器形十分少见。这只盘子口径足有半米多，以当时的烧造工艺来讲，烧造如此硕大而精美的器形也是非常难得。

纹必有意，意必吉祥

大盘的中心纹饰是一棵枇杷树，树上果实累累，一只拖着长翎的绶带鸟栖息枝头，正在回头啄食枇杷。这种鸟的羽毛相传十分鲜艳亮丽，并且尾部羽毛的颜色非常像古代官吏在佩戴官印时所用的一种彩色丝带，所以取名为“绶带鸟”。恰巧“绶”与“长寿”一词中的“寿”字谐音，“带”与“世代”一词中的“代”字谐音。枇杷是一种“备四时之气”的佳果，生产于中国的南方，有清热解毒、润肺生津之效，深受当时老百姓的喜爱，被称为“吉祥之果”。我们现在感冒、咳嗽时的常用药——川贝枇杷膏，就是从这种植物中萃取出来的。所以这种纹饰也寓意着四时吉祥，高官长寿。

大盘内壁还绘有折枝桃、石榴。桃代表着长寿，石榴寓意多子多孙。大盘的口沿处装饰着缠枝莲纹，又名“万寿藤”，由于它的结构连绵不断，所以又有着“生生不息”的美好寓意。整件大盘上面的纹饰都蕴含着我国传统的福寿文化。

中国古代器物的纹饰往往遵循着“纹必有意，意必吉祥”的原则。“吉祥如意”是人们经常使用的祝福语，代表了对美好生活的憧憬和向往。在生活中，人们常用带有吉祥寓意的图案来表达对未来的祝福和祈盼。随着时间的流逝，瓷器上出现了越来越多的吉祥纹饰，色彩搭配也更加缤纷。而以青花枇杷绶带鸟纹盘为主题图案的纹饰，全世界只有三件，一件珍藏在大阪东洋陶瓷美术馆，一件珍藏在北京的故宫博物院，最后一件珍藏在天津博物馆。

诸料悉精，青花最贵

这件大盘色彩雅致凝重，光彩夺目。其所使用的颜料并非我国所产，而是郑和下西洋带回来的。明永乐时期，郑和率领船队将中国的瓷器、丝绸等带到海外，同时带回了各国的奇珍异宝和特产，其中就包括烧制青花瓷的上好钴料——苏麻离青。永乐、宣德两朝的官窑瓷器胎质细腻、釉层莹润，由于使用了从西亚进口的优质绘瓷原料苏麻离青，使得青花色泽更为浓艳，结晶斑深入胎骨。这种颜料含铁量高、含锰量低，所以在适当火候的烧造下，才能让瓷器呈现蓝宝石般的光泽。正是这些特点使得永乐时期的青花瓷有别于其他朝代的青花瓷，因而也造就了一代名瓷。

天津博物馆珍藏的这件大盘，是景德镇官窑采用“苏麻离青”钴料烧制而成的；大盘的釉色浓淡变化自然，图案生动写实；青花与瓷胎的色泽对比强烈，从而衬托出瓷器莹润的质感。“苏麻离青”这种青花色料发色明艳、呈色稳定，晕散现象更是新颖别致，俨然中国水墨画中使用焦墨技法所创造的奇特效果。尤其是宣德时期的青花瓷与中国传统文化有机结合起来，而被民间称之为“青花之王”。在曹雪芹的《红楼梦》中所描写的“鬼脸青的花翁”，就是永乐、宣德时期苏麻离青的青花瓷。

郑和下西洋不仅带来了新鲜的物产，还深刻地影响了沿线的贸易。他开辟了一条海上航线，从而推动了整个东西方的贸易活动；同时，通过贸易大发展促进了陶瓷的外销。从大西洋沿岸各国出土的陶瓷标本来看，明代初期和中期的器物占了很大的比重。下西洋以前，销售于海外的主要是龙泉青瓷和东南沿海一带的仿龙泉制品，而青花瓷尚未被大规模地烧制和出售。下西洋以后，由于海路交通的拓展，使发展起来的制瓷业受到海外市场的刺激，大量的商人出海贩卖瓷器；另一方面，明青花瓷在烧制时，使用了郑和下西洋从东南亚地区带回的“苏麻离青”釉料，制品极为美观、精致。**这一时期的青花瓷器生产，无论产量还是质量都达到了一个新的水平，并且以其胎、釉的精细，青花的浓艳，造型的多样和纹饰的优美而负盛名，被称为青花瓷器的“黄金时代”。**

南京是郑和下西洋船队的首发地，当时船队装载的很大一部分货物就是青花瓷器，而许多流传海外的永乐、宣德官窑青花瓷器就是从这里走向世界的。永乐、宣德时期是青花瓷器生产的鼎盛时期，有“诸料悉精，青花最贵”的说法。因制作年代贴近，工艺方法因袭，永乐和宣德时期的青花瓷有很多相似之处。

永乐早期的官窑青花瓷使用国产料时，与洪武官窑青花瓷是难以区别的。永乐后期以及宣德年间在使用了郑和下西洋从国外引进的“苏麻离青”后，由于青料的含锰量少，因而烧成的青花不含紫、红色，而呈现为纯正的“宝石蓝”色。同时，由于这种青料的含铁量高，因而烧成后往往有黑铁斑。**永乐时期的青花瓷，瓷质洁白细腻，釉色深蓝中带黑，所用釉料富于发散性，烧成后青料渗透胎骨，生动灵活，不露丝毫笔痕，有的如纸上泼墨，画意极浓。**

明代的“海上瓷器之路”

中国的青花瓷普遍注重实用性与艺术性的结合。这件大盘远比我们吃饭的盘子大得多，那么，它究竟是用来做什么的呢？说到它的用途，我们还要提到郑和下西洋。作为陆上丝绸之路的延伸，海上丝绸之路在明永乐时期也被称作“瓷器之路”。郑和通过这条海上通道将中国的瓷器带到海外。在此之前，这些国家和地区的人民大多以木质和竹制的器皿做食器，只有上流社会才用金属器，但金属器昂贵的造价使大众难以承受。

无论是金属器，还是竹木器，其实用性和耐用性都不及瓷器，当中国的瓷器漂洋过海到了国外，很快就成为当地人理想的饮食用具。无论是上层贵族，还是平民百姓，都对中国的瓷器十分喜爱。随着瓷器贸易的不断繁荣，中国的外销瓷也通过不断改进以迎合当地人的生活习惯。

这件大盘就是专为阿拉伯人所设计的。阿拉伯人有围坐在一起吃手抓饭的习惯，这就需要大型的瓷质用具。天津博物馆珍藏的这件青花大盘，从纹饰上来看具有典型的伊斯兰风格，据说这件青花大盘极有可能是永乐皇帝为了赠给阿拉伯国家，而特意命景德镇御窑厂烧制的礼物。在景德镇御窑厂烧造的瓷器中，除了宫廷用瓷外，还有很多是皇家礼品瓷，专门用于馈赠外国的王室贵族。**由于永乐皇帝对瓷器工艺的要求很高，官窑的成品率很低，因此每一件存世的官窑瓷器都堪称精品，而像本文所介绍的器形如此硕大的大盘更是凤毛麟角。**

郑和七次下西洋向海外输出大量中国瓷器的同时，又从国外找到了生产青花瓷的钴料“苏麻离青”，使宣德时期的青花瓷成为中国青花瓷之冠，官窑青花瓷器从此被宫廷所接受，景德镇民窑青花瓷也得到了极大的发展。这种互动改变了“海上陶瓷之路”原来的格局，从此，青花瓷成为主流产品并走向世界，深受各国人民的喜爱。国内陶瓷同样也发生了巨大变化，景德镇生产的青花瓷一枝独秀，而许多古代的名窑因此退出了历史舞台。如今，全世界各大博物馆都收藏了大量明代青花瓷器珍品。在郑和下西洋所到沿岸各国的古代遗址，都埋藏着大量的中国古陶瓷，这已成为全人类共同的历史文化遗产。

经历了数百年的历史沧桑和沉浮之后，这样一件形如 16 瓣莲花的精美大盘是如何穿越战火纷飞和朝代更迭出现在我们眼前的，已经很难想象。我们只能安静地面对着它，感受着先人的聪明和智慧所带给我们的无限震撼。

齋戒籙
要修科儀戒律鈔卷之十六
要修科儀戒律鈔卷之十五
要修科儀戒律鈔卷之十四
要修科儀戒律鈔卷之十三

090

《道藏》

现存最完整的明代正统版道藏

国宝小档案

年代：明正统（公元 1436—1449 年）

原藏地：山东省青岛市崂山区太清宫

馆藏地：青岛市博物馆

供图：青岛市博物馆

主讲人：鞠静

您可能听说过佛经，那是否听说过道经呢?《道藏》是道教经典典籍的总称，是一套大型的道教经典丛书，一般在历代帝王的支持下由道士汇集编纂而成，其内容主要由道家书、方书、道经和传记四大部分组成。

道教及崂山道教的概况

在介绍《道藏》之前，不得不先介绍一下道教及崂山道教。道教是中国本土的宗教，发源于春秋战国时期的方仙道，修道之人崇尚“道”和“德”，并且奉老子为教祖，主要宗旨是追求长生不死、得道成仙、济世救人。提到修道之人，他们就是我们常说的“道士”吗？其实，东汉之前是没有道士的，那时候术士、炼气士等奇人异士倒是比较多，因为当时并没有经书理论的支撑，所以真正意义上的读经诵道也就无从谈起了。东汉时期，张道林创立了道教，至此道教正式出现。

崂山道教，可以说是道教的一个分支，而崂山在历代修道之人的眼中都有着崇高的地位。早在汉代就已有人来崂山修道，他就是汉代才子张廉夫——2000 多年前来崂山修道的第一人。因此，崂山道教也可以说是源远流长，由来已久。当年张廉夫亲手种植的桂柏，直到现在已经有 2000 多年的树龄了，依然茁壮繁茂。

此外，道教还有一个比较著名的分支——全真教。全真教与崂山道教的渊源，还需要从头说起。全真教的创始人是王重阳，又名“重阳真人”，是一位陕西的道人。创教以后，他在北方收了七位徒弟，也就是后来的全真七子。全真七子得道之后纷纷去往崂山，建庵收徒，传道授业，其中就包括丘处机。丘处机在许多武侠类的文学和影视作品中都出现过，这个角色是一个德高望重、行侠仗义的大侠；而历史上也确有其人，他曾在一方刻石留下了“虎符刻石”。当时，丘处机在道教中的地位已是举足轻重，因此连元太祖成吉思汗都想拉拢他，还赐予了他金虎符，让他执掌全国道教。随后丘处机俨然成为道教实至名归的领军人物。那时的他就在崂山修道，借机也将崂山道教文化推广开来，并发扬光大。

卷帙浩繁、包罗万象的《道藏》

在道教开创之初，经书实属罕见。为了方便教义的传播及教派的发展，急需理论的支撑，于是，道士们就把道家思想汇编起来，这就是《道藏》的前身了。魏晋以后，随着道教的倡行，道书的数量和内容愈加丰富起来。据《抱朴子内篇·遐览》记载，那时的《道藏》约 670 卷，另有符 500 余卷，共约 1200 余卷；到了大唐开元年间，皇室崇尚道教，道教的春天到了：国家大力支持道教，于是拨款修书，建道观，《开元道藏》就这样应运而生了。不过几经王朝更迭，这部《道藏》最终散失了。

明朝时期，道教迎来第二春。皇帝组织人编写了《正统道藏》，它是我国现存的官修最早的《道藏》。青岛市博物馆珍藏的《道藏》是明正统十年（1445）刻版，万历二十八年（1598 年）官印本，按三洞、四辅、十二类分类，以《千字文》作为函目，可谓卷帙浩繁、包罗万象：“卷帙浩繁”一词赞叹的是《道藏》的数量，这部正统年间的《道藏》现存 4946 卷，4524 册；“包罗万象”一词形容的是《道藏》涉猎内容的庞杂，它涉及了大批的道教经典、论集、科戒、符图、法术、斋仪、赞颂、宫观山志、神仙谱录和道教人物传记，是研究道教教义及其历史的百科全书，还收入了诸子百家的许多稀世著作，弥足珍贵。这部道藏原存于青岛崂山太清宫，后来辗转来到了青岛市博物馆。

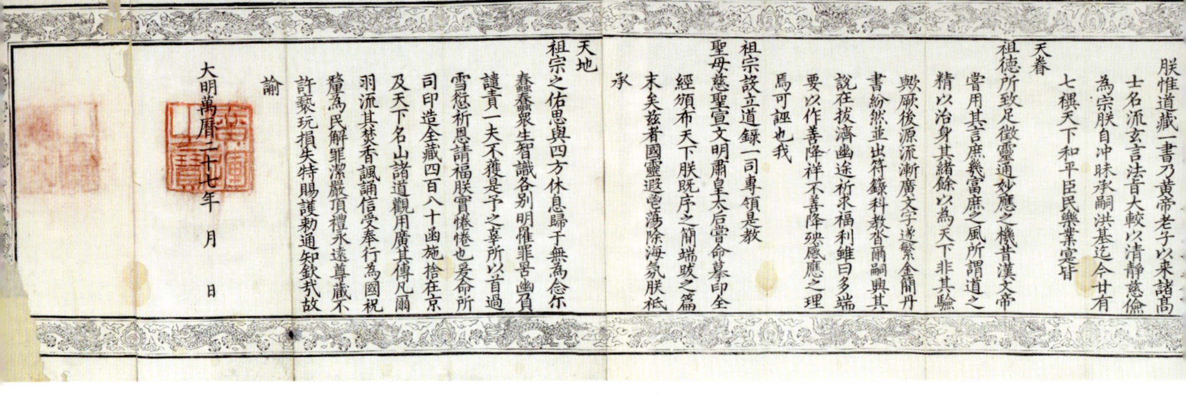
朕惟道藏一書乃黄帝老子以来諸高
士名流玄言法旨大較以清静慈儉
為宗朕自沖昧承嗣洪基迄今廿有
七禩天下和平臣民樂業寔皆
天眷
祖德所致足徵靈通妙應之機昔漢文帝
嘗用其言庶幾富庶之風所謂道之
精以治身其緒餘以為天下非其驗
歟厥後源流漸廣文字遂繁金簡丹
書紛然並出符籙科教沓爾嗣興其
說在拔濟幽途祈求福利雖曰多端
要以作善降祥不善降殃感應之理
焉可誣也我
祖宗設立道錄一司專領是教
聖母慈聖宣文明肅皇太后嘗命摹印全
經頒布天下朕既序之簡端跋之篇
末矣茲者國靈遐邑蕩除海氛朕祇
承
天地
祖宗之佑思與四方休息歸于無為念尔
蠢蠢衆生智識各别明罹罪呂幽負
譴責一夫不獲是予之辜所以首過
雪愆祈恩請福朕實惓惓也爰命所
司印造全藏四百八十函施捨在京
及天下名山諸道觀用廣其傳凡爾
羽流其焚香諷誦信受奉行為國祝
釐為民解罪潔嚴頂禮永遠尊藏不
許褻玩損失特賜護勅通知欽哉故
諭
大明萬曆二十七年 月 日

明正统十年（1445）刻版，万历二十八年（1598 年）官印本，按三洞、四辅、十二类分类，以《千字文》作为函目。

入藏青岛市博物馆

明代官修的《道藏》为什么会出现和保存在青岛呢？这缘于一场道佛之争，事情还要从万历年间山东地区的一个大灾之年说起。那一年，受灾后的山东百姓食不果腹，太清宫也久废失修，于是草草遣散了道士，只留了一两个人看守道观。当时，南京大报恩寺有个高僧叫憨山，他在研读《华严经》时，意外发现上面有这样一段记载：“东海有处，名那罗延窟，是菩萨聚居处。”东海在古代，指今天山东半岛以东的黄海海域，而“东海有处”指的是黄海周边的某处。因此推断，罗延窟的位置应该就在崂山。发现罗延窟的所在之后，这位大师可谓大喜过望，不远千里长途跋涉来到崂山，搭建茅庐修行。而这位高僧憨山可不是一般人物，他位列明代四大高僧之一，且有一个坚实的后台：万历皇帝的母亲——慈圣太后，也就是李太后。李太后拨给憨山大笔的钱款，让他买经书，建寺庙。当时正赶上太清宫道士在变卖道观，于是他就用这笔钱购买了太清宫的产业，在宫前的空地上建成了一座寺院，这就是海印寺。

太清宫有一个道士叫耿义兰，他对憨山建寺庙的行为极其不满，便到官府控告憨山霸占太清宫产业。可官府也忌惮憨山的强大背景，就判耿义兰败诉。但是耿义兰不服，多次到京城告状，后来也找到了一个后台——郑贵妃，她是万历皇帝最宠幸的妃子。于是，又过了五年，柳暗花明，官司终于有结果了：耿义兰胜诉，憨山被抓捕问罪。皇帝敕封耿义兰为护教真人，批示其重修太清宫，并颁赐《道藏》，太清宫因此声名远播。这场道佛争执，表面上是信佛的高僧憨山与道士耿义

这部正统年间的《道藏》可谓卷帙浩繁、包罗万象。现存 4946 卷，4524 册。

兰的争端，实际上更是皇帝与太后之间的权力之争。

那么，《道藏》又是如何辗转来到青岛市博物馆的呢？因为这套《道藏》在"文革"期间面临劫难，红卫兵曾想要将其销毁。1966 年 8 月 24 日傍晚，时在青岛市文化局任职的聂希文先生突然接到副市长王云九先生的电话，听到他语调焦急地说："造反组织要在今夜或明晨出发，到崂山砸庙毁经，你马上组织力量，抢在他们前面，把崂山华严寺收藏的清版佛经《大藏经》以及元抄本、明刻本两部《册府元龟》，太清宫收藏的明版道教经典《道藏》抢回来！"

聂希文先生在《"文革"中抢救藏经纪实》文中写道："我调了几位同志，调了一辆大卡车、一部吉普车上山了。到了华严寺，这里已是一片横遭劫难的惨相。我们直奔藏经楼。还好，这里尚未遭破坏。我们打开古老笨重的藏经柜上的旧式大锁，把繁多的经卷一捆捆背到山路边，装车。"在当时紧迫、艰苦的条件下，739 卷、7718 册的《大藏经》被安全运下山。两部珍贵的《册府元龟》完好地装在柳条箱里，也被抢救出来。接着，聂希文又率人将 4524 册《道藏》悉数运回。此后，两部珍贵的《册府元龟》以及《道藏》就安全地珍藏在青岛市博物馆内。

青岛市博物馆现在已是全国古籍重点保护单位。此部《道藏》作为现存最完整的明代正统版道藏，已入选国家珍贵古籍名录。

091

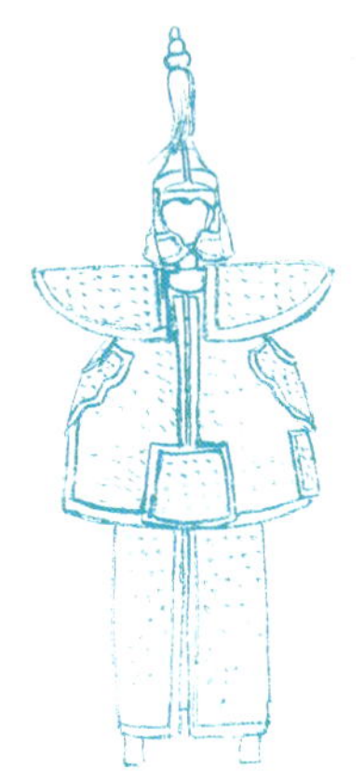

八旗礼仪甲胄

八旗制度的物化表现

国宝小档案

年代：清（公元 1616—1911 年）

尺寸：头盔高 56.3 厘米，甲衣长 73 厘米

馆藏地：辽宁省博物馆

供图：辽宁省博物馆

主讲人：廉微

辽宁省博物馆有一个常规展览名为“古代辽宁”，其中在介绍元明清时期的第五展厅中，陈列着一套完整的八旗礼仪甲胄。这套八旗礼仪甲胄一共有八套，每套都分别包括头盔和铠甲等。

头盔为髹漆铁胎，高 56.3 厘米，盔帽前后左右各有一梁，额前正中突出一块遮眉，其上有舞擎及覆碗，碗上有形似酒盅的盔盘，盔盘中间竖有一根插缨座，上安置红缨。后垂丝绸护领、护颈及护耳，上绣有纹样，并缀以铜泡钉。

铠甲分为甲衣和围裳两部分。甲衣长 73 厘米，布面棉质，内衬排列着规则有序的铁甲片并以乳钉固定，共分 12 件，用带子和纽扣连接、组合而成：肩上装有护肩，护肩下有护腋两片；在镜下前襟的接缝处，另佩有一块梯形护腹“前挡”；腰间左侧佩“左挡”，右侧不佩挡，用作佩弓箭囊。围裳分为左、右两副，两副围裳的正中位置覆有质料相同的蔽膝。棉布制作的甲胄在特殊场合穿用，平时会收藏起来。

透过这套甲胄，我们仿佛看到了曾经驰骋疆场，战无不胜，攻无不克的八旗劲旅。

八旗制度的产生

清朝以骑射开国，用武功定天下，装备、服饰等处处都遵从旧制，以备武装。特别是在参加重大军事活动时，将士都要身着戎服，以彰显军纪的严明与等级制度的威严。而满族自 16 世纪末在政治上成功崛起，大大得益于努尔哈赤创立的八旗制度。

头盔为髹漆铁胎，高 56.3 厘米，盔帽前后左右各有一梁，额前正中突出一块遮眉，其上有舞擎及覆碗，碗上有形似酒盅的盔盘，盔盘中间竖有一根插缨座，上安置红缨。后垂丝绸护领、护颈及护耳，上绣有纹样，并缀以铜泡钉。铠甲分为甲衣和围裳两部分。甲衣长 73 厘米，布面棉质，内衬排列着规则有序的铁甲片并以乳钉固定，共分 12 件，用带子和纽扣连接、组合而成。

八旗是由女真人狩猎时实行的“牛录”演化而来的。狩猎虽然是一种生产活动，但是当时活动的形式是非常军事化的。在女真人的氏族部落时代，各氏族单独或者集体狩猎时，通常有一个首领，被叫作“牛录额真”。在满语中，“牛录”是“箭”的意思，那么，“一箭之地”的意思是以一箭射程的距离为半径的方圆里能容纳多少人；而“额真”则是蒙古语，汉语意为“头人”。这就是八旗制度的雏形。

明万历二十九年（1601年），努尔哈赤在牛录制的基础上，正式建立了“旗制”，开始以黄、白、红、蓝四种颜色，作为新建立的各旗的旗制标志。女真社会的所有男丁都被编入旗籍，形成了“以旗统人”的军政合一的制度。皇太极曾经这样说：“出则为兵，入则为民。耕战二事，未尝偏废。”兵民一体的社会组成形式，具有行政、军事、生产三方面的职能。随着队伍的扩大，明神宗万历三十四年（1615年），在原有的四色旗帜的基础上，又增加了镶黄、镶蓝、镶白、镶红四旗，合在一起称为“满洲八旗”。1635—1642年，蒙古八旗和汉军八旗建立。八旗的组织和建设共历时27年，终于形成了满、蒙、汉三军二十四旗的规制。

八旗的颜色

正黄镶红色

有学者认为：在周朝，中国古代人把自然界的色彩归类为“红（赤）、黄、蓝（青）、黑、白”五种基本颜色，并把具有唯物观念的“五色学说”与周朝的礼仪等级制度融合在一起，作为统治阶级的色彩工具，来规范色彩在社会生活中的运用。西周的统治阶级规定“红、黄、蓝、黑、白”为正色，限王公贵族使用。

努尔哈赤受中国传统色彩“五色学说”的影响，还继承了周朝礼仪等级制度的用色规定，将“八旗制度”的色彩用“五色学说”的用色制度来规范。出征时用正黄、正白、正红、正蓝色，以及镶黄色、镶白色、镶红色、镶蓝色，这八种颜色的军旗和甲胄以示区别。“八旗制度”中的正黄色、正白色、正红色、正蓝色，采用了中国传统色彩里五个正色中的其中四个，后来增设的镶黄色、镶白色、镶蓝色和镶红色的旗上面又添加了一条边，其中黄色、白色、蓝色三色旗镶了红色的边，红色旗镶了白色的边；另外，八旗的盔甲帽上都有黑色。就这样，中国传统色彩的五个正色：黄色、白色、红色（赤色）、蓝色（青色）和黑色，全部被用于“八旗制度”的配色中。

由此可见，八期制度的用色具有严格的等级制度和规定。**也进一步说明，色彩在社会的发展进程中，蕴含着各种政治、权力的意义。**那么，在八个旗中，哪一个强、哪一个弱呢？

八旗创立初始，最高统帅是努尔哈赤。他亲统两黄旗，使正黄、镶黄两旗成为自己的亲兵。从“五色

正黄镶黄色

正蓝镶红色

正白镶红色

正蓝镶蓝色

正白镶白色

学说”中我们得知，黄色在封建王朝中象征着至高无上的皇权，因此，黄色只能为皇权所用。而其余各旗分别由几个能征善战的子侄控制，当时被称为“八和硕贝勒”。“和硕贝勒”是为努尔哈赤所定的八旗旗主的称号。

八旗的旗主不同，自相争斗的故事也层出不穷。自努尔哈赤到皇太极，一直是御林军级的两黄旗地位最高，但是在多尔衮的时代，两白旗的地位高过了皇帝亲统的两黄旗。结果，在多尔衮之后，这种情况便为顺治帝治理八旗提供了口实和机会。为了“维护公平”，顺治直接将任命八旗旗主的权力收回后归国有，而不再由权贵世袭。因此，归皇帝直接统辖的两个黄旗和正白旗的优越地位便得到了稳固，从而构成了八旗的核心。他们主要负责守卫皇城，在皇帝外出时担任护卫，是皇帝倚重的御林军，这就是“上三旗”。清代皇帝的侍卫都是从“上三旗”子弟中选拔出来的。而正蓝旗等五旗，则由皇帝任意指派旗主，这五旗的势力逐渐变弱，成为“下五旗”。“下五旗”由宗室贵族分领，除了在京郊守卫京城，还被大批派往各地驻守戍边。

八旗棉质甲胄的用途

大清以武立国，满清的创立者努尔哈赤以 13 副铠甲和不到 100 名士兵闯入历史的舞台，最终建立功业，夺取天下。因此，清朝对铠甲极为重视，格式也极为讲究。

清代前期装备的铠甲，源于明代中后期军队铠甲的设计。而明朝的铠甲受蒙古棉甲的影响。最早开始普及棉甲的也是蒙古军，这种棉甲比较轻，适合长距离作战，还有保暖的作用。八旗铠甲吸收了各族制甲工艺的优点，其防护能力和外部装饰都有了进步。**而清代大量使用的铠甲是棉铁甲，其表面是坚厚的布料棉或绢，金属甲片镶在里面，布装饰在外面，然后在布的表面上用铜钉固定。**棉铁甲就像棉大衣一样，具有一定的防寒功能，其柔软、坚韧的特性很适合骑兵使用；另外，它对冷兵器和火器都有一定的防御能力，具有非常好的防护作用。

清入关以后，为了不忘“满洲根本”，骑射便成为每个旗民的看家本领。为了加强皇族宗室、八旗贵胄的骑射教育，确立了大阅、行围等制度。清代的大阅制度始于太宗皇太极时，顺治时明确规定为每三年一次。行围出猎每年也要两三次。当时八旗兵丁的甲胄是仪仗、大阅、行围、训练的礼服，上文介绍了八旗是以旗色分类的，兵丁的甲胄也是以旗色分的。

清朝中期以后，火器越来越发达，八旗兵丁的棉甲便失去了防御能力。乾隆时期，由杭州机造分两次制成的两万套甲胄，除了在大阅和行围时穿着，平时都放在紫禁城的西华门城楼内。

19 世纪以后，八旗子弟所穿着的甲胄除了好看可供欣赏，以及军事训练时穿着之外，逐渐演变为一种仪式表演时所用的服饰。

倚錦樓石屏銘
壽翁
買山得石
新買山丹
徒羅白石
其白粲粲磨治
爲屏其直峌峌
曷云不緇涅吾
所追曷云不曲
撓吾不憒鑱號
去奇賚鎦卻絢
家誠可書子聽
亦便月直削肩
雲穿障面企樹
當簷隔花同院
自邦白謠何勞
蘇贊
民國十秊五月

092

家诫碑

状元家诫

国宝小档案

年代：清（公元 1616—1911 年）

尺寸：长 160 厘米，高 61.5 厘米，厚 9 厘米

发现地：江苏省南通军山东麓东奥山庄倚锦楼前庭院

馆藏地：南通博物苑

供图：南通博物苑

主讲人：陆苒苒

中国人一向重视“家庭”在个人成长过程中的作用，所以，素有“天下之本在家”之说。今天我将带您了解南通博物苑创始人、晚清状元、爱国教育家、实业家张謇先生家庙前的一块家诫碑。

张謇先生

爱国企业家的典范之一 —— 张謇

张謇是中国近代史上的一位重要人物，从1895—1926年间，他创办了实业、教育金融、慈善等多方面的企事业。正是他对南通的全方位经营，推动了南通的现代化进程，让一个封闭落后的封建城镇过渡到了具有现代化规模的新型资本主义城市，从而被经济史学界称为“南通模式”。

1905年，为了辅助学校教育，普及科学知识，张謇创办了中国第一座公共博物馆——南通博物苑。建苑初期，博物苑共占地2万多平方米，藏品分天产、历史、美术、教育四部，至1933年，文物藏品增至3605号。早期博物苑先后筑建了中馆、南馆、北馆作为主要展馆，还在苑区内分别建有鸟室、兽室、温室花房、风车、水塔、假山、水池、藤棚等园林设施，由此营造出高雅精致又轻松闲适的氛围。这种“馆园结合”的独特风格，体现了张謇建设中国特色博物馆的办馆理念。

七位古人的诫子语录

“家诫”，又称“家训”，是一种用以训导、警戒子孙行为的文体，也是社会伦理的规约。1921 年 8 月，69 岁的张謇渐渐感到暮年临近，怀着对子孙的挚爱和期许，他挑选了数位古人的诫子语录，作为《家诫》。这篇《家诫》被刻写在了一块石质屏风上，放置于东奥山庄倚锦楼前的庭院里。而东奥山庄位于南通城南郊的军山东麓，是张謇准备安度晚年的一座别墅。张謇希望自己的子孙在出入寓所的时候能够看到家诫碑，并时刻对照古人的要求以自省，还希望子孙牢记“家诫”，传承张氏家风，增进道德修养，进而继承家业。

张謇按时间顺序辑录了古代七位名人诫子的语录，构成了具有张氏特色的《家诫》：首段以“祸福相依”的哲学思想统领全文，强调立诫的迫切性，是“诫”之纲；第二段写修身养德是做人的根本，是“诫”之基；其余五段都是围绕这个“根本”展开。纲举目张，思路清晰，形成一个有机的整体。文辞简练，寓意深刻，耐人回味。《家诫》的全文如下：

我之爱子孙犹之古人也，爱之而欲勉之以进德而继业亦犹古人也。与其述己意，毋宁述古人，乃掇古诫子语，书庭之屏，俾出入寓目而加省，若先世言行之足资师法者，自有述训在。

董生有云：“吊者在门，贺者在闾。”言有忧则恐惧敬事，敬事则必有善功，而福至也。又曰：“贺者在门，吊者在闾。”言受福则骄奢，骄奢则祸至，故吊随而来。——汉·刘向

君子之行，静以修身，俭以养德。非澹泊无以明志，非宁静无以致远。学须静也，才须学也，非学无以广才，非志无以成学。慆慢则不能励精，险躁则不能治性。——诸葛亮

言思乃出，行详乃动，皆用情实道理，违斯败矣。——魏·王修

百世小人，知读论语孝经，尚为人师，若能保书，终不为小人。谚曰：积财千万，无过读书。——隋·颜之推

凡门地高，可畏不可恃。立身行己，一事有失，则得罪重于他人。门高则骄心易生，族盛则为人所妒，懿行实才，人未信之，少有疵累，人皆摈之。——唐·柳玭

立心以忠信不欺为主本，行己以端庄清静见操执，临事以明敏果断辨是非。——宋·胡安国

勿妄与人接，只是勤俭，循之而上，有无限好事，吾不敢言，而窃为汝愿之，反之而下，有无限不好事，吾不欲言，而未免为汝忧之。——朱熹

民国十年辛酉八月

张謇遴选《家诫》格言的初衷

《家诫》选取的格言分别来自汉代的刘向、三国时期蜀汉的诸葛亮、三国时魏国的王修、隋代的颜之推、唐代的柳玭、宋代的胡安国以及朱熹。张謇为什么遴选这七位古人的格言作为张氏家诫呢？这与张謇的育人理念、家事家境密切相关。

其中第一条，是西汉著名经学家刘向的诫子警言。刘向引用董仲舒“吊者在门，贺者在闾”“贺者在门，吊者在闾”的名言，说明祸因福生、祸藏于福，祸福

相互转化的道理。他告诫儿子得志时不要骄傲，保持清醒，以免祸患。“吊者在门，贺者在闾”一句中，“吊”是慰问之意，“闾”是指里巷，乡亲。这句话意为家里出了值得忧虑的事（乡亲上门来慰问），就会小心谨慎地做人做事，而小心谨慎地做人做事，就会有好的结果，福运便会随之而至（乡亲接着前来祝贺）。“贺者有门，吊者在闾”这一句的意思则相反。

张謇十分赞赏董仲舒与刘向关于祸福相互转化的观念，依他当时的社会地位、事业规模，他迫切希望张氏后人牢记古训，并且以自身行为影响儿子。张孝若在《南通张季直先生传记》里这样叙述：“我父一生，无论在个人得意时不得意时，事业轰轰烈烈时困顿不堪时，他的心地意态总是一样。就是碰到很大失意和棘手的事，也是处之泰然，不改常态。”

张謇的这种常态，还表现在企业管理中。第一次世界大战之际，正是大生纱厂最兴旺之时，张謇给纱厂同人的通告就是一例：“……大凡失败都在轰轰烈烈之时，今吾实业正在此时机。惟望吾实业诸君居安思危，持盈保泰；更须坚定守分，此鄙人所希望于诸君者，在长久之道也。”张謇说：“能至大冷不觉其冷，大暖不觉其暖之一境，即庄子所谓入水不濡，入火不热者，便可以处世，便可以成事。”张謇还集庄子此语，做成濠南别业大厅的楹联：“入水不濡，入火不爇，与子言孝，与父言慈。”这是他对家诫的强调与补充。[1]

张謇把诸葛亮《诫子书》中的名言“君子之行，静以修身，俭以养德。非澹泊无以明志，非宁静无以致远”作为家诫，期望后世子孙能够宁静反省，修养自身。他还用了“积财千万，无过读书”的家训，希望张氏后人懂得“读书最为重要”的道理。

张謇引用唐代柳玭的警言，完全是因为考虑到张氏当时已是名重天下的望族。张謇总结自古经验教训：门地高，骄心易生，得罪则重他人，行事不当，易招指责。所以，他认为后人更应该谦虚谨慎，行为端正。张謇不仅言之恳切，而且以身作则。

清末时候，南通制定了一个违警规则：车轿夜间不点灯要被罚。有一天晚上，

---

[1] 摘录自《张謇全集》，2012年上海辞书出版社出版，作者是张謇全集编委会。

张謇坐轿进城时没有点灯，警察就上前来问。轿夫因为自己抬的是张謇，就毫不顾忌地说：“您不认识他是谁？问什么呀？”张謇在轿子里听到后，才知道自己忘记点灯，触犯了规则。于是他立刻下轿，招呼点灯，并到警局照章领罚；同时，他问明了警察的姓名，嘉奖他恪尽职守，还给了赏钱。

传承流芳，生生不息

《家诫》中提出的修身养德具有丰富的内涵，比如忠、信、仁、义、孝、惠、让、敬等道德行为，强调了个人对他人、对社会、对国家的责任。这种责任意识和责任担当在士大夫中得到了普遍认同，比如范仲淹提倡“先天下之忧而忧，后天下之乐而乐”，顾炎武提出“天下兴亡，匹夫有责”，林则徐提出“苟利国家生死以，岂因祸福避趋之”。齐家的目的，不只是整治自己的“小家”。因为家庭是个体向社会发展的第一个层级，个人齐家之后便自然地走向治国平天下的道路。张氏家诫中责任优先、义务优先等的价值观念，与社会主义核心价值观有融通的一面，值得后人学习和借鉴。家诫文化作为中华文化的组成部分，所反映的价值观要优于西方的价值观。

张謇的《家诫》对子孙所产生的影响长久而深刻。他自己更是以身作则，堪为楷模。1894 年，张謇以一甲一名，考中甲午恩科状元。然而，这年正是家国多事之秋，张謇父亲张彭年病逝，中日甲午战争爆发。面临日益严峻的民族危机，张謇心中救亡图存的强烈愿望陡然而增，他认为，“中国振兴实业，其责任须在士大夫”“言思乃出，行详乃动”[4]，张謇于是脱离官场，投身实业。

张謇首先在南通唐闸规划筹建大生纱厂，又历经艰辛创办了大生纱厂，产销两旺，声誉日隆。随后，张謇兴办了大生二厂、三厂、八厂，成为当时中国的棉纺大王，还开办了铁厂、油厂、面厂、酒厂、印刷厂等 30 多个民生企业。

另外，张謇还认为：“一国之强基于教育。”于是，他用实业所得，大力兴办普及教育、职业教育、特殊教育乃至大学教育。在南通，张謇兴办了中小学校 370

多所，各类职业学校 10 多所，还创办了养老院、残废院等 16 个公益慈善机构。

张謇的言传身教给家人留下极好、极深的影响。他的儿子张孝若在美国哥伦比亚大学留学归国后，便在南通创设自治会，希望以全民自治的模式经营南通。1923 年，张孝若作为北洋政府所派专使，对法国、比利时、荷兰、德国、奥地利、瑞士、意大利、英国、美国、日本 10 国进行实业考察，回国后被任命为驻智利国公使。1926 年，他被任命为扬子江水道委员会会长。张謇逝世后，张孝若继承先志，承担起经营、建设南通的重任。张謇的儿媳陈石云曾回忆说："公公虽身处高位，平时却总教育我们要刻苦勤俭，并以身作则，不该花的钱多一分也不花，但用于南通地方自治事业，特别是公益教育事业，即使花费数以万计也毫不吝惜。"[1] 张謇的后辈中曾涌现出一位烈士，他在解放战争中，冒着危险为地下党开展各类活动提供掩护；改革开放后，他还积极地维护祖国的统一，回到家乡设立助学金，以激励南通学子。

张謇的家诫诚如宅后濠河，源远流长、滔滔不绝；又如堂前紫藤，根深叶茂、生生不息。在曾经生养他的江海大地之上，这份家诫更会传承流芳，绵延年年。

---

[1] 摘录自《张謇全集》，2012年上海辞书出版社出版，作者是张謇全集编委会。

黎人擇地建屋廬止一間男女同處一二年間
地瘠力薄棄而他徙其屋形似覆舟或茅或葵
或藤葉被之門皆倚脊而開穴其傍以為牖屋
内架木為欄横鋪竹木去地三四尺不等名有
高欄低欄之分而製無異上居男婦下畜鷄豚
生熟黎類如此稍異者熟黎屋内用欄遍鋪前
後厨灶寢處並在欄上生黎則欄在屋後前為
地〻下挖窟列三石以置釜席地炊煮惟於欄
上寢處此其大畧也

舟居非水類鳩方人物差分上下牀報與
有巢民識得漸来棟宇認虞唐

燕江鄭廷宣

093

《琼黎风俗图》

一部重现黎族历史的画卷

国宝小档案

年代：清（公元 1616—1911 年）

尺寸：纵 33 厘米，横 30.5 厘米

材质：纸本设色

馆藏地：海南省博物馆

供图：海南省博物馆

主讲人：秋颖

您好，今天我要为您介绍的是一幅描绘中国古代黎族生活风貌的画卷——《琼黎风俗图》。由于黎族是只有语言、没有文字的民族，其悠久历史仅靠口口相传，所以这幅图文并茂的《琼黎风俗图》就显得更加弥足珍贵。

黎族先民的生活风貌

《琼黎风俗图》为清代作品，纵 33 厘米，横 30.5 厘米，全画共 15 开页，纸本，设色。每幅图画的右边均是图画，左边均是对所描绘图画的文字说明。**这 15 幅图画分别描绘的是居处、对歌择偶、纳聘迎娶、聚会饮食、渔猎、耕、采香、运木、采藤、纺织、交易、渡、割鸡跳鬼、传信、斗，图中人物线条简练，采用勾勒填色法绘制而成，生动地再现了清代中期海南岛黎族人的生产和生活场景。**

在海南省生活着这样一个民族，他们崇敬自然、植棉织锦，他们绣面文身、欢歌曼舞，他们就是几千年来生活在五指山下的古老民族——黎族。那么，这幅描绘了黎族生活的长篇画史都传递了哪些信息呢?

首先，居处图描绘了黎族居住的干栏式船形屋，他们的房屋其实就是船的样子。相传黎族人在 3000 多年前乘船来到海南岛，上岛之后为了躲避风雨，防御野兽，他们便把船倒扣过来，以竹木支撑，然后再在上面盖上茅草，就形成了传统民居船形屋了，自此黎族人便开始过上了男耕女织的安定生活。直到 20 世纪 50 年代，黎族部分地区仍然还保留着这种干栏式船形屋的建筑形式。

在纺织图中，您是否一眼就看到了坐在船形屋边的黎族妇女们正在纺织呢?只见其中一位黎族妇女正在使用纺锤熟练地将去了籽的棉花搓成结实的棉线，另一位黎族妇女手持梭子，席地而坐，在踞腰织机的配合下来回走线，编织着各种花纹图案。踞腰织机是黎族纺织的一种主要工具，由腰带、腰力棍、打纬刀、撑经杆、梭子、挑花刀、整绒梳等组成，而黎族这种传统的纺织技艺至今已经有近 3000 年的历史，它所传承的花纹图案堪称是这个民族的独特史书。

一般黎族女孩从十三四岁就开始学习纺织技术。人们普遍把织锦水平的高低作为评价一个女孩子是否能干的标志。制作黎锦服饰主要有纺、染、织、绣四大技艺，该技艺也被称为中国纺织业的“活化石”，而联合国教科文组织于 2009 年已将其列入“亟须保护的非物质文化遗产名录”。黎锦服饰中清代进贡朝廷的珍品“龙被”最为驰名。“龙被”工艺精湛，风格古朴典雅，文化内涵丰富，是工艺难度最大、文化品位最高的黎族织锦之一。

说到黎锦，不得不提一位伟大的女性人物——黄道婆。元朝时，中国纺织业始祖黄道婆从松江乌泥泾（今上海）漂泊到现在的三亚崖城水南村，在此居住了 40 年。其间黄道婆向黎族妇女学习了纺织技艺，后来又带回了家乡。她在家乡把原来一手只能纺一根纱的手摇式踏车，改进为一手能纺三根纱的脚踏纺车，大大提高了纺纱的速度。而且黄道婆在家乡还大力传播黎族先进的纺织技术，由此推动了长江中下游棉纺织业的发展，掀起了持续数百年的“棉花革命”，也造就了“衣被天下”的传奇。

清代，黎族生产以农业为主，渔猎和采摘作为辅助。**在描绘耕种的画面中，三头壮实的公牛正在卖力地耕作。牛作为黎族耕作时的主要劳动力，它们的身上没有耕犁，而是直接在田中踩踏。**原来，这种做法叫作“牛踩田”，是黎族的一种特殊的水田耕作方式。一般在春雨降后或者人工引水灌溉后，待土壤饱透，便由一个大人或小孩扬鞭指挥、驱赶着几头甚至十多头牛，反复周转于田间，踩踏田泥至稀烂状态，然后才进行插秧。后来，随着农田水利设施不断改善，耕作制度也逐年改革，牛踩田的做法就很少见了。

过去，除了农耕，渔猎也是黎族重要的生产活动。**在描绘狩猎的场景中，可以看到黎族男子用镖枪狩猎、用弓箭射鱼。**每年农历十二月至翌年二月是狩猎的好季节，这个时候黎族青壮年男子会集体上山围猎。进山前，人们还要在村边榕

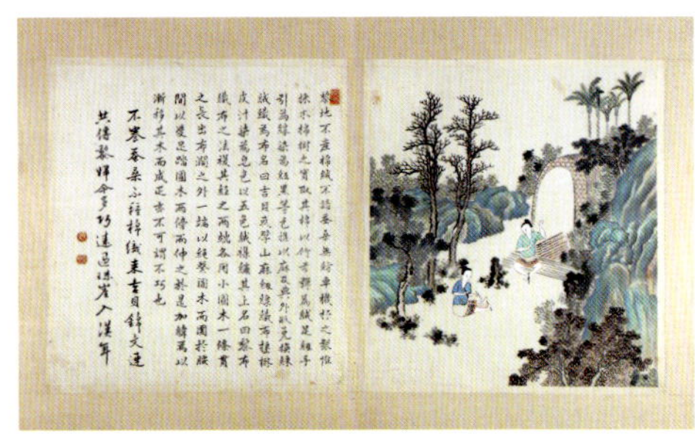

树下或山间路口举行占卜仪式，然后由一人带上几只或十几只猎狗入山驱赶猎物，而其他猎手则守候在山脚的兽路旁，枪击受惊而逃的猎物。此围猎活动是黎族特有的狩猎方式，具有鲜明的民族特色。对于打获的猎物，他们采用平均分配法。除了领头者，打中第一枪的猎手可以分到一条兽腿，其余都由出猎者平分，就连猎狗也能分得一份。而猎物的内脏、头、脚则在煮熟后，由全村或者路过的外村人共同享用。假如你走进黎族村寨，就会发现猎手家中悬挂的野兽下颚骨。这是猎手勇猛、能干的象征，意在引来更多的野兽，俗称“猎魂”。随着时代的变迁，黎族的生产、生活方式发生了变化，由过去通过狩猎获取动物肉食转变为家庭饲养牲畜，同时，传统狩猎的活动也逐渐消失。

黎族人民就这样凭着自己的聪明才智，不断地了解自然、适应自然，创造出了更加符合时代需要的生产和生活方式，正如《琼黎风俗图》中描绘的诸如运木、传信、交易等独特的风俗。

画卷的创作者

那么，这幅目前中国所发现的最早的反映海南黎族风俗的长篇画卷是谁画的呢？这还要从画册封面上签署的题名“明邓廷宣绘琼州黎人风俗图”说起。

邓廷宣是谁？他为什么绘制《琼黎风俗图》呢？据史料记载，明太祖朱元璋时期，邓廷宣曾作为监察官员奉命随开国大将军沐英前往海南打击海盗。当他上岛之后，对当地黎族人的生产和生活产生了浓厚的兴趣，于是，他便把自己对黎族的所见所闻通过绘画的方式记录下来了，并于 1390 年绘制完成。

但是，经过书画鉴定专家对纸张和颜料等方面的研究发现，这幅图画的绘制年代应该是清代，这又是怎么回事呢？清朝经历了康熙、雍正、乾隆三代皇帝的励精图治，在此期间，中国封建社会进入了长达百余年的康乾盛世。乾隆皇帝为了彰显功劳，体现泱泱大国的疆域辽阔、物产丰富，于是下旨要求各地方官员将所在地区的风土人情，特别是少数民族人体特征、风俗习惯等内容通过绘画形式绘制成

“皇清职贡图”，一时间引发了绘制民族图画的风气，清代《琼黎风俗图》就是在这样的背景下诞生的。因此，经专家推断，《琼黎风俗图》应该是清乾隆时期的某位画师绘作。

黎族研究的重要史料

目前发现的反映黎族内容的画册共有五部，除了清代《琼黎风俗图》，还有现藏于中国国家博物馆的清代《琼州海黎图》，现藏于广东中山图书馆的清代《琼黎一览图》，现藏于中央民族大学图书馆的清代《琼州黎族风俗图说》，以及现藏于台湾中央研究院历史语言研究所的清代《琼黎风俗图说》。虽然它们出自不同画家，题材也不同，但内容却大致相似，都试图从各方面、多角度描绘历史上黎族社会的风土人情。通过对比五部画册，考察了它们的内容、构图、人物等方面后发现，《琼黎风俗图》是其中创作时间较早的一幅，其他四幅都要略晚。

《琼黎风俗图》以一幅幅图画和一诗一文的解释，无声地展示了清代黎族人民一个又一个生产和生活的场景，传递着饱含地理特色和时代特征的文化信息。它不仅是一部清代中晚期的黎族画史，也是中国清朝时期各民族团结和睦的历史见证。

094

东珠朝珠

清朝皇家专属的朝珠

国宝小档案

年代：清顺治（公元 1644—1661 年）

尺寸：大圈长 137 厘米

馆藏地：北京故宫博物院

撰稿人：弓羽臣

在清宫剧中，我们经常看到皇帝、后妃及官员的胸前佩戴着一串珠子，那就是“朝珠”。它是身份和地位的象征，只有在特定场合才会被使用。有一种朝珠被称为“东珠朝珠”，“东珠”是清朝皇家使用的一种最高等级的珍珠。今天我要为您分享的这件，就是清顺治东珠朝珠。

首先，这件朝珠主要分为两部分：**由 108 颗大型东珠穿成的长为 137 厘米的大圈，数字“108”正好是一年 12 个月、24 节气和 72 候的总和；**大圈上有“三短一长”四个穗子。三个短穗子和大圈都是垂于胸前，一个长穗子垂于后背。

在白花花一片的东珠里，有 4 个显眼的大红珊瑚珠，被称为“结珠”。**结珠将 108 颗东珠分隔成四等份，象征着一年中的春、夏、秋、冬四季。**正上方的结珠连着长穗子，长穗子上绿松石“佛头”用黄绦带系着一个又大又亮的嵌金镶猫眼石，名为“背云”，象征着“一元复始”。背云两侧为两个蝙蝠形的红珊瑚，寓意为福。**两边的三个短穗子被称为“纪念”，每串有 10 颗绿松石，代表着一个月 30 天。**

这串朝珠的 108 颗大东珠中，有 4 颗红珊瑚结珠、1 个绿松石佛头、1 个猫眼石背云、两个红珊瑚蝙蝠、30 个绿松石纪念、8 颗青金石、4 个红宝石坠角、7 个小东珠，总共有 165 个种类。

项链可不只是为了美

这种项链，或称配饰，几乎与人类的历史同岁。从旧石器时代开始，古人类就把兽牙、石头、牙齿等穿起来戴在脖子上。最早的项链可能没有装饰功能，只有统计的作用。直到新石器时代，工艺进步后，古人对项链的加工水平也有了提高。随着图腾崇拜的出现，项链作为装饰品的属性也逐渐显现出来。先民们认为脖子是生命的中枢，必须用一些东西进行保护，这些东西则大多是图腾的一部分，借用神灵之力护佑自身的周全。

在社会发展的过程中，私有制催化了阶级的诞生，而阶级意味着特权，特权则意味着最高级的生产力，最先进的工艺，以及最稀有的材料。项链的原料从兽骨、石头等，发展为玉石、松石、玛瑙等稀有材料。人类用 200 万年时间完成了原始技术的积累，还发展出一套完整的制度——礼制。项链便是其中重要的组成部分。这种重要性直接体现在工艺的进步，产量的增加和制度的完善方面。其中山西博物院的镇院之宝晋侯夫人玉组佩数量高达 204 件，长度达 1.58 米，人在佩戴之后，甚至无法正常走路。

在博物馆珍藏的先秦时期的玉质项链数不胜数，但是珍珠的数量不多。**因为珍珠属于有机物，通常都会在土壤中消解于无形，极难保存。**

源远流长的珍珠

现存最早的关于珍珠的记载，来自战国典籍《尚书・禹贡・徐州》记载夏禹时期“羽畎夏翟，峄阳孤桐，泗滨浮磬，淮夷嫔珠”，意思是徐州的四大特产：“羽山之谷中有羽毛五彩的雉鸟，峄山南面的特产桐木，泗水边上可以做磬的石头，以及淮水盛产蚌珠和鱼。”其中“淮夷嫔珠”的记载，说明中国早在 4000 年前的夏禹时代就已经开始了采珠的历史。

除此之外，先秦典籍《诗经》《山海经》《尔雅》《周易》中也都记载了关于珍珠的内容。我们熟悉的成语“买椟还珠”即出自战国晚期思想家韩非子的记载，说明当时珍珠已不仅流行于宫廷之中。

秦汉以前，我国的珍珠主要是淡水珍珠，西汉扩大疆域后，帝国的控制范围直达南方海边。当时广西合浦优良的海水珍珠已登上历史的舞台。在《后汉书・循吏传·孟尝》中有记载：汉代合浦太守太贪心，由于过度开采珠贝，导致它们逐渐往交趾（今越南）转移。失去支柱产业的合浦并不产粮食，民众被饿死。而新任太守孟尝革除积弊，在不到一年时间里，珠贝又重新回到了合浦，这里又逐渐繁荣起来。成语“珠还合浦”即源于此。

从西汉到明代，合浦作为中国最重要的珍珠产地，持续了1600年。由于过度捕捞，1000多年间合浦的珠贝分别在唐朝天宝年间、明朝嘉靖和天启年间发生了三次迁移。从此合浦的珍珠产量一蹶不振，直到解放后才在周总理的指示下重新发展养殖珍珠业，恢复产量。

明人屈大均在《广东新语》中记载：“西珠不如东珠，东珠不如南珠。”这里西珠指的是通过陆路或海上丝绸之路来到中国的欧洲珍珠，东珠为日本珍珠。而南珠正是合浦珍珠，直到今日，合浦珍珠仍被称为南珠。

何为“东珠”

不过，本文的主角“东珠朝珠”却并不是日本的舶来品。明代，和田玉的产地不在控制范围内，其中有明一代的玉器品质普遍较差。传统玉器质量下降后，人们为了维持尊贵的身份，南珠自然成为一个很好的选择。《明史》记载万历皇帝对南珠的攫取程度“金取于滇，不足不止；珠取于海，不罄不止；锦绮取于吴越，不极奇巧不止”。

天启年间合浦的珠贝最后一次逃亡后，南珠从此便难得。清朝入主中原后在合浦数次采捞，收效甚微。**于是，他们把目光转向了老家东北的松花江、黑龙江、乌苏里江、鸭绿江等流域的野生珍珠，它们质地圆润硕大，色泽晶莹剔透，成为南珠最好的替代品，清人称之为“东珠”。**这自然与明人屈大均定义的东珠不是一回事。

东珠并非清代才出名，早在北宋宋神宗时期，已经“朝贵已重尚之，谓之北珠”。南宋蔡滁《铁围山丛谈》中记载：“径寸者价值二三百万。”

皇家专属物

故宫太和殿只在重大的朝政典礼、御殿受贺、命将出征以及每年的元旦、冬至、万寿三大节日的庆贺活动时开放，皇帝需要穿明黄色朝服，佩戴东珠朝珠接见大臣。东珠朝珠也只有皇帝、皇后和皇太后能够佩戴。佩戴方式男女有别。比如清代大典时，皇帝只须佩戴一盘东珠朝珠，皇后则须同时佩戴三盘朝珠。《清史稿·舆服志》中记载："皇后朝服朝珠二盘，东珠一，珊瑚二。"现存的清代皇后画像，基本上是正面佩戴东珠朝珠，左右斜跨红珊瑚朝珠。

除了佩戴方式，清朝对东珠的采捕也有严格规定。顺治七年（1650 年），停止宗室派人于乌拉之处采捕东珠；康熙年间，禁止宁古塔居住的乌拉人采捕东珠；乾隆年间，在山海关设置关卡严查，根据获取珠子的数量给予奖赏。东珠由此成为"非奉旨不准许人取"的朝廷专属。

不过康熙中期，东珠捕捞已达到相当大的规模。据记载，采珠时，水师营要备大船 7 艘，小船 399 艘；派人 1237 员，分为 64 队；同时，还要准备铁锅 359 口，帐篷 359 架，一次要花费 25000 余两。早春是采珠季节，船队分八路出发，在数百条支流中航行数千里，像梳头发一样从头捋到尾，常常是"易数河不得一蚌，聚蚌盈舟不得一珠"。直到 100 年前，还能看到铺满沙滩的碎蚌壳，可见当年采珠的规模之盛。天然珍珠怎能禁得住如此规模的捕捞，加之东北地区天气寒冷，珠贝的天然繁殖速度比不上南方温暖的海水。在这样过度的捕捞面前，东珠必定会成为不可再生资源。

雍正时期，已经"偶有所获，颗粒甚小，多不堪用"。乾隆五十四年（1789 年）以后，还定额要求每年交珠 944 颗。咸丰年间，已无珠可采，只得"歇河"。

如今，真正的东珠成为传说。2010 年香港苏富比曾拍卖过一串清代的东珠朝珠，仅在 10 分钟内就以 6000 万元成交。虽然我们不希望国宝以任何形式出现在拍卖场上，但成交价让我们最直接地了解到文物的经济价值。

我们通过项链的发展之久、东珠的采集之难以及皇家的威仪之盛，一起感受了东珠朝珠的文化价值，希望您有机会亲自到故宫博物院看一看这件文物。

095

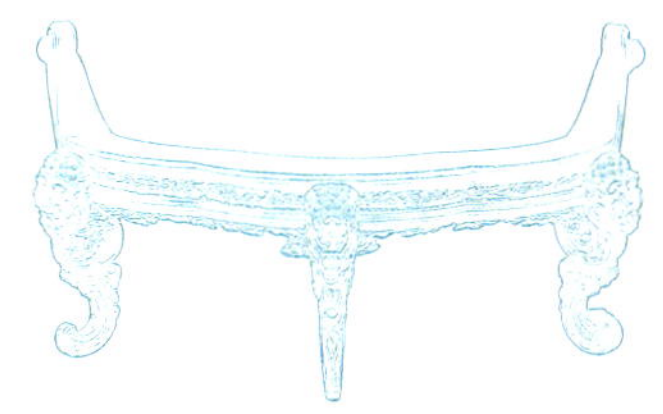

金漆三足凭几

家具艺术中的精品

国宝小档案

年代：清康熙（公元 1662—1722 年）

尺寸：长近 1 米，高不足 0.5 米

馆藏地：北京故宫博物院

撰稿人：王征

国人说起家具，历来典故颇多，这不仅隐含了中国古代规矩礼法之繁杂，更能体现出古代匠人对提升当时生活品质的思考。凭几，这件现在已经消失了的古典家具，便是其中的典范。

与我们接触过的茶几不同，凭几的功能不是摆放东西，而是古人席地而坐时倚靠在身边，用来支撑身体的。它的功能有点类似拐杖，被衬在肩臂之下，为人的身体架起另一个支撑点，可以缓解长时间端坐的疲劳，甚至可以预防腰间盘突出。只是这种既美观又精巧的实用性家具，随着后来人们逐渐减少的席地而坐的方式，而开始淹没于时光中。明清时期已不常见凭几，现存最完好的当数故宫博物院收藏的康熙金漆三足凭几。

金漆三足凭几从外观上来看，长近1米，高不足半米，以木为胎，下有三足，外髹金漆。它的面儿是弧形的，两端高高翘起，作回卷的浪花状。

凭几内侧束腰的位置还嵌有三块象牙板，象牙板上雕刻的是“苍龙教子图”——我国传统装饰图案的一种，一般由一条大龙和一条小龙组合而成，往往大龙在上面或者前面，而小龙在下面或者后面。这种图案蕴含了人们教育后代早日成材的美好寄托，在宫廷中被广泛使用。这三块牙雕“苍龙教子图”的龙纹各不相同，姿态富于变化，栩栩如生。

凭几外侧的束腰位置则有浮雕的夔龙纹。夔龙是一种传说中的动物，根据《说文解字》中的描述，它形态似龙，但只有一只足。在凭几的外侧束腰以下的部分，连接腿足的牙条上则有浮雕的流云纹。这些夔龙纹、流云纹的雕刻，线条流畅、造型优美、洒脱自然，正可谓“于细微处见功夫”。再看凭几的腿足，共有三条。腿足的上部雕有正张口吐水的龙头，水柱落地后，继而向上翻卷，形成了一组三弯式的腿足。**这件凭几整体构思巧妙，制作精细，有典型的清代装饰风**

三弯式腿足

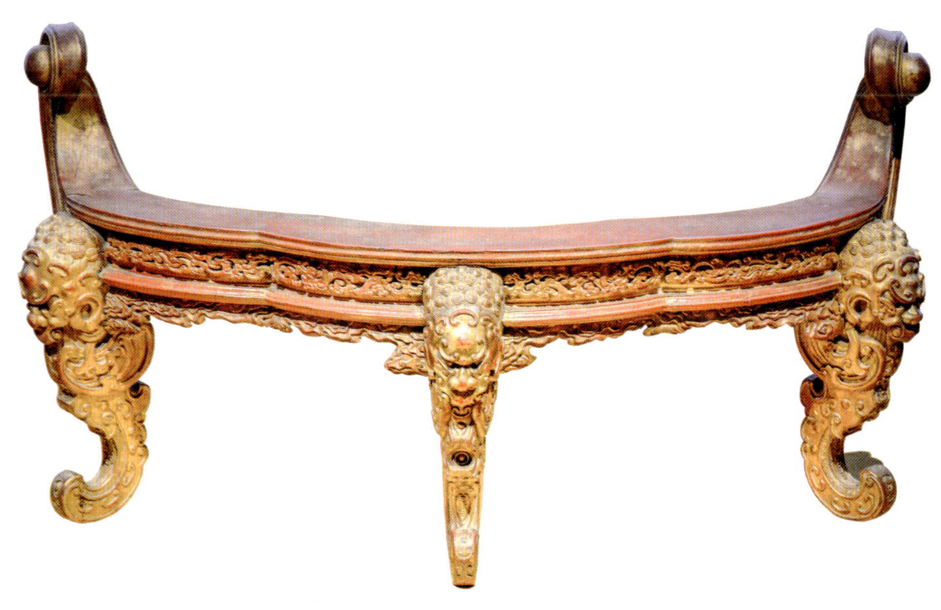

凭几侧面图

格，周身遍布的龙纹又彰显了它的皇家家具的身份，堪称家具艺术中的精品。

凭几的由来

了解到凭几的功能，我们自然会追想起它的由来，早在《周礼春官》中就有记载："司几筵掌五几、五席之名物……王位设黼依……左右玉几……诸侯祭祀席……右雕几……筵国宾于牖前亦如之，左彤几。甸役，则设熊席，右漆几。凡丧事，设苇席，右素几。"

从这段文字中可以看出，几和席是组合使用的，它们是一种伴生关系，更近一步来说，几的出现完全是为了配合人的坐姿习惯，我们可以把它理解为可移动版的椅背，将它与席面、榻面组合，就是古代椅子的雏形。而在万事都在讲"礼"的周代，凭几的使用也难免会受到一些礼法的束约，比如上面那段话还可以透露出，周天子的御座后面设置屏风，御座左、右设置玉几，而诸侯等级以下的人员使用的是除玉几以外的其他材质的几子，而且是在左侧或右侧单一使用。

我们可以在脑海中构想一个场面，周天子坐在中间，他的左右两侧甚至连后面都放着可以依靠的玉几，就好像在身边放了一张环绕 180 度的沙发，虽然没那么柔软，但是肌肤所触之处都是冰凉润肤的宝玉。天子围绕玉几，可以随意转身看向两侧的大臣，当他与一侧的大臣说话时，便靠向另一侧的玉几，而大臣们的注意力都在天子身上，所以他们不需要大幅度的转身，仅依靠一侧的凭几就足够了。

古代有涵养的人们交流时，喜欢含沙射影，指桑骂槐，也就是指出却不说破，所谓的"点到为止"。凭几作为当时人们家中必不可少的生活家具，自然也多次被古代大贤们当作表达思想的介质。

比如，亚圣孟子有一次将要离开齐国时，有人来挽留他。但是孟子去意已决，不想搭理那人，于是他就靠在凭几上假装打盹，让人家离开；再比如，战国的名士南郭子綦，就曾倚靠着凭几，仰头呼吸，凝神入静，达到了物我两忘的境界。

还有一个比较有趣的故事，关于我们熟悉的孔融。东汉末期，孔融被推荐为北海太守。当时袁绍和曹操在中原地区双雄争霸，孔融一向以大贤自居，极其看不上袁、曹二人。后来袁绍的儿子袁谭引兵来犯，孔融为了表示对袁谭的蔑视，在外城已经攻破的情况下，仍然倚着凭几读书，谈笑自若。不过，上天自然不会眷顾形式主义者。当晚内城告急，孔融就因准备不足落荒而逃，而他的老婆孩子都成了敌人的俘虏。这就是除了孔融让梨，又为后世留下的孔融丢妻的典故。

被赋予多层含义的凭几

凭几除了在轶事和典故中作为工具性家具出现，因其在日常生活的重要性，也曾被赋予更深厚的含义，最重的莫过于帝王的托付。《书·顾命》这样记载："皇后凭玉几，道扬末命……"也就是说帝王倚靠在玉几上，发出了最后的遗命，这又将凭几与帝王的遗愿联系在一起了。《尚书》中也说到，周成王去世前，穿上了象征天子的冕服，并且凭靠着玉几，然后才对诸侯、群臣发出了临终的遗命。之后在《明史·穆宗孝定李太后传》中，凭几直接上升为"托孤之谊"，书中这样记载："先生亲受先帝付托，其朝夕纳诲，终先帝凭几之谊。"

当然，凭几的作用不仅如此，当人们在表达孝道时，以及在人际交往的过程中，凭几也是十分重要的。老人由于身体虚弱，往往离不开凭几和手杖这种辅助类工具，他们坐着的时候，用凭几来支撑身体；走路的时候，用手杖来辅助腿足，所以古时一度将几和杖并称。《礼记》中说："谋于长者，必操几杖以从之。"就是说照顾老人的时候，必须把凭几、手杖都预备好，随时供老人使用。大名鼎鼎的汉武帝在得知叔叔淮南王刘安身体欠安后，特意命人送去了凭几和手杖，以表现对叔叔的关心和礼遇。

凭几的发展演变

凭几虽然从我们当代的生活中消失了，但是作为古代很常见的家具，留存于世的也有不少。从湖南长沙浏城桥一号墓出土的春秋时期凭几，到河南信阳楚墓出土的战国时期凭几，再到江苏扬州胡场汉墓出土的汉代凭几——早期的凭几都有两条腿足，几面也是平直的。到三国两晋南北朝时期，开始出现三条腿足、弧形几面的凭几。从目前考古发掘的情况来看，最早的三足弧形凭几出现在安徽马鞍山朱然墓中，是三国时期的。此后又陆续出现了三足凭几的壁画、明器等，不计其数。可以说三足凭几风行于世 400 余年。直到隋唐时期，由北方民族带来的以胡床为代表的新型高足家具，渐渐取代了床榻等低矮家具的中心位置，人们由席地而坐改为了垂足而坐，凭几的使用才变得越来越少。但因为凭几有着千余年的使用和发展历史，其独特的造型与结构对随后的高足坐具仍有着深刻的影响，比如椅子上的扶手、椅圈，还有靠背等，都还有着凭几的影子。这使得那些来自北方民族的坐具，从此具有了中华本土文化的特色与身份，也为日后明清家具的发展奠定了坚实的基础。

隋唐以后，凭几尽管出现得越来越少，但是它并没有完全退出历史舞台，仍时有使用。如《金史》记载，凭几仍然是金代皇帝御座前的标配。而三足凭几与榻的固定搭配则成为名士的一种标准形象和精神符号，那些追古思贤、仰慕古代名士之风的人，往往也会选择这类家具，以体现自己的精神追求。比如元代的倪瓒、明代的陈洪绶等著名文人的肖像画中，都有凭几的身影。

不论是为了标志帝王身份，还是仰慕名士风流，抑或是单纯出于功能上的考虑，凭几最终被清代帝王继承了下来。有一幅清宫旧藏的《康熙皇帝读书像》，现珍藏于中国国家博物馆，画中就绘制了一件金漆三足凭几。在画像中，康熙皇帝身穿吉服，正襟危坐在凭几之后，庄重威严。凭几上还放着一本打开的、读到一半的书卷，凭几两侧的书架上也摆满了各式书籍和文玩，整体塑造了康熙皇帝勤奋读书的帝王形象。画中的凭几与故宫所藏的这件极为相似，无论是大小、颜色还是腿足形状都几乎一致，唯独画中凭几的面儿略宽，两端也不上翘。这也许是因为宫中画师的艺术创作并不是完全写实，也许是因为这件凭几曾经被改造过，更有可能是康熙皇帝拥有不止一件造型相似的凭几。另有一幅藏于故宫的《康熙皇帝像》，同样绘制了一件凭几。画像中，康熙皇帝身着常服，手持念珠，坐在凭几之后，体貌安详。凭几上套着青面黄幔的织套。凭几前摆着供奉佛教八宝的桌案，是一幅念经礼佛的场景。**所谓“以图证史”，根据这些宫廷绘画可以看出，凭几与康熙皇帝的生活关系密切，不论是在读书时，还是在礼佛时，皇帝都会用到凭几。**

不单如此，凭几的使用还被乾隆皇帝继承了下来。清宫旧藏一幅《乾隆皇帝御容像》，画像中，乾隆帝端坐在一件三足凭几之后，几面儿上摆放着笔墨纸砚和一支插着梅花的龙纹花插，同时还有一篇刚刚写完的诗文。乾隆帝显然是刚刚写完字，正手持着毛笔，将它放回笔筒之中。仔细辨识诗中的文字，原来是乾隆四十五年（1780 年）元旦所写的一首御制诗，这一年乾隆皇帝年满 70，他在诗中感怀四海升平的同时，也慨叹年华易逝，老之将至。

雍正九年仲冬
佑陶靈祠
督陶使瀋陽
唐英題

096

青花缠枝莲纹佑陶灵祠瓷匾

清代稀有且珍贵的青花大瓷匾

国宝小档案

年代：清雍正（公元 1723—1735 年）

尺寸：长 135 厘米，宽 43.5 厘米，厚 6 厘米

馆藏地：景德镇中国陶瓷博物馆

供图：景德镇中国陶瓷博物馆

主讲人：高璐璐

您好，今天想为您介绍一件藏品，它不是我们博物馆藏品中最多见的瓷瓶、瓷板，也不是我们日常使用最多的餐具、茶具、文房用品，而是一件瓷器做成的牌匾——青花缠枝莲纹佑陶灵祠瓷匾。它与陶瓷历史上两个重要的人物有着千丝万缕的联系，他们为陶瓷文明的发展做出了卓越的贡献，而他们的故事和经历也激励着一代又一代的陶瓷人。

匾，也叫“匾额”，指题字的横牌，常悬挂于门屏上做装饰。在古建筑中被广泛使用，如功德匾、行为匾、警世匾，等等。匾一般用木材或石材制作，可我们今天介绍的是一块非常稀有珍贵的青花大瓷匾。

瓷匾长135厘米，宽43.5厘米，厚6厘米，题“佑陶灵祠”四字，字为正楷，规整精工、清秀健俊。四周的缠枝番莲纹和中间的字为青花，印为釉里红，字、印都是阳文凸出。右上角腰圆形引首印“古柏堂”，下款两枚方栏篆书“唐英之印”“俊公”章。

“风火仙师”童宾

从瓷匾上的信息可以得知，这块瓷匾是雍正九年（1731年）仲冬，唐英为“风火仙师”所题，原镶嵌在庙西院墙门楣的上方。那么，这位风火仙师到底是何方上仙？竟会被镇上的人立庙供奉、祭祀朝拜。

风火仙师的原型是历史上真实存在的人物——童宾，又名“广利”，浮梁童街人。自幼读书，识大义，秉性刚直。因父母早丧，从小投师学艺，从事烧瓷行当。明万历年间，内监潘相任江西矿使兼理景德镇窑务，督烧青花大龙缸。龙缸久烧不成，劳逸甚重。**童宾为救瓷工们于水火，不惜“以骨作薪”，也就是以身殉窑，投窑而亡，以保龙缸的烧成。**他的这一举动赢得了瓷工们的崇敬，人们便尊其为“风火仙师”。每逢烧窑点火前，窑工们都会前来祭拜，祈求保佑，以烧出一窑上好的瓷器。

那么，一个烧窑的瓷工，出身贫寒，无权无势，仅凭着窑工们的崇敬，何以被清廷敕封为广利窑神？又为何值得唐英亲笔为它题字并费心烧制瓷匾呢？这就不得不提被称为“史上最牛”督陶官的唐英与窑工们的不解之缘。

唐英与瓷匾

唐英，字隽公、叔子，号蜗寄老人，关东沈阳人；从雍正六年（1728年）到景德镇御窑厂协理窑务，任督陶官，历经雍、乾两朝，前后在职共28年。他是景德镇御窑厂历史上督陶时间最长、成就最大的一位。在研究唐英款识时，我发现他在瓷器上所书具的款识除蜗寄老人、隽公这样的字号，还有陶成居士、陶人、榷陶使者等。这样的款识，没有任何官员做派，也不讲究文人气息，而是完全将自己当成了一名窑工。那么，这位深受皇帝喜爱的督陶官，为何如此低调，又是如何与窑工们建立深厚友谊的呢？这要从唐英的个人成长经历说起。

唐英生于康熙二十一年（1682年）五月初五的端午节，出自满族家奴之家；七岁进私塾读书，16岁被选进宫廷，在养心殿为皇帝服务；随后因绘画艺术修养高，在造办处主管过画样设计，在现代应该是个高级设计师。小小年纪就成长于深宫之中，一方面唐英学会了揣摩圣意，也学会了伴君之道；另一方面，由于长时间接触宫廷造办事务以及不错的绘画功底，让他为之后的督陶官生涯积累了一定的办事能力。

雍正六年（1728年），50岁的雍正皇帝刚刚收拾完年羹尧，又以42桩大罪圈禁隆科多，稳稳当当坐在皇位上。他在大刀阔斧地进行一系列改革期间，颁布了一道圣旨：“唐英，内务府员外郎衔，驻景德镇御窑厂，佐理陶务。”接到圣旨后，当时 47 岁的唐英远赴景德镇，开始协理陶务。时任督陶官的是年羹尧的兄长年希尧，虽然弟弟年羹尧受了责罚，但作为哥哥的他做事兢兢业业，不降反升。又因年希尧长年在淮安关管理关务，很难直接管理陶务，所以由唐英佐理。其实，当时的唐英思绪非常复杂，他在《瓷务事宜示谕稿序》中写道："陶固细事，但为有生所未经见，茫然不晓，日唯诺于工匠之意者，惴惴焉。"可以看出，他因对瓷业生产一窍不通而感到惴惴不安。

唐英于陶务是外行，一般外行管内行，要么以行政权力去压制，要么唯唯诺诺地听从工匠的意旨。即使有虚心求教、不耻下问的人，也至多是通过层层上报的信息了解些皮毛，但是做事牢靠的唐英很快就展示出了他的务实之风。**他足足闭门谢客三年，和工匠们同吃、同住，也挽起袖口和裤腿淘泥、揉泥、拉坯、捧坯，极其敬业。**很快他便成了当之无愧的制瓷专家，并写了一系列重要文献。在《陶冶图说》中，他图文并茂地记述了当时的陶瓷工艺流程，对烧造火候、科学包装等方面都有指导意义，是留给后人的一笔宝贵财富。在此期间，他也与瓷工们结下了深厚的友谊。

乾隆八年（1742 年），湖广饥荒时，朝廷拨款赈灾，商人就到江西收购粮食运到灾区贩卖，这就导致景德镇的米价上涨了三四倍，因此瓷工一时生计艰难。当时，历来行事小心谨慎的唐英也急了，便上了 1000 多字的奏折，大概意思是：我是芝麻绿豆的小官，不该妄议朝政。但现在我手下的窑工们都吃不上饭了，求皇上留条生路吧！乾隆批复"该部议奏"，意思就是我不管，你去找有关部门吧。唐英当然知晓皇上这样的回复不过是在敷衍他，于是便决定先斩后奏，用官窑公款买粮食发给瓷工。后来他上报此事，皇上批复道：花了多少钱，从你工资里扣。于是，瓷工为感谢唐英，便集资刻了一块碑，立在珠山脚下。可见唐英在瓷工们心目中的地位。当唐英离任 12 年后，不顾年迈体衰，重访景德镇时，景德镇人夹道欢迎他。

回看这位雍、乾两朝的督陶官的生平，他 20 多年辞别家人、远离皇城故土，甚至再也没回过沈阳老家；以"陶人"自居，或许是他唯一的寄托。正是这样的经历，让他对童宾更多了一份"偏爱"。实际上，由唐英本人亲手设计制作的瓷器并不少，但传世的作品以文房用器，尤其是笔筒居多，这种“瓷匾”造型非常难得。**而且由于瓷匾体积较大，当时烧窑的技术条件有限，所以是采用分块烧制的方法，分四小块逐一烧制完成后拼接而成的。**

有了窑工们的支持，加之自己不懈的创作，唐英开创了属于自己的“唐窑”时代。在贯彻帝王要求的同时，他将自己的审美情趣巧妙地融入官窑生产中，因此由他督造而成的器物，既保持了皇家御用之物的富贵大气，又不失文人阶层的儒雅意趣。**雍正时期的瓷器达到了“增一分则拙，瘦一分则陋”的境界，无愧后世“隽永”的美誉。**乾隆时期的“唐窑”瓷器，从造型上来看，较之以往更加繁多；装饰手法上，镂刻技术更上一层楼，还烧制出了集十几种釉彩、12 个开光于一身的“各色釉彩大瓶”，工艺的难度达到了历史顶峰。

在景德镇中国陶瓷博物馆里，还有很多不同时期的珍贵陶瓷文物，比如元青花缠枝牡丹纹梅瓶、乾隆金地粉彩葫芦瓶，等等。欢迎您来景德镇中国陶瓷博物馆，探寻更多的藏品背后的故事。

清乾隆粉彩八蛮进宝图双耳瓶

康乾盛世的重要历史见证

国宝小档案

年代：清乾隆（公元 1736—1796 年）

尺寸：高 75.5 厘米，口径 25.7 厘米，腹 37.7 厘米，足径 22.2 厘米，重 16 千克

馆藏地：景德镇中国陶瓷博物馆

供图：景德镇中国陶瓷博物馆

主讲人：高璐璐

大家好，今天我为大家推荐的藏品具有浓烈的时代特色，它不仅代表了粉彩瓷发展的一个高峰，更是康乾盛世的重要历史见证；同时，它集知识性、趣味性和历史性于一体，所蕴含的故事耐人寻味，值得我们研究、探讨和借鉴。它就是清乾隆粉彩八蛮进宝图双耳瓶。

粉彩八蛮进宝图双耳瓶为国家一级文物，清代乾隆年间御窑厂烧造。瓷瓶高达 75.5 厘米，是乾隆官窑中少见的大器。**该瓶敞口，束颈，折肩，腹部微鼓，近底处渐收，高圈足，颈部贴塑一对对称的龙形耳，造型古朴庄重，典雅而不失灵动。**瓷瓶内面及底足施以绿釉，绿色浅淡略显黄，表面有小皱纹。

乾隆年间粉彩发展的高峰

乾隆一朝是陶瓷史上集大成的时代。因乾隆喜欢繁缛热闹、华贵亮丽之风，此一朝的官窑瓷具有华美多姿、繁花似锦的特点，不但精巧新奇，而且极尽工雅细丽之能事。

这件粉彩八蛮进宝图双耳瓶则代表了乾隆年间粉彩发展的一个高峰。其瓶身的纹饰层次分明、细密繁缛，自上而下分别是口沿描一圈金彩，瓶口绘如意云纹；颈部绘红地缠枝莲纹，代表着子孙绵长，花间的蝙蝠衔环双鱼纹则寓意洪福齐天、富贵有余，还绘有佛手图案纹饰，寓意多福多寿、吉祥如意；颈部近肩处饰一圈螭龙纹图案，寓意美好、吉祥；瓶腹部近肩处和近底足处均绘如意云纹边饰，既有分隔画面的作用，又能突出腹部的主体纹饰；外足墙画一圈回纹，底部书红彩“大清乾隆年制”六字篆书款，笔法劲瘦挺拔。

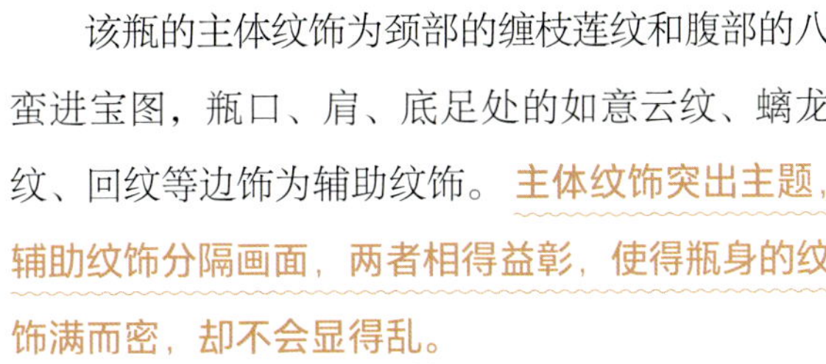

该瓶的主体纹饰为颈部的缠枝莲纹和腹部的八蛮进宝图，瓶口、肩、底足处的如意云纹、螭龙纹、回纹等边饰为辅助纹饰。主体纹饰突出主题，辅助纹饰分隔画面，两者相得益彰，使得瓶身的纹饰满而密，却不会显得乱。

颈部

见证中英第一次外交的实物

腹部

这件器物最引人注目的是瓷瓶腹部所绘的八蛮进宝图。八蛮进宝图，也称“进宝图”“八番进宝图”，有江山一统、万国来朝的寓意。其中“八蛮”是我国古代南方八个少数民族的统称。八蛮进宝图自唐代开始广泛流行，至明清而不衰。图中峰峦起伏、古木参天、山花绽放，平溪小桥掩映其中。八路进宝的队伍行于崎岖的山道上，各酋首头戴稚鸡翎冠帽，骑着宝马或者瑞兽；诸随从手持或肩挑贡物，可见红珊瑚、如意、香炉、宝剑，琳琅满目。图中所绘人物达 40 多个，都是束身着靴，一副异族装扮，挤眉弄眼，憨态可掬。

腹部

值得注意的是，在这些人物中居然有一组西洋人，他们骑着狮子或者大象，秃顶金发，神态各异，头戴两根长毛，好似唱戏的孙悟空。他们胯下所骑的狮子和大象都长得非常奇怪，狮子与镇宅的石狮子一模一样，而大象只有人一半高，不禁惹人发笑。当时由于御窑厂里的画工从未亲眼见过狮子和大象，所以这些都是他们靠想象画出来的。**那么，这些西洋人到底从哪里出发的？他们不远万里来到中国，又有什么目的呢？**

18 世纪末，英国正在如火如荼地进行着工业革命与资产阶级革命，生产力飞速发展，亟须扩展商品市场和原料产地，于是他们将目光投向了中国。当时中国的国内生产总值（GDP）是英国的 8 倍、俄国的 6 倍、日本的 9 倍。但是，中国除了在广州开设了一个口岸以进行少量的对外贸易，再没有其他与外界的商业往来了。为了打开中国的市场，1792 年，英国派马格尔尼率船队以“为乾隆补祝八十大寿”为名出使中国，正式开启了中国和英国的第一次外交。

为了给乾隆皇帝祝寿，英方精心挑选了 600 件礼品，几乎囊括了当时欧洲工业文明的结晶，有连发的步枪、自鸣钟、乐器、帆船的模型、望远镜、天文仪器，甚至还包括了热气球。英国人希望通过展示工业革命的成果，让中国的皇帝和满清官员了解科技迅猛发展的状况，进而打开中国的贸易大门，以开展对等的自由贸易。但中英双方由于近百年来都缺乏沟通，对彼此的认识都极为有限，而且双方在文化上的隔阂不仅影响了交流效果，还加重了他们在认识方面的分歧。

在给中国的皇帝“献礼”时，英国人介绍这些物品是世界上最先进、最强大的。一方面，他们想通过展示优秀的科技成果，来引起皇帝的重视；另一方面，在英国的文化中，越是抬高礼物的价值，越能表现出对主人的尊敬。然而，在中国的文化中，却是通过贬低礼物的价值，来抬高主人的身份，进而表现出对主人的尊敬；人们在送礼时都会约定俗成地说“区区薄礼，不成敬意，小小心意，请您笑纳”这样的客气话。在乾隆皇帝和满清官员看来，清朝是“天朝上国”，而马格尔尼不过是一个藩国的贡使，像他这样充满傲气地介绍贡品的行为是不被接受的。乾隆皇帝说道：“至尔国所贡之物，天国原亦有之。”意思是，你们所进贡的东西，我们原本就有，没什么可稀罕的。这些由马格尔尼不远万里带来的礼物，被中方认为只是奇技淫巧而已。

在这次外交活动中，双方最大的分歧是英国使团觐见乾隆皇帝的礼仪问题。按照清代的礼仪规定，中国周边的藩属国觐见皇帝时，要行最为隆重的三跪九叩之礼。但信奉平等精神的马格尔尼表示坚决不肯，因为他觐见英国国王，是单膝下跪行吻手礼，并坚持见到乾隆皇帝时也是行此礼。但是在满清官员的眼里，这种提议简直是野蛮狂妄。他不会双膝下跪，还想拉着皇帝的手亲两下，这成何体统！马格尔尼这种无视天朝礼仪的行为惹怒了乾隆皇帝，乾隆皇帝批转主事大臣："朕于外夷人觐，如果诚心恭顺，必加恩待，用示怀柔。如稍涉骄矜，则是伊无福承受恩典，亦即减其接待之礼，以示体制。"大意是指，英国人如果诚心归顺就好好招待他们，否则就降低接待的规格。

叩头还是不叩头，在当时是一个非常严肃的问题，双方各持己见，不肯退让。其实，乾隆皇帝先后两次接见了马格尔尼使团，第一次是在承德避暑山庄的万树园，英方行单膝下跪礼，免了吻手的礼节；第二次是在承德避暑山庄的澹泊敬诚殿。关于这次的礼节，在英方资料的记载中马格尔尼依然是行单膝下跪礼，但清方资料记载的却是他双膝跪地行叩首礼。对于今天的我们来说，究竟如何行礼并不是特别重要。而且，更让我们奇怪的是，两个文明的首次碰撞，双方注意力的焦点却集中在这小小的膝盖上。

这件粉彩八蛮进宝图双耳瓶以中国特有的陶瓷艺术，记录了西欧国家政府首次向中国派出使节的历史时刻，同时也带给了后人许多重要的启示和借鉴，是非常珍贵的历史实物资料。

098

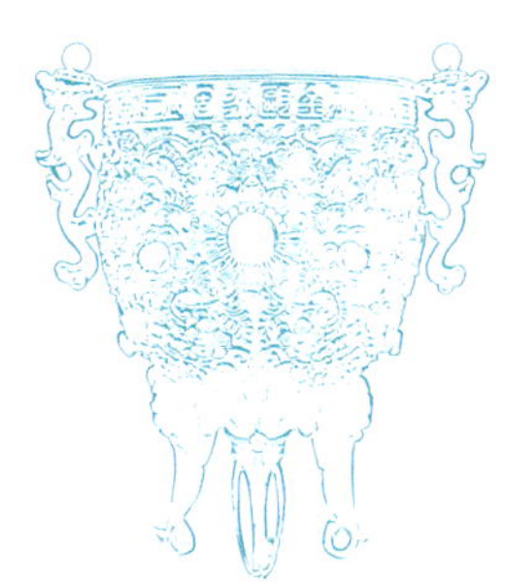

金瓯永固杯

清代皇家的传家宝

国宝小档案

年代：清乾隆（公元 1736—1796 年）

尺寸：高 12.5 厘米，口径 8 厘米

馆藏地：北京故宫博物院

撰稿人：张珂

雄伟壮观的故宫里共收藏着 180 余万件文物，可以说在故宫的华屋殿宇、亭台楼阁中处处藏着珍宝。其中，有一件金光闪闪的清宫旧藏，它精致奢华而又不落俗套，让人过目不忘，它就是“金瓯永固杯”。那么，这件金杯为何能从数以百万件文物中脱颖而出呢?

首先，“金瓯永固”的名字中，“瓯”是指杯、盆一类的容器，“金瓯”则来源于一个典故。据记载，魏晋南北朝时期，南朝梁武帝萧衍曾说：“我国家犹若金瓯，无一伤缺。”意思是我们的领土完整无缺，此后人们就用“金瓯永固”或“金瓯无缺”来表达对国家领土完整、江山永固的美好期望。

金瓯永固杯高12.5厘米，口径8厘米，装饰极为奢华，由20两高纯度的黄金制造而成，满錾宝相花、珍珠及红、蓝宝石。金杯正面口沿处用篆书刻着“金瓯永固”，背面刻着“乾隆年制”。杯两侧各有一个变形的龙耳，这种龙在中国古代被叫作“夔龙”。《尚书》中记载“夔”是乐官，“龙”则是谏官，他们共同辅助舜帝成就伟业。因此，夔龙就像君王的辅弼良臣。金瓯永固杯上，最引人注目的部分莫过于腿部的三只象首了，大象的卷鼻牢牢地支撑着杯子，显得很稳当。

金杯不仅造型装饰华美，背景也值得说道，因为它是由乾隆皇帝亲自主持铸造的。乾隆不仅是一位开明睿智、乐观自得的皇帝，更是一个非常有生活情趣的人。他一生著文吟诗，题字刻章，时常设计一些新奇玩意儿，可谓“文武全才”。而金瓯永固杯正是他在兴致盎然时设计的作品。

精益求精的“艺术品”

乾隆皇帝做监工，工匠们必然会使出浑身解数，凡事精益求精，这才有了现在的金瓯永固杯。它的制作流程非常烦琐，至少要经历四个环节：工匠先要制造一个模具，然后利用金银器良好的延展性，反复锤打，以衬模具，被称作“锤揲”；接着则是“錾刻”，工匠用小刻刀似的錾子在器物上留下深浅不同的纹路，杯口的回字纹以及杯身上的 28 朵宝相花就是这样制作的；之后便是“镶嵌”环节，杯身灿烂的红宝石、蓝宝石便是巧匠们镶刻上去的；最后一个环节便是“点翠”，匠人们选用珍贵的翠鸟羽毛装饰整个金杯，一抹亮蓝色无疑增添了杯子的雍容华贵。乾隆皇帝对四个环节都严格把关，匠人们的图样也只有经过他的批准才可以制作，每一步都是“三易其稿”。

当年匠人们共制造了 4 件金瓯永固杯，其中两只纯金的，以及 1 只铜镀金的，造办于乾隆年间；另外 1 只纯金的造办于嘉庆初年。它们被两两分组，一组被安置在圆明园，另一组则被安放在紫禁城，也就是现在北京的故宫。圆明园的两只金杯，于 1860 年第二次鸦片战争期间被英法联军掠夺走，1872 年又被英国的华莱士爵士在一场拍卖会上购得，如今藏于英国伦敦的华莱士博物馆。而另一组原本留在紫禁城里的杯子也被分开了，其中一只被国民党带到了台湾，如今藏于台北故宫，而另一只则一直安放在北京故宫。

清代皇帝的传家宝

那么，当年费了那么多工夫制造的金瓯永固杯是什么用途呢？它当然不是随便在日常生活中使用的器物，而是清代皇帝在每年新年举行开笔仪式时专用的酒杯。这个仪式被称为“明窗开笔”，始于雍正皇帝，后为清廷历代统治者所继承，视为祖宗法典。每年新年凌晨子时，皇帝都要在养心殿，亲自点燃蜡烛，提起毛笔，书写祈求江山社稷平安永固的吉语。由此可见，金瓯永固杯不仅是在今天被视为国宝，在清代就被皇帝们视为珍贵的祖传器物。

首先，举行“明窗开笔”仪式的地点是养心殿的东暖阁。大家对影视剧中“正大光明”牌匾所在的乾清宫或多或少有点印象，而养心殿则位于乾清宫西侧。在清朝的12位皇帝里，曾有8位皇帝先后生活在养心殿中。乾隆皇帝是居住养心殿时间最久的一位，他在那里度过了64个春秋寒暑，还在养心殿西侧留下了著名的“三希堂”。“三希”意为“士希贤，贤希圣，圣希天”，表达了递进的期望，大意是说“士人希望成为贤人，贤人希望成为圣人，圣人希望成为知天之人”，这是乾隆对自己的一种勉励。“三希堂”不仅承载了他立志成为知天下的圣贤之人的志向，也装载了他数不尽的文人乐趣。而与“三希堂”相对的就是东暖阁，暖阁西南侧的隔扇小屋就被称为“明窗”。

每当除夕之夜，宫人会事先布置东暖阁。他们通常会在皇帝的宝座上，摆放一个由紫檀制成的小桌子，然后摆上装满屠苏酒的金瓯永固杯，由玉、珐琅镶嵌的烛台以及纸墨笔砚等物品。届时皇帝便会身着朝袍礼服，端坐于宝座之上，亲手点燃“玉烛长调”的烛台，用一支镌刻着“万年青”的御笔饱蘸杯中的屠苏酒，再以翰墨在黄纸上书写“福寿长春”等吉祥语，为天下祈福。等到仪式结束，金瓯永固杯就再次回到了原来的地方，默默地等待来年皇帝的“明窗开笔”。

屠苏酒取自“屠绝鬼气、苏醒人还”之意，类似于端午时节饮用的雄黄酒，二者皆有驱邪避害的功效。不过，与雄黄酒不同的是，屠苏酒不是用来喝的，而是在仪式中作为一种象征被使用，它象征着赐予万民的福泽。当然在其他场合，屠苏酒也会被喝，比如在乾清宫家宴上，皇帝会赐酒给参与宴会的家人，就相当于赏赐皇帝的恩泽。

逐渐废弃的“明窗开笔”礼

乾隆皇帝统治时期是中国历史上最后一个盛世，史称“康乾盛世”，这个时期的中国在社会、经济、文化等诸多领域都颇有建树。乾隆的爷爷康熙皇帝御驾亲征，三次征讨葛尔丹部落，消除贵族割据势力，而他的爸爸则平定了回族大小和卓兄弟的叛乱。历经了几代人的努力后，清代疆域辽阔、国力强大。但盛世与危机往往是并存的，这一时期政治的腐败与社会矛盾愈演愈烈，各种衰败之象也逐步显露出来。当清朝统治者还沉醉在“天朝上国”的幻梦中时，国内各种民变相继爆发，同时，也开始远远落后于世界的发展进程。

如果说乾隆皇帝的一生意气风发、万宾俱服，那嘉庆皇帝则是一个既勤勉又有些无奈的悲剧性的皇帝。当他掌握实权后，帝国已经危机四伏，由盛转衰。勤勉的嘉庆皇帝以身作则承继祖上的遗风遗德，其中就包括乾隆一直推行的“明窗开笔”礼。嘉庆皇帝担心自己和后辈子孙忘记了这个仪式的具体流程，还特地在自己的御诗中记录道“玉烛金杯祖考贻”，也就是告诉接班人，这些规矩和物件都是祖上传下来的，不可丢弃，要兢兢业业、不忘初心！

而到了清朝末年，由于慈禧太后要垂帘听政，养心殿的格局也做了调整。宫人们在东暖阁的朝门方向安放了两个座位，一个属于小皇帝同治，另一个则是两宫皇太后并列的座位。原有的“明窗”也就不太被使用了，“明窗开笔”之典自然也逐渐荒废了。没有了典礼，金杯也就失去了自己的功能，成为紫禁城中的一般性陈设。伴随着“明窗开笔”礼的废弃，大清的江山也在接二连三的炮火中走向末路。

如今这四件金瓯永固杯陈列在世界的不同角落，共同讲述着大清王朝过往的荣耀与沧桑。也期待未来有一天，这四只象征着“江山永固、金瓯无缺”的金杯能重新回到它们的故乡团聚。

京张铁路人字形沙盘

中国铁路建筑史上的一座丰碑

国宝小档案

年代：京张铁路于 1905 年开工修建，1909 年建成

尺寸：微缩实体长 2.21 米，宽 1.72 米，京张铁路全长约 200 公里

馆藏地：中国铁道博物馆

供图：中国铁道博物馆

主讲人：杜媛

清
（公元 1616—1911 年）

您好，今天我要为您介绍的这件藏品有点特别，它就是京张铁路人字形沙盘。

这个沙盘长 2.21 米，宽 1.72 米，以多种形式立体展现了京张铁路的地理地貌，还通过真实的三维地理信息数据，利用先进的地理信息技术，以微缩实体的方式展示了京张铁路的特征，让观众能够生动、形象、快速、准确地认识京张铁路，感受京张铁路的人字形线路，最终实现向公众展示的目的。

京张铁路是中国近代工业遗存的“活化石”，它是中国首条完全由国人自己筹资、勘测、设计、施工建造的第一条国有干线铁路。在当时的筑路技术条件下，它的工程难度堪称最高。特别是著名的人字形线路，更是树立了中国铁路建筑史上的一座丰碑。那么，京张铁路是在什么背景下修建的，人字形线路又如何成了中国铁路建筑史上的一个里程碑呢？

中国人决心自建通往西北的铁路

100 多年前，正值甲午战争期间，惨遭失败的清政府决定力行新政，将修建铁路作为救亡图存的“灵丹妙药”。于是，中国掀起了自建铁路的高潮。继北京通往东北和中南的关内外铁路、卢汉铁路在北京交会之后，修建一条通往西北的铁路已势在必行。

由于张家口自古就是北京通向西北边陲的要塞，又是民族交融地区，为兵家战略要地，有着显而易见的军事、经济和政治价值。当时，清政府刚提出修筑这条铁路的计划，一些帝国主义国家就出来阻挠，他们都争夺修筑权，以进一步控制我国的北部。

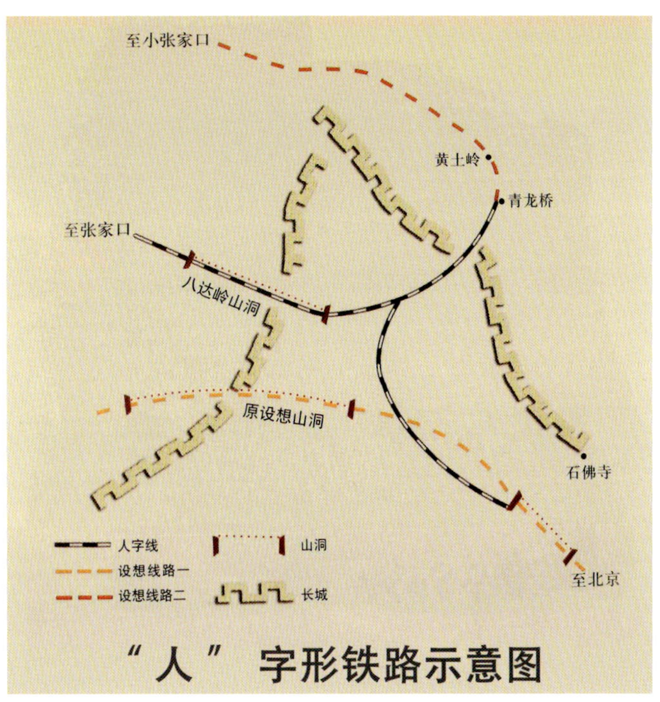

"人"字形铁路示意图

早在1899年前，沙俄帝国就曾提出要求修筑恰克图经库伦、张家口而达北京的铁路，清政府并没有同意。1900年，八国联军侵占北京后，清政府与英国订立《英国交还关内外铁路章程》，又规定在离关内外铁路的关内段80英里之内，凡新修铁路均应由中国人承建，北京或丰台至长城向北之铁路，修筑权"不得入他人之手"，对此，俄国驻使向清政府提出抗议。此时，比利时以天津至保定铁路为卢（沟桥）汉（口）铁路支线为由要求承办。而法国借口承办卢汉铁路的比利时公司借用法国款项，也出面干涉。

在这里，相信您能体会到当时中国人想在自己的土地上修建铁路之艰难。

帝国主义者谁也不肯让谁，事情争持了好久也得不到解决。他们最后提出一个条件，清政府如果用本国的工程师来修筑铁路，他们就不再过问。他们以为这样就可以要挟中国，因为在英、俄看来，落后的中国完全没有这样的能力，他们等待着中国人陷入僵局时向他们求救。其实，帝国主义者完全想错了，中国那时候已经有了自己的工程师，故事分享到这里，我们的主角就要登场了。

沙盘长 2. 21 米，宽 1. 72 米，以多种形式立体展现了京张铁路的地理地貌，还通过真实的三维地理信息数据，利用先进的地理信息技术，以微缩实体的方式展示了京张铁路的特征。

获得自建京张路的筑路权及资金

走进中国铁道博物馆正阳门展馆，很多观众会在一尊铜像面前驻足并纷纷合影留念，他就是詹天佑。詹天佑是中国首批赴美留学幼童中的一员，1872 年，年仅 12 岁的他便留学美国，1878 年考入耶鲁大学土木工程系。1905 年，清政府任命詹天佑为总工程师，修筑从北京到张家口的铁路。

大家都知道京张铁路是詹天佑主持兴建，是中国自建铁路的光辉典范，却不一定知道京张铁路的兴建通车和袁世凯有着密不可分的关系。

1905 年 5 月 2 日，直隶总督、关内外铁路督办袁世凯正式上奏朝廷自主兴建

京张铁路的请求得到正式批准。可接下来的事情并非那么简单，因关内外铁路的余利存于英国汇丰银行，而当时汇丰银行控制在中英公司手中，若要用这笔钱必须双方协商。这时，中英公司说，京张铁路是关内外铁路的延长线，必须由英国工程司主持，否则不予拨款。这时俄国得知后出面反对，并以 1899 年清政府“从北京至长城以北的铁路不能由他国承办”的承诺为由要挟清政府。英俄双方相持年余，英国力谋排挤俄国在华的势力，于是同意清政府自 1905 年起提用关内外铁路的余利自建京张铁路，俄国则以中国不请英国人主持修建而默许。这中间调和折中，利用英俄矛盾相互制约，最后达到自建京张铁路的资金保障，袁世凯做了大量工作。

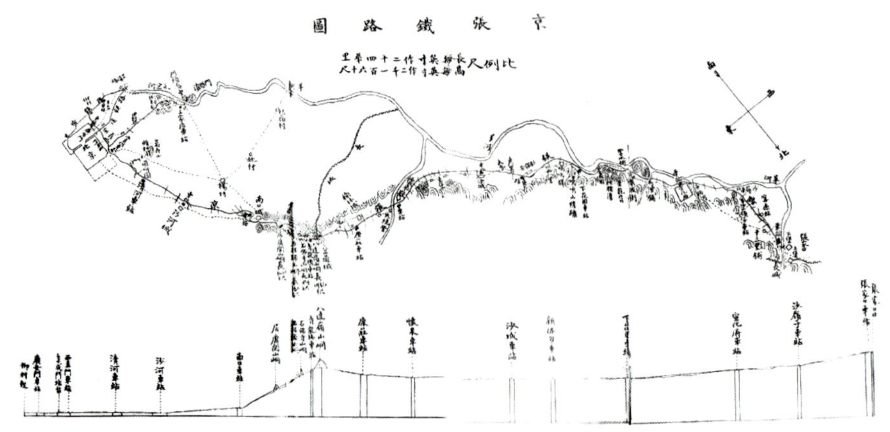

开启中国自建铁路的新纪元

现在筑路权已到手，资金也已到位，接下来会不会顺利很多？可现实情况并没有那么简单。

京张铁路地处长城内外，途经燕山山脉，修建京张铁路，外国工程师都不敢轻易尝试如此艰难繁重的工程，他们还嘲笑说："能修建京张铁路的中国人还没有出世！"确实，修建京张铁路的难点繁多，困难程度也高。京张铁路的另一个难度是从南口到八达岭岔道城的关沟段铁路，这段路地势陡，坡度大，最大坡度达 33‰。也就是说，火车每前进 1000 米，坡度就上升 33 米，33 米就相当于要爬 10 层楼那么高，要知道当时火车最高爬坡率只能达到 25‰。可想而知，以当时的工程技术能力，要想解决这个难题简直无法想象。

此时，詹天佑借鉴了美国高山地区的铁路设计，在青龙桥设计"人字形"铁路，也叫"之"字轨道，采用了以"长度"换"高度"的方法，减小了高度差，从而成功解决了车不能直接爬坡和转弯的难题。正如汽车所行驶的高山的盘山公路，采用坡折的形状可以减小坡度，以及楼房的步行梯的设计等，都是这个原理。这样的设计可以将线路的坡度降低至28‰，隧道也由原测的1800米缩短为1091米，从而成功地解决了京张铁路的越岭难题。而且工程费用还可以节省10万两白银；同时，施工的强度和难度也相对降低了。这在当时世界铁路史上都是极为罕见的，不得不说这是一项极为大胆而果断的举措。人字形铁路的修筑成为京张铁路的一个创举，赢得了中外人士的称赞。

京张铁路的成功修建，是中国人民和中国工程技术界的光荣。从此，京张铁路打破了外国列强对我国铁路的垄断，开启了中国自建铁路的新纪元。

100多年后，在京张铁路的旁边，京张高铁已（于2019年底）正式开通运营，而我们中国也经历了从被西方国家“弱肉强食”，到现在作为高铁第一大国走出去为世界各国指导高速铁路修建的历程。京张铁路的发展与变迁映射着中国百年发展的年轮。如今，京张发展已迎来了“高铁时代”，完全具有我国自主知识产权，这些充满现代科技的高速列车穿行在八达岭姹紫嫣红的花海之中，成为童话般美不胜收的新景象。

100

聂耳小提琴

第一把演奏国歌的乐器

国宝小档案

年代：近代（公元 1840—1949 年）

馆藏地：云南省博物馆

图片：邢毅

主讲人：陈奕垚

您好，今天我想为您介绍一件比较特殊的文物，它就是聂耳的小提琴。如今，这把小提琴正静静地躺在云南省博物馆的展厅中，它看起来那么平凡，没有青铜的厚重，没有瓷器的华丽，也没有金银器的闪耀，但是这件国宝“在魂不在器”。正是这把琴，点燃了那个战乱年代被压迫民族的一腔热血，演奏出了令人振奋的民族音乐。因此，它也成为一件举足轻重的文物。

这是一把德国产的二手小提琴，做工并不精致，质量也不属于上乘。小提琴上有一些油漆已经脱落，边沿也有明显的磨损痕迹，但是四根琴弦依然光亮如初，没有丝毫岁月的痕迹；琴头弦轴箱上，四个弦轴已经很久没有被转动过，但琴弦却不松散，牢牢地被固定在拉弦板上；琴弓上，有些马尾毛已经分叉甚至断裂，但是大部分还是完好的，在手持的地方还依然可见磨损的痕迹。

聂耳购得圆梦的乐器

这把小提琴的主人，我们一定不陌生，他就是国歌的作曲者——聂耳。聂耳，出生于云南省昆明市，是云南的一张文化名片。1916 年，聂耳的父亲病故，家庭经济立即陷入困境。后来依靠他母亲的努力，通过了医生鉴定的考试，获得正式挂牌给人治病的资格，并接手父亲的药铺——成春堂，进行制药、卖药的经营，勉强负起全家的经济重担。1922 年春，聂耳进入昆明私立求实小学学习。他从小就明显表露出对音乐的爱好，先后向其家人及邻居邱木匠学习竹笛、二胡、三弦、月琴等民族乐器，并开始接触云南民间音乐（如滇戏、花灯）。

小提琴是一种弦乐器，最早出现于 1556 年，从 17 世纪开始，逐渐从宫廷走

正面

左侧

右侧

向大众，是西方音乐中最为重要的乐器，被称为“乐器皇后”。20 世纪初期，小提琴传入中国。当时，正值中国音乐教育兴起之初，很多世界著名的小提琴大师都到中国来演出，因此鼓舞了许多热爱音乐的青年学习小提琴；在北京、上海、广州、福建等地随之创立了音乐专科；许多高水平的小提琴家来华工作，同时也培养了众多中国自己的教师和演奏家，例如创作《黄河大合唱》的著名音乐家冼星海。从这一时期开始，很多耳熟能详的作品也陆续出版，例如《梁祝》。聂耳也正是在这个时期对小提琴产生了兴趣。

当聂耳从云南省第一联合师范学校毕业时，他已经在昆明小有名气，还经常参加各类演出活动。但聂耳并不满足这些小小的成就，他希望有更大的舞台。1930 年 8 月，18 岁的聂耳从昆明去往上海，开始了对音乐的追求。他曾到上海云丰申庄做店员，但工钱只有 15 块。聂耳在朋友的帮助下又找到了新的工作：从上海租赁电影片，然后邮寄到昆明的逸乐电影院去放映。逸乐电影院始建于 1931 年，最初在光华街（今胜利堂），由于设备先进，上座率很高，观众都是昆明本地的达官贵人。同时，逸乐电影院是当时昆明不多的上档次的主要娱乐场所。

当时，聂耳因为帮助这样的高档娱乐场所，为他们提供影片，从而获得了很好的报酬——100 块钱。这让他在追求音乐的道路上前进了一大步。于是聂耳当即决定，把 50 块钱给母亲当生活费，另外 50 块钱用来购买一把小提琴。在看过市场上的小提琴之后，他发现买不起新的琴，只能买一把二手的。因此，今天为您介绍的这把德国产的二手小提琴，最终成为聂耳圆梦的乐器。**他还向朋友承诺：“如果我拥有这把小提琴，将会终身与它为伴。”事实也的确**

如此。这把二手小提琴陪伴了聂耳数十年，在日后的民族救亡运动中，他谱写了《码头工人》《毕业歌》等歌曲，还有2008年北京奥运会开幕式上所使用的背景音乐，正是他创作于1934年的具有浓郁中国特色的《金蛇狂舞》。

聂耳创作《义勇军进行曲》

聂耳拥有了小提琴以后，更加刻苦练琴，终于在联华影业公司音乐歌舞学校的招生考试上，凭借自学的小提琴演奏，成功考取了这所学校，从此便开始了他的艺术生涯。进入学校以后，他更加努力，每天练琴6小时以上。在短短几个月的时间里，他就成为明月歌剧社的乐队小提琴师。这样一位长相出众、才华横溢的青年艺术家，即使在当今的演艺圈也不多见，聂耳堪称全能型艺人。他本可以凭借才华过上安稳舒适的生活，但是，他的心中总有创作革命歌曲的想法。

1932年，日本侵略军进攻上海，聂耳在前线目睹了侵略者的罪行，从前线返回的途中，聂耳就慷慨激昂地说："我们应该有抗战的音乐，革命的音乐。"不久，聂耳离开了明月歌剧社，前往离前线更近的北平。在北平，聂耳积极参加了中国左翼作家联盟（简称"左联"）组织的爱国运动。还有一次，聂耳在参加为抗日义勇军募捐演出时，刚开始用小提琴演奏《国际歌》，就有一些反动分子不怀好意地阻挠，他们不仅大声起哄，还向聂耳扔石块。面对这样的情形，聂耳毫不退缩，坚持演奏，并用小提琴表达了他的抗日热情和救亡图存的决心。

1932年底，聂耳回到上海后，认识了革命音乐家田汉。田汉先生也是左联成员，还是中国共产党上海中央局文化工作委员会成员。1933年初，田汉介绍聂耳加入中国共产党，希望聂耳更好地投入革命音乐的创作中。

当时，中国的电影事业刚刚发展，聂耳的音乐成为很多电影的主题曲，如《卖报歌》《开矿歌》。正是聂耳的歌曲，开创了20世纪30年代中国革命电影歌曲的先河。1934年7月，田汉准备创作一部以抗日救亡为主题的电影《风云儿女》，由于电影的创作触及反动政府的利益，田汉被捕入狱。在仓促之际，田汉把电影主题曲《义勇军进行曲》的歌词抄写在了香烟的衬纸上，之后左联的夏衍先生拿到了田汉的歌词。聂耳听到田汉被捕的消息后，主动找到夏衍说："听说田先生的《风云儿女》剧本后面有一首主题歌，请交给我作曲吧，我相信田先生一定会同意的。"由于受到反动政府的追捕，聂耳逃亡日本，在日本完成了《义勇军进行曲》的终稿并寄回国内。但遗憾的是，当《义勇军进行曲》在银幕上的电影中响起的时候，聂耳在日本横滨意外溺水身亡。《义勇军进行曲》远远超越了电影本身的影响力，成为那个时代民族革命的号角，鼓舞了无数爱国志士。1949 年新中国成立，《义勇军进行曲》被定为代国歌。1982 年，第五届全国人民代表大会第五次会议正式通过了《义勇军进行曲》为中华人民共和国国歌。

聂耳小提琴的"重生之旅"

1951 年，云南省博物馆建立，聂耳的母亲彭寂宽女士将第一把演奏国歌的乐器——聂耳的小提琴交给云南省博物馆保管。然而，作为一件文物，我们不仅要保持小提琴原本的样貌，做到"修旧如旧"，更需要让它如同在聂耳手中一样，可以奏出动人的乐曲。经过多番研究和努力，云南省博物馆和中央音乐学院共同合作，邀请了中央音乐学院提琴制作与研究中心副主任、著名小提琴制作家、修复专家高彤彤先生主持修复工作，开启了聂耳小提琴的"重生之旅"。

2019 年 10 月 1 日是中华人民共和国成立 70 周年的日子，这把琴已经沉睡了 84 年，在祖国 70 岁生日时，无论您在祖国的哪里，都会听到聂耳曾经用这把小提琴创作和演奏的中国国歌。这歌声不仅响在天安门广场，也响在每个中国人的心中，同时，我们好像还能听到这把琴的声音："我曾与聂耳为伴。"